KB170419

EXPLORE THE PAIN POINT
5 TOOLS & 10 SKILLS

AI도 모르는
소비자 마음

나름 개성 강했던 꼬꼬마 시절부터 저를 믿어주고 도와주신
제가 진심으로 존경하는 분들, 그리고 다양한 프로젝트를
통해서 함께 고민한 클라이언트, 후배, 동료분들 또 그외
다양한 인연으로 마케팅이라는 끈과 세상살이 했던 그리고
앞으로도 함께 하고픈 분들의 추천사입니다.

* 추천사는 가나다 순입니다.

최근 서점에 가게 되면 쏟아지는 마케팅 관련 서적으로 피로감을 느끼게 된다. 몇몇 현란한 말들로 포장된 책들은 발길을 잡지만, 막상 경험이나 지식이 없는 내용으로 가득 차 있어 몇 페이지 뒤적이며 보다가, 그새 다른 분야의 책들로 자리를 옮기게 만든다. 하지만 이 책은 마케터 입장에서 볼 때, 어쩌면 '소비자 근시안'이라는 평범해 보이는 내용으로 시작하지만, 사례와 논리가 책을 놓기 힘들게 만든다. 저자가 마케팅 교수로, 강의와 컨설팅 그리고 현업에서 오래 일한 만큼, 어지간히 심오한 내공과 정성을 담은 흔적이 보인다. 게다가 본 저자는 이야기를 재미있게 하는 재주를 타고난 듯하다. 저자와 함께 재미 넘치는 소비자 탐험을 떠나 보라. 성공의 길이 될 것이다.

㈜ 케이박스 대표이사·경영학 박사 **김일민**

현대 사회에서 소비자의 마음을 사로잡기란 여간 어려운 게 아니다. 특히 신제품 발표를 코앞에 둔 기업 마케팅 담당자는 소비자의 마음 읽기에 수단 방법을 가리지 않는다. 몇 날밤을 새하얗게 지새워도 도통 알 수 없는 게 소비자의 마음이다. 이런 고민을 한방에 해결할 수 있는 핵심이 박소윤 교수의 책에 녹아 있다. "언제까지 당신은 소비자의 등만 보고 살 것인가, AI와 같은 기술적 힘을 당신만의 이해력과 병행해 보라"는 저자의 말을 마케터들은 한 번쯤 곱씹어 봐야 하지 않을까.

비즈니스리포트 CEO **김재홍**

마케팅 이론 서적은 많다. 마케팅 성공 사례를 다룬 책들도 많다. 하지만 이론과 실제를 하나의 맵으로 연결해준 책은 찾아보기 힘들었던 것이 사실이다. 수년간 소비자의 심리와 마케팅의 실제를 깊이 연구해 온 필자의 이 책은 마케팅 이론과 풍부한 사례들의 의미있는 연결망을 제시함으로써 21세기의 마케터가 갖추어야 할 전략적 마인드와 태도를 보여주는 새로운 무기와도 같다.

(前) 현대카드

(現) 스톤브랜드커뮤니케이션즈 이사 **김혜원**

기술이 발전될수록 그 기술을 활용할 Insight가 더욱 중요해지는 시대입니다. 추천사를 부탁받고 읽다가 바로 결심했습니다. 저자께 직원 대상 특강을 부탁하기로. 왜냐하면 이 책은 Insight를 갖기 위한 훌륭한 교재이자 Playbook 이기 때문에.

eBay Korea (옥션, G마켓, G9, eBay korea CBT, Gmarket Global) 전략사업본부장 **나영호**

우리는 언제 어디서나 불편함과 마주한다. 하지만, 불편함에 대한 기피에 급급한 나머지, 해결에 대한 고민은 못하기 마련이다. 언제까지 또 다른 전문가가 불편함을 해결해 주기만을 하염없이 기다려야 할 것인가? 여기 불편함을 새로운 기회로 바꿔 줄 수 있는 책이 있다. 이제는 당신이 전문가가 될 차례이다.

(사)한국강소기업협회 상임부회장 **나종호**

마케팅이라는 단어를 모르는 직장인은 없다. 하지만 어떻게 마케팅을 해야 하는지 아는 직장인은 단연코 많지 않을 것이다. 이 책은 그런 이들이 어떻게 마케팅을 하면 되는지에 대한 해답을 제시해준다. 어디서부터 출발하여 어디로 도착하면 되는지 전체 경로를 알려주며, 중간중간 지치지 않게 한발 한발 동행해준다. 단순 기획에서부터 폭넓은 전략 수립까지 다방면으로 활용할 수 있는 이 책은 가히, 마케팅에 대한 해법이 오롯이 담겨 있는 비법과도 같다고 할 수 있다.

채용포털 사람인에이치알 신사업기획 PM **박우성**

빅데이터와 AI가 마케팅의 모든 해결책을 제시할 것이라고 한다. 그런 시대에 마케터들의 경쟁력은 어디서 올까? 소비자를 직접 만나고 그들을 관찰하며 얘기를 듣는 지극히 아날로그적인 방식에서 나온 공감은 결코 디지털 기기나 해법이 따라오지 못할 부분이다. 어떻게 철저히 소비자 입장에 서고, 그들의 pain point를 짚어내서 공감하면서 해결책을 제시하는지, 디지털 만능의 시대에 살아남을 수 있는 마케터의 길을 이 책은 제시한다.

(前) 제일기획 브랜드마케팅연구소 소장·이노션 마케팅본부장·기아자동차 마케팅전략실장
(現) 하바스코리아 전략부문 대표·비영리법인 '오늘은' 이사장 **박재항**

비즈니스의 핵심은 소비자 이해에서 출발한다. 그 많은 소비자 조사와 Data 분석을 하지만, 과연 우리는 얼마나 소비자를 깊이 이해하는가? 경쟁자를 따르지 말고 소비자를 따르라는 시장의 진리를 실천하기 위한 실무적 도구와 기술을 제시해주는 필독서이다.

(前) 홈플러스 공동대표이사
(現) 연세대학교 경영전문대학원 겸임교수 · MBA 총동창회장 **설도원**

누군가 마케터란 옷을 처음 걸쳤을 때의 어색함을 장인의 손길로 피팅해주는 저자. 소비자로의 회귀는 이제 뭔가 알 것 같은 10년차 마케터들의 고민도 담아 냈다. 전지적 작가 시점의 권위가 아닌 오랜 실무 경험을 담아낸 20년차 컨슈머 인사이터의 흡인력. 내가 아는 멋진 마케터, 이 책은 충분히 박소윤답다.

CJ프레시웨이 글로벌 본부장 **신상엽**

소비자 중심 사고. 마케터의 숙명이다. 이 책은 이미 도출된 소비자 인사이트나 트렌드를 알려주지 않는다. 필자의 전문성을 바탕으로 한 이론적 토대와 다양한 예시를 통해 독자 스스로 그것을 찾아가는 방법을 터득하도록 도와준다. 이미 잡힌 물고기가 아닌 당신에게 필요한 물고기를 잡고 싶다면 이 책은 친절하게 그 접근 방식을 제시해 줄 것이다.

(前) 나이키 코리아

(現) 언더아머 코리아 마케팅 이사 **성모은**

치열한 경쟁과 초불확실성 시대에 무엇보다 중요한 것은 빠르게 변화하는 소비자의 변화를 읽고 발 빠르게 대응하는 것이다. 저자는 20년에 걸쳐 터득한 '소비자를 이해하는 도구와 사용기술에 대한 노하우'를 이 책을 통해 아낌없이 공개한다. 새로운 제품과 서비스를 개발하고자 하는 마케터는 물론이고 소비자에 대한 통찰력을 키우고자 하는 학생과 기획자에게 이 책을 추천한다.

대한상공회의소 선임연구원·경영학 박사 **염민선**

이 책의 제목을 처음 보고 마음속에 확 와닿는 부분이 있었다. 본인도 38여 년 동안 마케터로서 수많은 마케팅 전략을 만들어보고 고민해왔던 사람으로서 모든 마케팅 전략의 성공의 답은 소비자, 즉 고객에게 있다고 생각해 왔다. 그런데 이 책에서 그 답을 명쾌하게 제시해주고 있다. 소비자의 불편함을 찾아내는 소위 pain point 이야기는 모든 마케터가 깊이 고민해보고 실행해봐야 할 중요한 이야기라고 생각된다. 모쪼록 많은 마케터가 20년 경력의 마케팅 전문가가 심혈을 기울여 쓴 이 책을 읽고 좋은 인사이트를 받기를 바란다.

(前) 하림 마케팅총괄상무·넥서스창투 대표이사

(現) 숭실대학교 중소기업대학원 교수·경영학 박사·비즈스타컨설팅 대표이사 **이기왕**

모든 것이 연결되고 해체되며 시간과 공간의 제약이 사라졌다. 모든 것이 손가락 하나로 가능해진 시대는 누구에게는 공포이고 불황이며 누구에게는 찬란한 기회이다. 집단과 조직이 아닌 나노 개인화 시대, 기술이 절대로 대체할 수 없는 영역은 '인문학적 소양'이다. 이 책은 차갑고 똑똑하기만 한 기술이 아닌, 따스하고 매력 있는 인간미와 사람 냄새가 진정한 미래의 생존력임을 이야기한다. 미래를 불황이 아닌 기회로 삼고 싶다면 이 책 한 권이 주는 지혜를 반드시 놓치지 말자!

(前) 아모레퍼시픽 브랜드 매니저

(現) 코스메쉐프 대표이사 **이수향**

인공지능의 시대에서 가장 크게 오해하는 것 중 하나가 인공지능은 기술자나 과학자만의 전문 분야라고 생각하는 것이다. 그렇다면 마케팅에서 가장 큰 오해는 무엇일까. 바로 소비자들을 충분히 이해하고 잘 알고 있다고 생각하는 것이다. 이 책은 마케터들이 오해하고 실수하고 있는 '소비자 근시안'에서 벗어날 수 있도록 도와준다. 소비자의 입장에서 바라보고 생각하고 고민할 수 있도록 해주는 책이다. 감탄을 자아내며 책을 읽다 보면 어느새 소비자에 대한 쫀쫀하고 끈끈한 이해가 남아있음을 느낄 것이다.

〈인공지능이 나하고 무슨 관계지?〉 저자·경영학 박사 **이장우**

지난 15년간 마케팅과 스타트업 대표들을 만나서 이야기를 해보면 성공했던 이유는 대부분 본인이 느꼈던 불편함을 개선한 결과였다. 이 책을 읽다 보면 잘 풀리지 않았던 문제들의 해결 단서를 얻을 수 있고, 정독한다면 당신도 다른 이들처럼 성공의 길로 들어설 수 있을지도 모른다. 지금 성공할 수 있는 아이템을 찾고 있거나 마케터라면 꼭 읽어보길 추천한다.

SK텔레콤 매니저 **이정훈**

이 책을 읽고, 소비자라는 무한한 우주를 탐험하려는 '용기'보다, 클라이언트가 바라는 답을 정해놓고 쫓아가는 '용기 없음'이 앞선 것은 아닌지 반성하게 된다. 게다가, '마케팅의 시작은 소비자'라는 초심을 일깨우게 해줄 뿐만 아니라, 실전에 바로 적용할 수 있는 다양한 사례와 효과적인 분석 기법들은 더욱 매력적이다. 이 책이 당신의 책상 가장 가까운 곳에 두고 찾게 되는 소비자 분석의 바이블이 되길 바란다.

SM Entertainment 계열사 SM C&C광고사업부문

Convergence Insight Brand Insight 팀장 **이지연**

경기불황은, 어쩌면 4차산업혁명으로 가는데 우리가 꼭 겪어야 할 사회 구조 조정 측면의 어두운 그림자일 뿐, 언제나 시장은 살아있고 변화하는 중이다. 이때, 다시 시장을 살펴보고 기본을 다잡을 필요가 있다. 미래를 준비하는 차원에서 잠시 이 책을 통해 사업의 근시 안경을 벗고, 성공의 통찰력을 잡아 보길 바란다.

풀무원 대표이사 이효율

소비자에 대한 이해는 가장 기본이자 핵심임에도 현실에서는 빠른 결과를 내기 위해 고군분투하다 보면 잃어버리기 쉬운 중심이다. 이 책은 20년 차 실력 있는 선배에게 중요한 기본을 배울 수 있는 경험 노하우가 담긴 숨기고 싶은 노트이다. 추상적인 개념이 아닌, 지금 진행되고 있는 따끈따끈한 국내외 사례와 소비자를 진심으로 이해하기 위한 탐험 도구가 경험에 기반하여 생생하게 소개되고 있다. 이 책을 읽고 나면 나 자신에게 시작해서 생활 속에서 숨겨진 보물 같은 인사이트를 찾을 수 있는 맑은 지혜와 감각을 배울 수 있을 것이다. 중요한 것은 바로 실행! 이 책을 찬찬히 읽고 탐험 도구를 꺼내어 창의적 사업 기회를 만드는 소비자 탐구 여정을 바로 떠나보기를 추천한다.

CJ제일제당 Trend 전략팀 부장 임영하

너도, 나도 AI를 이야기하다 보니 모든 산업 분야에서 AI에 대해 다소 조급증을 보이는 경향도 보인다. 소비자 연구 분야에서도 예외는 아닐 것이다. 어느 소비자 분석 자료가 빅데이터와 AI로 무장되었다고 하면 우선 눈길을 끌 것이다. 그렇지만 필자가 이야기하는 '소비자에 대해 쫀쫀하고 끈끈한 이해'가 어디 인공지능만으로 되겠는가. 필자의 여정을 따라가다 보면 소비자 이해도를 높이는 인간지능을 훈련하는 처방도 받고 덤으로 다양한 마케팅 사례까지 읽는 재미가 쏠쏠하다.

KT 마케팅부문 AI사업담당 상무 임채환

이 책은 당연한 것들이 정말 당연한가 라는 의문에서부터 시작한다. 모두가 질 것으로 생각했던 알파고와의 대결에서 이세돌 9단은 어떻게 1승을 할 수 있었던 것일까? 당연함에 대한 부정, 그것이 AI도 분석하지 못하는 것이 우리의 이성과 감성이며 소비자인 것이다.

(前) KTF 부사장
(現) 조서환마케팅그룹 회장·경영학 박사 조서환

소비자 마음을 제대로 읽는다는 것은 마케터들의 영원한 과제이다. Unmet Needs를 찾기 위한 소비자 탐험 도구와 연마 기술을 체계적으로 제시하고 구체적인 실전사례를 소개하고 있다. '소비자 pain point를 살피는 것이 마케터와 소비자간의 간극을 메워 줄 해법이다.' 작가는 현장에서 관찰하고 스스로 질문하라고 주문한다. 작가의 경험과 혜안이 '어두운 길을 갈 때는 발밑을 살피라'는 선지식인의 지혜와 맞닿아 있다.

하이트진로음료 대표이사 **조운호**

과거에는 초과 수요로 무엇이든 잘 팔리고, '감'으로 사업을 해도 기업이 성공하였다. 하지만 이제 인구도 줄고 수요보다 초과 공급으로 잘 팔리지 않는다. 이제는 '감'만 가지고 사업을 하면 백전백패하기 마련이다. 이럴 때일수록 전문가의 조언이 필요할 것이다. 마케팅 업계와 학계에서 두루 전문가로 손꼽히는 저자의 이야기를 통해, 간접적으로 전문가의 손길을 만나보라. 이를 통해 기업들이 처한 마케팅의 어려움이 해소되길 희망한다.

인간개발연구원 원장 **한영섭**

1초의 망설임없이 추천사 부탁에 응해주신 분들께
다시 한번 진심으로 감사드립니다.

바쁘신데, 제 글 하나하나를 보시고
솔직하고 담백하게 써 내려가신 글들입니다.
독자 여러분의 선택에 도움이 되셨으면 하는 작은 바람입니다.

AI도 모르는 소비자 마음을 탐험하기 전에

바야흐로 인공지능의 시대이다.

모든 것은 4차 산업 혁명, 빅데이터, 인공 지능 (AI)으로 통하는 시대에 살고 있다. 모든 것이 빠르게 변화하고 있으며, 우리는 모두 불확실한 것만이 확실한 시대에 살고 있다.

이러한 세상에서 당신이 생각하는 비즈니스 불변의 법칙은 무엇인가? 다시 묻겠다. 당신이 만든 제품과 서비스를 이용하는 주체는 누구인가?

바로, 소비자이다.

이는 이 시대적 상황에서 당신의 시선이 꽂혀야 대상이 무엇인지 더욱 확실하게 말해준다. 그리고 당신은 아는가! AI가 아직 하지 못하는 것, 한 가지가 있다는 것을. 그것은 이해하는 능력이라고 한다. 이는 인간만이 할 수 있는 절대적인 영역이다. 당신의 성공을 도와주는 소비자에 대한 이해를 기술적 영역에만 맡길 것인가. 물론 AI가 할 수는 있을 것이다. 어느 정도까지는. 하지만 이는 겨우 소비자의 반만 이해하고, 마치 다 이해한 것처럼 사는 것과 동일하다. **언제까지 당신은 소비자의 등만 보고 살 것인가. AI와 같은 기술적 힘을 당신만의 이해력과 병행해 보라.** 이는 소비자를 완전하게 이해하는 데 있어, 큰 도움을 줄 것이다. 이 책에서는 '소비자'를 이해하는 구체적인 방법을 이론과 실무를 연결하여 공개하고자 한다. 필자의 마케팅 20년 경력 노하우이기도 하다. 이를 **5가지의 소비자를 이해하는 도구**와 **도구를 잘 사용할 수 있는 9가지의 기술**로 집약했다. 마치 탐험가처럼 소비자를 탐험하는 여행을 시작해 보지 않겠는가. 당신에게 **새로운 통찰력과 사업 기회를 제시**해 줄 것이다.

PROLOGUE
소비자 근시안

〈이삭 줍는 여인들〉을 바라보는 2개의 프레임

Musee d'Orsay, Paris Google Arts & Culture

명화에 대한 관심이 높든 낮든 밀레의 〈이삭 줍는 여인들〉은 누구나 한 번쯤 접한 경험이 있을 것이다. 밀레의 '서사적 자연주의의 정수'라는 평을 듣는 이 작품은 1857년에 탄생했다.

전문가들은 이 작품에 대하여 이렇게 평한다.

"그 시절 추수 이후에 남겨진 것들을 줍는 일은 가장 최하급으로 여겨졌다. 그러나 밀레는 이 작품에서 세 여인을 마치 영웅과도 같은 구도 속에서 표현한다."

"수평선까지 끝없이 펼쳐진 밭은 드넓고 장대한 하늘 아래 저물어가는 노을빛을 받아 금빛으로 물들어 있다. 이 세 명의 여인들의 모습은 이렇게 밝게 빛을 받은 밭과 달리 그림자가 많이 들어가 배경과 균형과 조화를 이루고 있다. 이 작품은 자연주의에 속한다. 이는 성경에서 모티프를 가져왔고, 숨겨진 메시지는 측

은지심이다. 삶, 빛과 그림자가 조화를 이룬 모습을 종교적인 경지로 끌어올린 자연주의 화가 밀레의 대표작이다."

이제 당신을 마케터라고 가정하자. 동시에 저 명화를 해석하는 전문 미술가로 가정해 보자. 아마 당신은 밀레의 '이삭 줍는 여인들'을 위의 전문가와 유사한 프레임으로 평론했을 가능성이 높다. 물론 달리 해석할 가능성도 있지만!

그렇다면 당신 사업의 주요 타깃인 소비자들은 밀레 〈이삭 줍는 여인들〉을 어떻게 해석할까?

평론가들의 해석과 비슷할까? 다음을 보자.

"칙칙한 가을 분위기에, 시골의 논밭에서 맡을 수 있는 큼큼한 거름 냄새가 연상된다. 안개가 가득해서 어둑어둑하다. 마른 나뭇가지들은 메말라 보이고, 전반적으로 우울하고 빈곤하다."

이것은 실제 소비자가 내놓은 감상평이다. 필자가 모 화장품 회사와 프로젝트를 진행할 때, 이에 참여한 소비자들이 이 그림을 보고 한 말이다. 그 소비자는 〈이삭 줍는 여인들〉이 밀레의 명화인 줄 예전에 미처 몰랐다고 한다.

이 일화는 전문가인 마케터와 소비자 사이에 갭이 존재한다는 것을 보여준다. 마케터인 당신은 이 갭을 분명히 인지하고, 또 인정해야만 한다. 사람마다 시각은 다양하다. 특히, 전문가와 일반인의 견해는 더욱더 그러하다. 마치 밀레의 그림을 대하는 2가지 프레임의 시선처럼 말이다.

철학자가 빠진 웅덩이와 소비자 근시안이란 웅덩이

마케팅 근시안 (Marketing Myopia)라는 유명한 용어가 있다. 이는 1975년 테오도르 래빗 (Theodore Levitt)하버드대 교수가 하버드 비즈니스 리뷰 (HBR)에 발표한 논문의 주된 내용이다. '근시안'은 먼 곳은 잘 보지 못하고 그저 가까운 곳만 보는 눈을 의미한다. 나아가 먼 미래를 예상하지 못하고 앞에 닥친 상황에만 매몰되어서 빠져나오지 못하는 상태를 뜻한다. 결국 자신만의 편향된 시각 안에서 스스로 만든 프레임에서만 바라보는 것이다. 혼자 북 치고 장구 치면서, 그 리듬 안에서만 그 작은 공간이 온 세상인 줄 아는 것이다. 제삼자의 프레임에서는 아닐 수도 있는데 말이다. 그 아님이 아닌 것을 자신은 지각하지 못한 채 말이다.

그렇다면 혹시 당신과 나, 모두 일종의 '소비자 근시안'에 빠져 있는 것은 아닐까! 이 근시안에 빠져 있으면 먼 미래는커녕 현실도 왜곡하고 만다. 정확한 시각을 갖지 못한다. '소비자 이해 불충분'이라 표현할 수 있는 소비자 근시안 (Consumer Myopia)는 당신의 성공을 알게 모르게 막는 걸림돌이 될 수 있다.

아리스토텔레스가 '철학의 아버지'라고 부르는 탈레스 (Thales)는 고대 그리스의 일곱 현인 중에서 첫째로 꼽히는 인물이다. 천문학에 빠져 있던 탈레스는 어느 날 하늘을 쳐다보면서 걷다가 미처 웅덩이를 발견하지 못하고 빠지고 만다. 그러자 이 광경을 본 여자 노예가 그를 비웃으면서 이렇게 말한다.

"발밑에 있는 것도 보지 못하는 자가 하늘의 일을 알려고 하다니!"

누구나 이런 웅덩이에 빠지지 말라는 법은 없다. 공감되지 않는가!

필자는 '소비자'라는 웅덩이를 제대로 보지 못하고 저 머나먼 저 세계의 하늘 _{소비자가 원하지 않는 것을 본인만 옳다고 생각하는} 만 바라보며 걷는 탈레스와 같은 마케터들을 종종 접했다. 그것이 이 글을 쓰게 된 동기이다.

소비자는 마케팅 활동의 바탕이다. 이를 집중해서 제대로 바라보아야만 당신의 비즈니스는 성공할 수 있다. 이를 위한 첫 단계는 바로 소비자 근시안을 벗어나는 것이 선행되어야 한다. 밀레의 명화를 전문가와 완전히 빗나간 시선으로 해석하는 소비자에 대한 통찰력은 필요하다.

유능한 마케터가 되기 위한 3가지 자질

필자는 꼬맹이 부사수 시절에 훌륭한 커리어를 지닌 유능한 사수와 일했다. 언젠가 사수가 이런 질문을 던졌다. 아직 어리바리한 나에게.

"유능한 마케터가 가져야 할 3가지 조건이 무엇인지 알아?"

꼬맹이였던 나는 머뭇머뭇 대답을 못 했다. 그러자 사수가 내게 말했다.

"첫째, 동물적인 감각, 둘째, 이론적인 배경, 셋째, 고민하는 자세야."

먼저 동물적인 감각이란 소위 감 ^(感)이라고 부르는 것이다. 통찰력이 있고 세상 돌아가는 일을 빠르고 정확하게 이해하는 능력 정도로 표현할 수 있다. 노력으로 개선이 가능하지만, 어느 정도는 천성적으로 타고나야 한다. 안타깝게도 모두에게 천성적으로 좋은 자질은 공평하게 주어지지 않는다.

반면, 두 번째 자질인 이론적인 배경은 비교적 공평하게 주어지는 능력이다. 자신이 몸담은 분야에 대한 전문적 지식은 시간 투자만으로 충분히 얻을 수 있다. 어느 정도 선에서. 타고난 것에 크게 좌우되지 않는다. 얼마나 다행인가!

세 번째 자질인 고민하는 자세는 필자의 해석을 넣어 표현하자면, '전략적으로 영리하게 생각하기' 정도로 말할 수 있다. 노동 집약적인 방법이 미덕인 양 혹은 잠 못 이루면서 고민하는 것은 절대 아니다. 4차 산업 혁명의 시대에 부응하는 효율적인 방법이 필요하다.

이 세 가지 자질은 서로 유기적으로 연결될 때, 그 시너지가 높아진다.

필자는 장담한다. 스티브 잡스와 같은 타고난 천재성이 없어도 전략적으로 영리하게 고민하면 동물적 감각도 향상된다는 사실을. 그런데 이 고민이라는 아이는 이론적 배경을 가질 때, 훨씬 고급스럽고 효율적인 전략으로 성숙하게 된다. 어떤 이는 '이론은 필요 없어, 마케팅은 감각이 다야'라고 말한다. 아니다. 이는 천만의 말씀, 만만의 콩떡이다. 혹시 당신이 이론 없는 마케팅이 가능하다고 생각했다면 이는 이론과 실무를 연결 짓는 감각과 훈련이 당신에게 부족했다고 할 수 있다. 그래서 이 책이 당신에게 말하고자 하는 것은 매우 명확하다.

당신은 '소비자 근시안'에 빠져 있을 수 있다. 마치 팔레스처럼 가장 중요한 것을 보지 못하고 먼 하늘만 응시하다가 웅덩이에 빠진 것처럼.

그렇다면 소비자 근시안을 어찌 다뤄야 할까. 많은 방법이 있다. '근시' 치료에 다양한 방법이 있듯이. 이의 한가지 방안으로 이 책은 전문가들이 인정한 방법론을 제시한다. 하지만 딱딱한 '이론 설명'에만 절대 그치지 않는다. 이와 잘 매치되는 대표적인 사례를 연결하여 당신의 이해와 읽는 재미를 더했다.

이는 당신 몸속에 사는 '고민'이란 아이를 좀 더 멋진 '전략적 사고방식을 지닌 어른'으로 키워 줄 것이다. 이론 혹은 방법론과 당신이 고민하는 것이 해결되면 무엇이 남을까, 앞의 내 꼬맹이 적 사수의 이야기에 의하면. 맞다 바로 나머지 하나, 당신의 동물적 감각이 상승하는 것이다. 선천적으로 타고나던 그렇지 않든 간에.

회사에서 신제품이나 새로운 서비스를 창출해야 하는 시점에 서 있는 분들, 새로운 시장 혹은 기존 시장에서 새로운 타깃을 찾고자 하는 분들, 스타트업을 준비하는 분들에게 이 책은 멋진 파트너가 되어줄 것이다. 또한 마케팅 기본 지식을 쌓고 싶은 새내기 마케터, 마케팅을 전공하는 대학생, 소비자에 대한 통찰력을 키우고 싶은 일반 기획자들에게도 친절한 지침서 역할을 할 것이다.

Consumer Insight Consultant

박소윤 드림

이 책에서 이야기하는 Pain Point는 스탠퍼드 대학교 (D-School)에서 주장하는 Design Thinking과 연결된다. 디자인 싱킹은 창의적 문제 해결방식으로도 불리는데, 이의 첫 번째 단계가 바로 '소비자와 공감하기 (Empathy)'이다. 탐험 도구 Big5는 Pain Point를 통해 소비자와 어떻게 공감해야 하는지 구체적인 방법론을 알려주기 때문이다.

'탐험 도구를 잘 다루기 위한 10가지 스킬'은 마케터가 지녀야 할 통찰력을 키우는 가이드라인으로 활용하여 '탐험 도구 Big5'와 시너지를 도모할 수 있다.

Let's Go.
Pain Point → Happy Point !

AI도 모르는 소비자 마음 탐험 루트

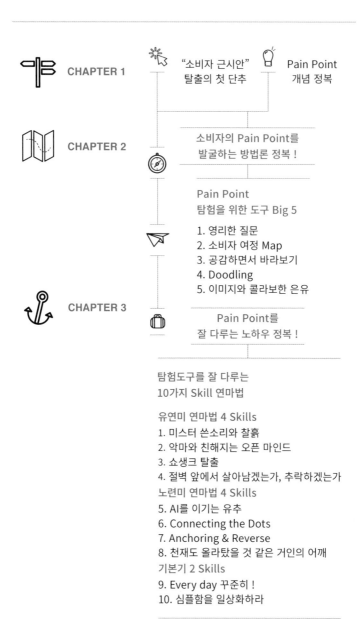

CHAPTER 1

"소비자 근시안"
탈출의 첫 단추

Pain Point
개념 정복

CHAPTER 2

소비자의 Pain Point를
발굴하는 방법론 정복！

Pain Point
탐험을 위한 도구 Big 5

1. 영리한 질문
2. 소비자 여정 Map
3. 공감하면서 바라보기
4. Doodling
5. 이미지와 콜라보한 은유

CHAPTER 3

Pain Point를
잘 다루는 노하우 정복！

탐험도구를 잘 다루는
10가지 Skill 연마법

유연미 연마법 4 Skills
1. 미스터 쓴소리와 찰흙
2. 악마와 친해지는 오픈 마인드
3. 쇼생크 탈출
4. 절벽 앞에서 살아남겠는가, 추락하겠는가
노련미 연마법 4 Skills
5. AI를 이기는 유추
6. Connecting the Dots
7. Anchoring & Reverse
8. 천재도 올라탔을 것 같은 거인의 어깨
기본기 2 Skills
9. Every day 꾸준히！
10. 심플함을 일상화하라

Contents

Chapter 1 Pain point와 친해지기

Chapter 2 Pain point 탐험 도구 Big 5

Chapter 3 탐험 도구를 더 잘 다룰 수 있는 연마기술 10

탐험 도구 사용의 유연미 연마법 4가지

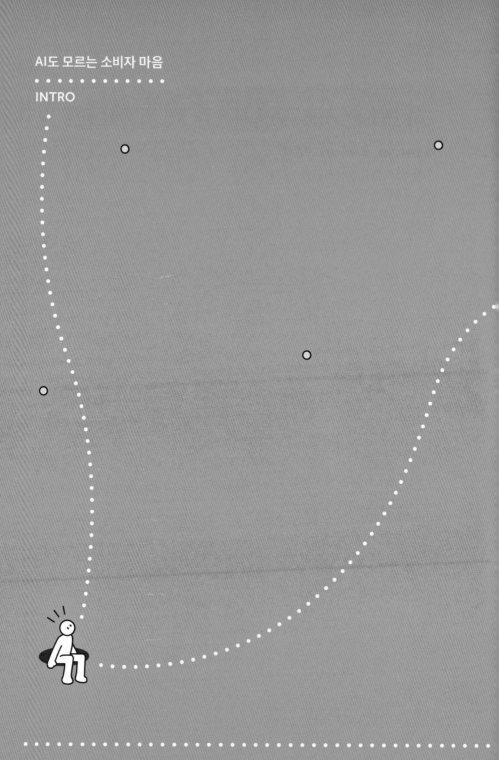

CONSUMER BLIND SPOT

1막

소비자 근시안에서 왜 탈피해야 하는가

2막

소비자와 1:1로 만나 본 적이 있는가

3막

내 안에 나도 모르게 사는 바로 이 양반 – 스쿠르지 할아버지

1막: 소비자 근시안에서 왜 탈피해야 하는가

1장. 끝까지 살아남은 바퀴벌레 3인방

'여행 비즈니스' 하면 여러분의 머릿속에는 어떤 것들이 떠오르는가? 저마다 차이가 있겠지만, 열에 아홉은 에어비앤비를 떠올릴 것이라 확신한다.

에어비앤비의 창업자 삼인방은 조 게비아 (Joe Gebbia), 네이선 블레 차르지크 (Nathan Blecharczyk), 브라이언 체스키 (Brian Chesky)이다. 현재의 에어비앤비는 191개 이상의 국가의 3만4천 개 이상의 도시에서 6천만 명 이상의 이용객이라는 대기록을 지니고 있지만, 그 시작은 참으로 미약하였다. 조 게비아의 아파트에서 똘똘 뭉친 세 사람은 '세상에 영향을 미치고 싶다'라는 결의와 열정으로 충만해 있었다. 하지만 그들에게는 정말 중요한 한 가지가 없었다. 바로 사업 자금이다. 그래서 이들은 궁여지책으로 2008년 민주당 전당대회에서 '오바마 시리얼'을 만들어 팔았다. 세 사람의 수단과 방법을 가리지 않고 살아남겠다는 강력한 의지를 보여준 일화다. 이 덕분에 이들 창업자는 끈질긴 생명체의 대명사라는 '바퀴벌레'라는 별명도 얻게 된다.

하지만 사업 초창기, 에어비앤비를 믿고 적극 지지해주는 사람은 턱없이 부족했다. 성장이 절실했던 에어비앤비는 결국 와이 콤비네이터 (Y Combinator)* 의 도움을 받는다. 와이 콤비네이터의 중심에는 실리콘밸리의 '미다스의 손'이라고 불리는 폴 그램 (Paul Graham)이 있었다. 에어비앤비는 폴 그램과 와이 콤비네이터의 지원에 힘입어 성공 반열에 오르게 된다. 하지만 폴 그램도 처음에는 '내 집 한 쪽'을 내주는 이들의 사업 아이디어에 회의적이었다고 한다. 그런데도 삼인방을 지원한 것은 순전히 오바마 시리얼, 그들의 강한 열정에 더욱더 높은 점수를 준

---

* Y Combinator. 숙박공유서비스인 에어비앤비, 클라우드 서비스인 드롭박스, 지불결제 서비스인 스트라이프 등 혁신적인 사업모델로 창업 2~3년 만에 몸값 1조원이 넘는 글로벌 유니콘으로 성장한 기업들을 성공시킨, 미국 실리콘밸리를 대표하는 액셀러레이터임. '와이콤비네이터' (Y-Combinator)는 폴 그램이라는 사람이 시작함.

것이다. 에어비앤비 사이트가 시작되고, 뉴욕에서 40명 정도의 호스트가 반신반의하면서 사이트에 방을 올린 시점이었다. 창업자 삼인방은 폴 그램에게 하나라도 더 배우려고 기회가 될 때마다 끊임없이 찾아가서 간절한 질문을 던지고 자문했다. 정말 칭찬받을 만한 자세가 아닌가, 유능한 스승에게 묻고 배우고 탐구하는 것은 성공을 꿈꾸는 이들의 기본 소양이라고 대부분 생각하니까. 하지만 이 스승은 미다스의 손으로 불린 만큼 남다른 면이 존재했다. 즉, 어느 날 폴 그램은 삼인방의 이야기를 듣다가 불쑥 이렇게 말했다고 한다.

"여기 왜 이러고 앉아 있나? 나한테 질문하지 말고, 당장 뉴욕으로 가서 호스트들을 만나 봐야지."

갈팡질팡하는 이들에게 누구에게 질문하는 것이 올바른 것인가 하는 즉, 질문을 할 대상에 대한 명확한 가이드라인을 준 것이다. 왜 나에게 묻니? 너희 사업 서비스 타겟에게 질문을 해야지!

폴 그램의 주문에 삼인방은 유레카를 외쳤다. 그리고 주말마다 뉴욕으로 날아갔다. 실리콘밸리에서 비행기로 편도 5~6시간 걸리는 거리임에도 불구하고. 삼인방은 그곳에서 에어비앤비의 호스트들을 챙기고, 호스트들의 이야기에 귀 기울이면서 서비스를 발전시켜 나간다. 에어비앤비 서비스 타깃과의 커뮤니케이션을 통해서 사업 방향을 설정하고, 서비스도 개선한 것이다. 일례로 삼인방은 현장에서 여행객들의 관심을 끌려면 멋진 방 사진이 절대적이라는 사실을 깨닫고 호스트들에게 전문 사진사를 보냈다. 에어비앤비는 사진을 예쁘게 찍어서 웹사이트에 올리기 시작하면서 매출이 급상승하기 시작했다. 이의 핵심은 무엇인가? 그들이 질문할 대상은 유명한 엑셀러레이터가 아니라 고객 즉, '소비자'라고 불릴 수 있는 군단인 것이다. '최종 소비자'라는 명확한 대상에게 질문하고, 답변을 받고, 답변을 실행한 결과 성공에 이른 것이다. 유능한 엑셀러레이터가 매출 상승의 기회를 찾아준 것이 결코 아니다. 비즈니스 타깃인 소비자에 대한 이해와 커뮤니케이션이 그들 성공의 견인차였다.

얼마 전 아래와 같은 요지의 기사를 접했다. "글로벌 최대 숙박 공유 업체인

에어비앤비도 생존을 위해 글로벌 마케팅 활동을 전면 중단하고, 임원진의 월급을 6개월 동안 50% 삭감하기에 나섰다. 창업자들은 아예 월급을 받지 않고, 일반 직원들에겐 월급을 보전해주는 대신 연말 보너스를 지급하지 않을 계획이라고." 아주 속상하다. 하지만 필자는 믿는다. 이들의 바퀴벌레 근성은 반드시 펜데믹을 극복하고 이 어려운 시기에 반드시 그들답게 생존할 것이라는 진실을.

2장. 소비자의 스트로우에 주목하라

필자와 같은 세대라면 아마도 학창 시절에 한 번쯤은 맥도날드를 좋아하지 않았을까 싶다. 이 브랜드는 한국에 론칭하자마자 그 즉시 핫한 브랜드로 등극했다. 요즘의 쉑쉑 버거만큼 뜨거운 인기를 자랑했다. 필자도 당시 매장으로 매일 출근하듯이 가서 치즈 버거와 밀크셰이크를 먹었던 기억이 난다. 특히 맥도널드의 대표 메뉴 중 하나인 밀크셰이크를 무척 좋아했다. _{맥도날드 설립과 관련된 실화를} 바탕으로 한 영화 〈The Founder〉에도 밀크셰이크 이야기가 나온다.

이 맥도날드의 밀크 세이크 이야기를 하겠다.

모든 제품에는 일종의 라이프 사이클과 같은 제품 수명 주기가 존재한다. 그래서 모든 브랜드는 쇄신을 통해 소비자들에게 새로운 모습으로 다가가야 하는 일종의 숙명을 안고 있다. 맥도날드도 예외는 아니었다. 2000년대 초반 맥도날드는 밀크셰이크 판매 증진을 위한 시도를 했다. 대부분의 브랜드가 그러하듯이. 맥도날드도 타깃 확장, 패키지 디자인 변경, 맛과 사이즈의 다양화 등과 같은 온갖 방법을 고민했다. 기존의 핵심 소비자층인 9~13세 아이들을 위한 맛과 컵 사이즈에서 다양성을 추구했다. 그러나 판매 증가는 그들의 기대에 미치지 못했다. 이를 극복하기 위해 맥도날드는 '혁신 기업의 딜레마'로 유명한 하버드 경영대학원 클레이튼 크리스텐슨 교수에게 SOS를 보냈다. 컨설팅 의뢰를 한 것이다.

프로젝트를 받은 클레이턴 크리스턴슨 (Clayton M. Christensen)교수 일행은 며칠 동안 매일 10시간씩 맥도날드 매장에 죽치고 앉아 있었다. 당연히 한가하게 시간을 보낸 것은 아니다. 예를 들어, 밀크셰이크를 누가 주로 사 가는지, 어느 시간대에 몇 명의 고객이 매장에 오는지, 소비자들은 어떤 옷을 입고 있는지, 남자인지 여자인지, 어른인지 아이인지, 어떤 메뉴를 고르는지 등을 매의 눈으로 살피고, 그 정보를 꼼꼼하게 기록했다. 그 결과는 다음과 같다.

밀크셰이크의 판매량은 출근 시간대인 오전 8시 이전의 판매량이 전체의 절반 이상이다. 고객들은 대부분 다른 메뉴를 추가로 주문하지 않고 밀크셰이크 한 개만 구매해서 곧장 차로 가져간다. 그렇다면 이 고객들은 대체 누구일까? 바로 출근하는 성인 남성들이다. 알다시피 밀크셰이크는 점성이 높아서 오래 먹을 수 있는 특징을 지녔다. 빨대로 이를 다 먹는 시간은 약 23분 정도라고 한다. 바로 이것이 출근하는 성인 직장 남성들의 마음을 사로잡은 것이다. 출근길의 지루함과 운전할 때 비어 있는 한 손의 허전함을 채워 준 것이다. 게다가 포만감도 크고 달콤하기까지 하니, 운전하는 직장 남성들의 편한 친구가 되기에 아주 적합한 제품이었던 것이다. 클레이턴 크리스턴슨 교수는 날카로운 통찰력과 풍부한 경험을 바탕으로 이를 캐치한 것이다.

이에 성인 남성들을 위한 맞춤형 판매 전략을 집행한다. 즉, 아침에 매장을 찾는 성인 남성 소비자를 위해서 우선 카운터 안쪽에 비치돼 있던 밀크셰이크 기계를 카운터 앞으로 이동한다. 바쁜 출근길에 최대한 신속하게 밀크셰이크를 주문, 수령할 수 있도록 배려한 것이다. 또한 밀크셰이크의 점성을 더욱더 쫀쫀하게 높였다. 더 오래 빨아먹을 수 있게 만든 것이다. 그 결과는 말이다. 미국 시장에서 밀크셰이크의 매출을 무려 7배나 상승시킨다.

이 결과가 의미하는 것이 무엇일까. 기존의 어린이 타깃 외에도 시간대를 반영한 '성인 남성'을 밀크셰이크의 핵심 소비자 타깃으로 선정한 것이다. 이들이 프로젝트를 실행하기 전에 맥도날드에 성인 타깃이 없었던가. 무슨 새로운 것을 하늘에서 별 따듯이 가져온 것이 아니다. 기존에도 분명히 존재하는 소비자 층이었다. 다만 '어린이라는 근시안'에 매몰되지 않고 더 크게 시야를 넓힌 것이다. 근시안에서 벗어나고 이미 존재했지만, 덜 중요시했던 소비자 타깃을 다시 바라보면서 질문하고, 고민한 결과 획기적인 결과를 도출한 것이다.

　여기까지 스타트업의 대표 주자 에어비앤비와는 다소 결이 다른 전통 기업 맥도날드의 사례를 언급했다. 이들이 도처에 존재하는 실패라는 적군을 피한 중심에는 무엇이 있었을까? 바로 자신들의 제품을 이용하고 구매하는 '소비자'를 비즈니스의 최상위 군에 둔 것이다. 이 두 회사는 소비자를 면밀히 바라보았다. 그리고 대화하고 관찰하고 결국 함께 걸어간 것이다.

　왜 소비자가 중요한지에 대한 공감대가 형성되었을 것이다. 여기서 누군가는 반론할 수 있다. 그거 아주 쉽고 당연한 것 아닌가! 나도 하고 있다고.

　그런데 한번 체크해 보자. 다음의 이야기로 건너가면서.

2막: 소비자와 1:1로 만나 본 적이 있는가

1장. 당신은 이 질문에 손을 드실 수 있는가

마틴 린드스트롬 ^(Martin Lindstrom)은 덴마크 태생의 브랜드 전문가이다. 12세란 어린 나이에 본인의 광고회사를 설립한 이후, 광고회사 BBDO인터랙티브 유럽 아시아를 거쳐 2000년에 '린드스트롬 컴퍼니'를 창립했다. 필자는 대략 10년도 훨씬 전에 린드스트롬의 《오감 브랜딩》이라는 저서를 접했었고, 솔직히 몇 년 전에 출간된 《스몰 데이터》를 읽고 감명을 받았다. 그는 빅 데이터가 창궐한 이 시대에 소비자 개인의 취향, 필요, 건강 상태, 생활 양식 등 사소한 정보들을 통해 전략을 세우는 방법의 중요성을 간파하고 이를 활용해 뛰어난 성과를 창출하고 있는 인물이다.

린드스트롬의 2016년 매일경제 신문과의 인터뷰 내용을 소개하고자 한다. 그는 뉴욕에서 3,000명의 임원을 대상으로 강연을 하면서 참석한 임원들에게 한 가지 질문을 던졌다

"지난 1년 동안 적어도 하루 동안 고객의 집을 방문한 사람이 있습니까?"

이 질문에 3,000명 중에서 몇 명 정도가 손을 들었을까? 적어도 10%는 되지 않았을까? 놀랍게도 아니다! 손을 든 사람은 고작 두 명뿐이었다. 실망스러운 결과에 린드스트롬은 다음과 같이 열변을 토했다.

"현재 비즈니스 세계에서는 소비자들을 이해하려면 데이터에 의존해야 한다는 통념이 있지만, 거의 모든 혁신적인 제품이나 서비스는 소비자와의 가까운 스킨십을 통해 시작되었다."

그는 다음의 말을 덧붙이며 자신의 논지를 더욱 강화했다.

"대부분의 서비스와 제품은 빅 데이터를 기반으로 한 실험실에서 만들어지지 않는다. 정보의 대칭화 시대에서는 많은 사람은 같은 데이터에 접속되고, 같은 분석 소프트웨어를 사용한다. 그 결과 전문가들조차 보통 사람들과 똑같은 결론을 내놓는다. 남들과 다른 결론을 통해 나만의 비즈니스 기회를 찾기 위해

서는 소비자들이 사는 동네를 방문해 그들과 대화해야 한다. 이런 식으로 경영 문화는 변화해야 한다. 글로벌 기업에서 임원들이 고용된 이유는 데이터를 수집하고 분석하는 능력 때문이 아니라, 그들이 지닌 직감 (Instinct)의 가치 때문이다."

린드스트롬의 주장처럼, 모든 임원과 마케터들은 직접 소비자와 대화해야 한다. 이는 동물적 직감을 향상하는 하나의 방안이다. 진짜 현실 속으로 들어가서 키운 소비자에 대한 직감은 새로운 기회를 포착하는 데에 기여한다. 이를 통해 소비자들이 진심으로 원하는 경영 전략을 발굴할 수 있어야 하지 않을까. 많은 사람이 인정하듯이 직감은 지식과 경험을 토대로 생기는 결과물이다. 귀찮아 보이는가, 아니다, 하다 보면 재미가 있다. 일단 해보라.

2장. 마틴 린드스트롬의 질문에 손을 번쩍 든 CEO 2인

아직도 오토바이 타고 배달하는 CEO

한 분은 바로 영국판 배달의 민족인 딜리버루 (Deliveroo)*의 CEO이다. 모건 스탠리 출신의 창업자인 윌리엄 슈 (William Shu)는 2004년 모건스탠리의 미국 뉴욕 본사에서 영국 런던 지사로 파견을 나오게 된다. 당시 촉망받는 20대 애널리스트였다. 그는 여기서 아주 지극히 현실적인 문제와 만났다. 업계 특성상 밤늦은 시간까지 야근해야 하는 상황이 계속되었다. 애널리스트는 아니지만, 필자도 아주 많이 겪어본 일이다. 그런데 런던은 뉴욕과 달랐다. 제대로 된 저녁 식사를 사무실로 배달해 줄 만한 식당이 드문 것이다. 그 당시 유럽에서 음식을 배달해 먹는다는 것은 다소 생소한 개념이었단다. 그래서 그는 이 빈 곳을 공략하기로 한다. 런던에 온 지 2주 만에 자신이 직접, 좋은 품질의 식사를 배달하는 사업을 한다는 결심을 한 것이다. 창업 초기에 넉넉한 형편이 있을 수 있는가. 그래서 그는 직접 배달을 다닌다. 그러면서 과거 헤지 펀드사에서 함께 근무한 상사를 마주친 적도 있단다. 말끔한 금융인이 아닌 다소 초췌한 모습으로 배달하는 모습을 한번 상상해 보라.

* 20억 달러 (약 2조4000억 원)에 달하는 기업 가치를 자랑하는 음식 배달 스타트업

마주친 상사는 걱정스러운 얼굴로 근황을 묻지만, 그는 '나 다음 배달 가야 해, 무척 바빠, 안녕'으로 응수했다는 일화도 유명하다.

딜리버루는 이렇게 시작됐다. 설립된 지 6년째인 현재 영국과 프랑스 호주 싱가포르 등 세계 14개국의 500여 개 도시에서 배달원 6만여 명을 두고 약 8만 개 식당과 연계해 음식 배달 서비스를 제공한다.

그런데 놀라운 것은 말이다. 이렇게 괄목한 만한 성장 후에도 슈 CEO는 정기적으로 배달원 업무를 직접 뛴다는 것이다. 최소 2주에 한 번씩 자전거를 타고 음식 배달을 나간다니. 몸소 현장을 찾는 이유를 묻는 말에 그는 이렇게 답했다.

"배달을 하면서 고객과 식당 주인들, 배달원들의 의견을 들어볼 기회를 가질 수 있다. 평소 하지 못했던 운동을 하는 것은 덤으로 얻는 기회이다."라고.

햄버거 만들고 화장실 청소하는 CEO

맥도날드 이야기를 했으니, 그 브랜드의 큰 경쟁자인 버거킹의 이야기도 해보자. 2008년 글로벌 금융 위기 이후에 버거킹은 급격히 추락, 2009년 약 3조원의 매출이 2013년에는 약 1조 4천억원으로 떨어진다. 완벽한 추락으로 보인다. 이에 버거킹은 사모펀드 회사에 매각된 이후, 브랜드 심폐 소생을 위해 월스트리트 출신의 다니엘 슈워츠 (Daniel Schwartz)가 등장한다. 그의 나이는 당시 32세였다. 모든 전문가와 투자자들은 외식업 경험도 없고 나이도 새파랗게 젊은 그의 행보에 우려를 표한다. 하지만 그는 보란 듯이 버거킹을 회생시킨다. 이의 성공 요인에는 여러 가지가 있다. 젊은 CEO다운 과감한 추진력을 포함해서.

바로 필자가 주목하는 성공 요인은 다음이다. 그는 모든 문제는 현장에 있다는 신념과 철학이 있었다. 그래서, 취임 후 일주일에 2번 이상 유니폼을 입은 채 직접 햄버거를 만들고, 고객 주문을 받고, 화장실을 청소하는 등의 일반 직원과 동일한 업무를 한 것이다. 그 현장에는 직원들도 있지만, 또 누가 있었을까, 맞다 바로 소비자이다. 그는 소비자를 직접 만날 기회를 스스로 만든 것이다. 그리고 그들이 원하는 것을 간파했다. 예를 들어, 메뉴가 너무 많아서 소비자들이 어떤 소스와 토핑이 어떤 햄버거에 들어갔는지도 모르는 것을 발견했다. 이후, 수십 가지의 불필요한 메뉴를 줄였다. 또한 더욱 깐깐한 신제품 출시 절차를 적용하여 메뉴 하나하나에 신중을 기울였다. 그래서 효율적인 제품 포트폴리오를 만들어나간 것이다. 적어도 이 두 CEO는 린드스트롬의 질문에 어떤 행동을 했을지 미루어 짐작되지 않는가.

손을 자랑스럽게 들었을 것이다. 회심의 미소를 보이면서.

Deliveroo 이야기

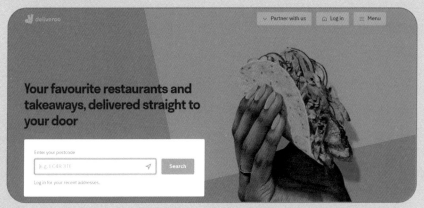

1 무척 직관적이며, 사용자 편의를 고려한 Homepage 구성이다. 그들이 서비스하기 위해 첫 번째로 알고 싶은 내용일 것이다. 어디에 거주하는 소비자에게 배달을 시킬 것인가 하는 것 !

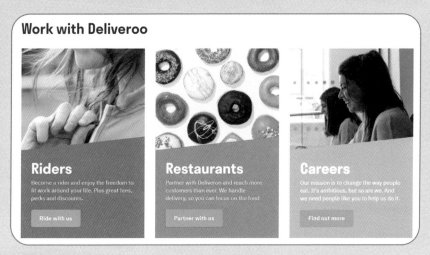

2 딜리버루의 업무 파트너이다. 그들 표현인 Work With Riders & Restaurant & Careers의 3박자가 있어야만 한다. 이 비즈니스의 세계에서는 아무도 혼자 걸어가지 못한다.

https://deliveroo.co.uk/

3막: 내 안에 나도 모르게 사는
바로 이 양반, 스크루지 할아버지

왜 소비자 입장에서 바라보고 생각하고 고민하는 것, 어쩌면 흔하고 간단해 보이는 것을 필자가 강조하는 것일까! 그것은 우리가 소비자에 대해 고민하고 있다고 자부하는 것들이 진심 소비자 지향적 사고방식이 아닐 수 있기 때문이다. 즉, 우리는 모두 소비자에 대해 충분히 알고 있다고 생각하지만, 실제 우리 생각과 소비자 생각의 갭이 존재한다는 것이다. 더구나 이 '불편한 진실'을 깨닫지 못한 채 살아갈 공산도 크다. 당신이 반드시 경계해야 할 점이다.

이는 바로 필자를 포함한 우리 모두를 쥐도 새도 모르게 조용히 실패의 길로 인도하는 인간의 본능이 존재하고 있기 때문이다. 즉, 우리는 모두 '스크루지 할아버지'를 키우고 산다. 인간의 뇌는 본능적으로 최소의 노력으로 최대의 효과를 얻고자 한다. 이른바 인간은 태생적으로 인지적 구두쇠 (Cognitive Miser)인 것이다. 구두쇠는 자기만 알고, 무엇이든지 아끼는 것을 좋아한다. 그래서 정보를 처리할 때 자기 중심성 (Egocentrism)의 원칙을 자신도 모르게 사용하고 만다. 외부의 정보를 접할 때, 자신이 좋아하는 정보는 중요하게 처리하고, 그렇지 않은 경우는 무시하는 것이다. 그냥 내 마음대로! 그래서 자기 마음에 드는 것만 선택적으로 주의를 기울이고, 자기에게 유리한 방향으로 이를 해석하고 편한 것만 쏙쏙 골라서 기억하고 살아가는 존재이다. 왜냐고 질문하고 싶은가? 답은 간단하다. 그냥 이게 편하기 때문이다.

이와 유사한 성질로 확증 편향 (Confirmation Bias)이 있다. 이는 자신의 신념과 일치하는 정보는 받아들이고, 신념과 일치하지 않는 정보는 무시하는 것이다. 이에 빠지면 자신이 세운 가설이나 사전 지식과 다른 결과에 대해 다소 편파적인 성향을 보이게 된다. '내가 여태까지 해온 것이 있는데?' 하면서 자신이 주장하는 바를 굽히지 않는다. 이러한 행동은 자신을 실패의 길로 들어서게 할 뿐이다. 그런데 중요한 것은 말이다. 우리는 이를 잘 깨닫지 못한다. 아마 남이 하는 이와 같은 성향은 알아챌 수도 있을 것이다. 상대적으로 좀 더 쉽게. 내 옷에 묻은 흙은 보지 못한 채.

또 유사한 경우로 특히, 경험이 많은 전문가들이 흔하게 범하는 어리석음도 존재한다. 편하고 빠르지만 가끔은 위험한 생각 습관으로 불리는 휴리스틱(Heuristic)이다. 휴리스틱은 우리가 일상적인 의사 결정과 판단을 내릴 때 사용하는 인지적 경험 법칙이자, 우리 마음속에 내재한 정신적 지름길이라고 불린다. 레이 허버트 (Wray Herbert)라는 과학 저널리스트는 휴리스틱스의 종류를 20가지나 나열하고 있다. 물론 이 지름길이 틀렸다는 것은 절대 아니다. 맞을 수도, 틀릴 수도 있다. 가령 여러 가지 업무를 한 번에 다뤄야 할 때, 눈코 뜰 새 없이 바쁠 때 우리의 뇌는 그냥 편한 대로 습관에 충실할 수밖에 없다. 새로운 통찰에 대한 갈구보다는. 그래서 신속한 의사 결정이 필요한 상황에서는 효율적일 수 있다. 다소간의 위험 요소를 지니고 있어도, 빠른 의사 결정이 더욱 중요한 상황은 분명히 존재하니까.

필자가 이러한 기제들을 언급하는 이유는 분명하다. 가끔은 우리가 하는 소비자에 대한 고민이 진정으로 소비자를 배려하는 것이 아닐 수도 있기 때문이다. 우리가 지닌 숙명적인 본능 때문에 우리는 의도했든, 의도하지 않았든 오류를 범할 수 있는 것이다.

그렇다면 이 태생적 한계를 어찌해야 할까? 너무 걱정할 것 없다. 조금 허무한 답변으로 들릴 수도 있겠지만, 그냥 이러한 성향을 알아채면 된다. 그것이 최선책이다. 의도적으로 노력하라. 다행히 최상의 고등동물인 인간은 잘못된 사고를 알아차리면 더 나은 사고를 할 수 있도록 스스로 설득하는 기제를 지니고 있다. 바로 '메타인지*'이다. 메타인지를 지닌 사람은 성공할 확률이 높다고 한다. 바로 소크라테스의 '너 자신을 알라'와 공자의 '아는 것을 안다고 하고 모르는 것을 모른다고 하는 것, 이것이 바로 아는 것이다'라는 선현의 명언을 가슴에 새기는 것이다.

* 임영익 《메타생각》. 2014 .메타인지는 1976년 미국의 발달심리학자인 존 플라벨이 만든 용어다. 메타는 About의 그리스어 표현인 자신의 인지 과정에 대한 인지 능력을 의미한다

우리는 모두 메타인지를 발전시키기 위해 노력해야 한다. 그 노력은 당신을 성공 궤도에 더욱더 빠르게, 정확하게 정착시켜 줄 것이다.

그래서 결국 강조하고자 하는 것은 다음의 하나이다.

바로 '소비자에 대해 쫀쫀하고 끈끈한 이해'가 성공의 시작점이라는 것이다.

성공적 제품, 브랜드, 서비스 등을 시장에 출시하기 위해 우리의 뇌와 마음은 불철주야 야근 중이다. 필자도 마찬가지이다. 이러한 고민 끝에 희열도 느끼지만, 가끔은 피하고 싶을 때도 있다. 그래서 이 글을 읽는 여러분과 함께 고민하고, 도와드리고 싶다. 그런 바람으로, 필자가 20년이란 사회생활을 통해서 이론적으로 실무적으로 부딪혀서 경험한 것들을 나누고자 한다.

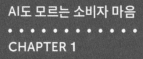

AI도 모르는 소비자 마음

CHAPTER 1

PAIN POINT와 친해지기

Intro에서 왜 소비자를 탐구하는 것이 중요한지, 왜 소비자가 모든 마케팅의 근간이 되어야 하는지를 성공 사례와 인간 본능적 기제를 통해 설명했다. 이제는 왜 소비자에 대한 이해가 모든 마케팅 활동의 근간이 되어야 하는가에 대한 공감대 형성이 어느 정도 되었을 것이다.

이 책은 소비자를 이해하는 구체적 방법에 대한 길을 알려줄 것이다. 그런데 좀 막막하지 않은가. 이 방대해 보이는 소비자에 대한 이해를 어디에서부터 출발하면 좋을까.

그것이 바로 pain point이다. 그래서 이제부터는 pain point에 대한 이야기를 먼저 하고자 한다.

PAINFUL할까? PAIN POINT !!

pain point, 이 새롭지도 아주 낯설지도 않은 단어!

pain point는 원래 마케터들 사이에는 나름 꽤 자주 사용하는 용어이다. 원어 그대로는 '통증 점', '아파하는 부분' 정도이지만, 이제부터 우리는 이를 '충족되지 못한 소비자들의 욕구', '소비자의 불만', '불편한 것' 등으로 마케터답게 이해하면 좋을 것이다.

만약 우리 모두가 모든 것이 완벽하게 충족된 상태에서 살아간다면 아플 이유가 전혀 없다. 그런데 이런 상태에 놓인 사람이 과연 얼마나 있을까? 솔직히 누구나 다 아프다. 또 아프면 불편할 수밖에 없다. 아파서 쿡쿡 찌르는 듯한 통증으로 괴로워하고 있을 때, 대부분의 사람은 짜증이 난다. 이때 누군가 통증을 어루만져서 낫게 해준다면 그것만큼 고마운 것이 있을까 싶다. 마케팅에도 이와 동일한 이치가 적용된다. 우리 인생과 마케팅은 아주 닮았기 때문이다. 모든 소비자는 아프다. 그래서 소비자 스스로 그 아픔을 인지하고 사람들에게 대놓고 드러내는 경우도 있다. 하지만, 만성적인 통증에 시달려 본인이 아픈 줄도 모르고 살아가는 경우도 많다. 전자의 경우는 마케터가 pain point를 발굴하는 일이 쉽지만, 후자의 경우는 찾아내는 것이 만만치 않을 수도 있다. 하지만 나도 몰랐던 나의 불편한 점을 누군가가 해결해 준다면! 바로 그것은 성공 비즈니스, 성공한 제품, 성공한 브랜드가 될 것이다. 소비자는 고마워서 그 제품을 구입하고 사랑해 줄 것이니까 말이다. 결국 마케터는 '소비자에 대해 넓고 깊은 이해심'을 지니고 '그들의 삶을 향상한다'라는 자세를 지니면 되는 것이다. 불편함 (=pain point)이 해결되어서, 그들의 일상에서 행복해지는 당신의 소비자를 상상하라. 그들은 행복한 미소를 지니며 지갑을 활짝 열 것이다.

한편 필자는 개인적으로 나영석 PD를 천재에 가까운 인물로 생각한다. 나영석 PD가 어느 매체와의 인터뷰에서 이런 말을 했다.

"복잡하든 단순하든 신선하든 진부하든 어떤 의도가 중요한 것이 아니라, 결국 그 상황에서 사람들이 즐길 수 있느냐를 잘 알고 알아채야 한다."

그가 프로그램을 만들 때마다 기본으로 삼는 하나의 모토라고 할 수 있다. 필자는 이 문장을 '마케팅답게' 아래와 같이 다시 만들었다.

"복잡하든 단순하든 신선하든 진부하든 당신의 의도가 중요한 것이 아니다! 결국 생활 속에서 소비자들이 당신의 서비스와 제품을 편하게 즐길 수 있느냐"를 잘 알고 알아채야 한다."

'불편하게'라는 단어를 상기하기 바란다. 편하지 않으면 불편하다. 불편하면 아프고, 귀찮고, 고통스럽고, 고생스럽다. 결국 pain point는 pain이 들어가서 다소 불편해 보이지만, 이를 편하고 즐거운 쪽으로 만들어 주면 되는 것이다.

Happy Point로!

1. pain point 와 첫 대면

1-1. 나 자신의 pain point에 주목한 경우
Case. 1
샤워하기 유난히 귀찮은 날 한 번쯤은 있지요
Case. 2
샤워한 후에 털 관리를 편하게 할 수 있다면 더 행복해진다
Case. 3
당신은 Smoker 인가. 살면서 오늘 바로 이 순간까지,
금연 결심해 본 적이 몇 번째인지

1-2. 평범한 일상과 pain point와의 조우
Case. 1
친구들과의 과자 타임을 꽃처럼 환하게
Case. 2
렌즈와 안경의 공존 공간

2. pain point의 Simple Principle 2가지

2-1. 등잔 밑에 숨은 pain point

2-2. (Simple Principle 1) 철저히 소비자 입장에서 바라볼 것.
Case. 1
맥주 한잔 걸치고 일하는 구글러
Case. 2
모터의 Spec보다 더 중요한 것

2-3. (Simple Principle 2) 완전히 새로운 것을
만들기 위해 진을 빼지 마라
Case.
어안이 벙벙할 정도의 현명한 ATM

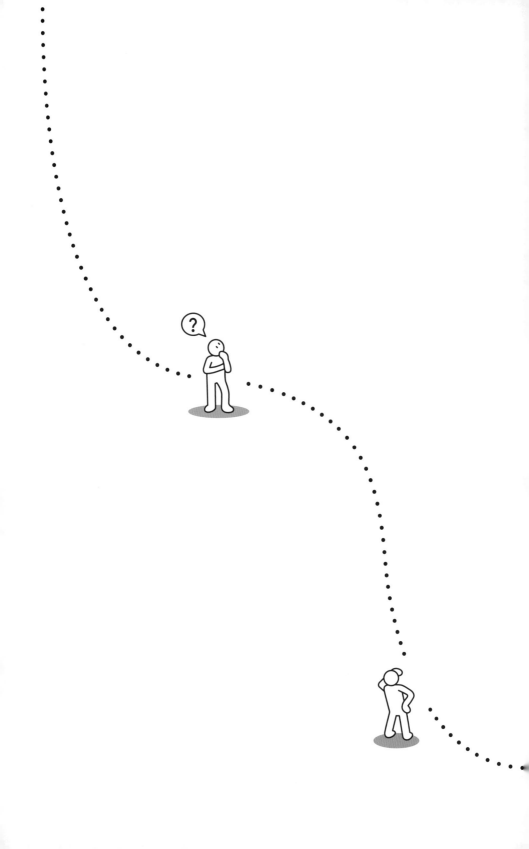

1

PAIN POINT와 첫 대면

pain point의 개념이 다소 생소할 수 있다.

당신이 어떤 상황이건 생소한 것과 만났을 때, 당신 자신을 그 맥락 속에 빠뜨려라. 그래서 당신의 일상과 그것을 연결하면 된다. 지금부터 소개하는 사례는 바로 자신이 경험한 pain point에 주목하여 성공한 케이스들이다. 그래서 일종의 pain point 입문 단계이다. 다음의 이야기를 통해 혹시 있을 수도 있는 pain point와 당신의 갭을 줄이고자 한다.

우리는 누구나 평범하고 소소한 일상을 살아간다.
자기 자신에 대한 이해와 탐구에서 PAIN POINT를 찾아라.
작아 보여도 큰 발자국의 시작이다.

나 자신의 PAIN POINT에 주목한 경우

Case 1. 샤워하기 유난히 귀찮은 날 한 번쯤은 있지요

루드윅 매리쉐인(Ludwick Marishane)이라는 젊은 CEO를 소개한다. ^{필자가 TED*에서}
^{보자마자 반한 패기 넘치는 청년이다.} 루드윅 매리쉐인은 다음과 같은 평가를 받았다.

1) 남아공 최연소 특허 보유

2) 2011년 구글이 선정한 세계에서 가장 밝은 12명의 젊은이 가운데 일인

3) 2013년 12월 Time Magazine 선정, 세상을 바꿀 30세 이하의 30인 가운데

　　일인 ^(아프리카의 경우 2인 중, 일인 해당)

루드윅 매리쉐인은 17세에 물 없이도 샤워가 가능한 건식 목욕제품 '드라이 배
스 ^(Dry Bath)'를 만든 사람이다. 정말 밝고, 유쾌하고, '근자감'이 아닌 알맹이 꽉 찬
자신감으로 뭉친 멋쟁이다. 그의 이야기를 보자. 17세 청년은 겨울에 일광욕을 하
면서 ^{남아공은 겨울에도 햇볕이 강렬하다고 한다} '피부에 그냥 바른 다음에 안 씻는 제품이 있
으면 참 좋겠다, 왜냐면 난 샤워가 정말 귀찮아! 근데 진짜로 그런 제품이 나오면
나는 꼭 사야지'라는 생각을 했다고 한다. 이렇게 다소 장난기 어린 마음을 먹은
매리쉐인은 하나의 통계 수치를 발견한다. 전 세계적으로 자그마치 25억 명에 이
르는 사람들이 제대로 된 수도와 위생 시설의 혜택을 받고 살지 못한다는 안타까
운 현실을 담은 통계였다. 특히 아프리카 지역은 대부분 상황이 더욱 심각했다. 마
실 깨끗한 물은 커녕 씻을 물조차 귀했으니! 그가 사는 동네도 당연히 예외가 아
니었다. 목욕 한번 하려면 2시간이 넘는 먼 곳까지 물을 길으러 가야 하는데, 그마
저도 깨끗하지 않았다. 그렇기 때문에 아프리카에서는 씻지 못한 많은 사람이 결

---

* 미국의 비영리 재단에서 운영하는 강연회로 일종의 지식 공유 콘퍼런스. Technology, Entertainment,
Design의 약자.

막염이나 설사병 같은 병에 자주 시달렸다. 특히, '트라코마'라는 질병이 사람들을 괴롭혔다. 한 해에 약 8백만 명의 사람들이 앓는 이 질병은 자칫 영구 실명을 초래한다. 더욱더 안타까운 것은 트라코마가 오로지 세안만 잘하면 방지할 수 있는 질병이라는 사실이다. 즉, 물 부족이 질병의 원인이다. 이와 같은 놀라운 사실을 접한 매리쉐인은 장난기 어린 그의 마음을 사명감으로 바꾸어 버린다. 세상을 구해야겠다는 어벤져스 같은 슈퍼 히어로의 사명감 말이다. 그는 이와 같은 선한 동기와 열정으로 똘똘 뭉쳐서 제품을 만들기 위한 연구에 착수한다. 여기서 짚고 넘어가야 할 점은 그의 출발점은 자신이 불편하다고 느낀 pain point 라는 것이다. 이것과 사명감이 만나 결국 실천으로 발전한 것이다. 하지만 현실은 쉽지 않았다. 환경부터가 너무나 열악한 것이다. 그는 노트북조차 없었다. 그 지역의 인터넷 접속 환경은 낙후 그 자체였다. 그럼에도 불구하고 그는 고등학교 때 배운 과학 지식을 동원해 구글과 위키피디아를 열공 모드로 검색했다. 이를 통해 로션, 크림, 화합물, 융해점, 독성 등에 관한 공부를 본격적으로 시작했고, 그 결과 제품 생산의 기본이 되는 과학적 공식을 완성했다. 매리쉐인 본인의 표현을 빌리면 'KFC 스페셜 스파이스가 탄생한 것과 마찬가지로' 감격스러운 순간이 온 것이다. 이후, 그는 자신이 가지고 있던 낡은 노키아 6234 휴대폰에 40페이지 분량의 사업 계획서와 특허권을 기록해 둔다. 이 특허권은 그를 남아프리카 공화국 최연소 특허 보유권자로 만들어준다. 이를 토대로 그는 '더 이상 목욕하지 않아도 돼 (No More Bathing)'이라는 콘셉트를 지닌 실제 제품을 만들어 낸다. 상용화 작업을 진행하고, 유통하면서, 자신만의 사업을 본격적으로 전개해 나갔다. 매리쉐인은 이렇게 한 단계 한 단계 일을 진행하는 과정에서 다시 반짝이는 사업적 통찰력을 얻게 된다. 다음의 2가지 pain point 포착을 통해서.

첫 번째다.

가난한 사람들은 묶음 혹은 대용량으로 사는 것이 가격적 혜택이 큼에도 불구하고 그 돈을 지불할 능력이 없다는 것이다. 예를 들어, 담배 한 갑을 사는 것이 더 저렴하지만, 돈이 없어서 필요할 때마다 한 개비만 살 수밖에 없는 것처럼. 이는 또 다른 축으로 발견된 소비자의 pain point라고 할 수 있다. 이는 일반적인 용량으로 판매 시, 가난한 사람들은 해당 제품을 편하게 살 수 없을 것이라는 의미이다. 자신의 판단을 확신한 그는 일회용의 작은 봉지 형태로 된 제품을 출시했다. 그냥 반으로 잘라서 짜 내기만 하면 되는 아주 간편한 형태의 제품이다.

두 번째이다.

바로 매출을 높여줄 수 있는, 아주 중요하고 새로운 수요층의 발견이다. 이 제품의 출발점은 깨끗한 물이 없어서 목욕하기 어려운 가난한 동네의 사람들이었다. 그런데 예상 밖으로 부유한 집 아이들도 이를 사랑했다. 적어도 일주일에 한 번은 드라이 배스를 사용한다는 것이다. 이유는 간단했다. 부자들도 다 같은 사람이라서 가끔은 샤워가 귀찮으니까. 귀찮고 불편한 것에는 돈의 많고 적음이 큰 상관이 없는 법이었다. 즉, 매리쉐인의 개인적 pain point였던 '아, 샤워하기 정말 귀찮아'는 많은 사람의 보편적인 감정이었다. 소비자라면 누구나 공감하고 있던 사실이었다. 이를 토대로 매리쉐인은 드라이 배스의 핵심 가치를 다시 만들어 낸다.

Convenience & Cleanliness! 부자들에게는 편리함을 주고, 빈자들에게는 청결함을 주는 제품이라는 뜻이다. 매리쉐인은 드라이 배스가 가난한 사람들에게는 일종의 구세주 (Life Saver)가 될 것이라고 장담한다. 우선 샤워를 한 번 안 하면 8천 리터의 물을 절약하는 효과가 있다. 그 절약한 물은 다른 용도로 귀하게 쓸 수 있다. 또한 아이들은 물을 길으러 가는 2시간을 아껴 공부도 하고 재미있게 놀 수도 있다. 또 어른들은 일에 더 집중하는 것이 가능하다. 이런 여러 이유로 볼 때, 드라이배스는 정말 구세주가 아닐 수 없다. 이 제품으로 인해 매리쉐인의 인생은 대역전이 된다. 자갈길로 가득한 고향 '림포포'에서 주당 50랜드 (한화 약 3,981원)을 받던 청년이 이제는 여러 곳에서 인터뷰 요청을 받는 유명한 사업가가 된 것이다. 자신의 pain point를 놓치지 않고 사업화했을 뿐인데 말이다. 당신도 드라이 배스가 가끔은 간절하지 않을까. 너무 피곤한 날, 만사가 귀찮은 날, 숙취로 인해 몸을 가누기조차 힘든 날, 갑자기 단수된 날에는 드라이 배스로 샤워를 대신하면 어떨까 하는 생각을 해본다. 또는 샤워하기 힘든 오지로 여행을 갔을 때도 유용할 것 같다.

3 젊고 패기가 넘치는 창업자가 처음부터 고민했던 부분을 보여주는 내용이기도 하다. 물이 부족한 국가에서 마치 거국적인 pain point와 연결되면서 말이다.

4 제품 구성안이다. 창업자가 두 번째로 발견한, 통찰력이 우수한, pain point 해결을 위한 소포장도 함께 구비되어 있다. 제품 구성에서 사용이 간편한 제품이라는 것이 눈에 확연히 보인다.

출처: https://drybathgel.com/

Case 2. 샤워한 후에 털 관리를 편하게 할 수 있다면, 더 행복해진다

샤워 이야기를 했으니, 이번에는 샤워와 유사한 것으로 내용을 이어가고자 한다.

2013년 탄생한 워커앤컴퍼니브랜드 ^(Walker & Company Brands)의 창업자 트리스탄 워커의 이야기다. 워커앤컴퍼니브랜드는 유색인종을 위한 피부 관리제품 ^(Personal Care Products)전문 스타트업이다.

그는 이러한 불편을 경험한다. 드럭 스토어에서 판매되는 대부분의 다중날 면도기는 거칠고 뻣뻣하고 곱슬곱슬한 털을 정리하는 데 적합하지 않다. 가끔은 털 속의 살점까지 파고들기 때문에 면도로 인한 염증과 피부의 아픔을 유발하기까지 한다. 문제는 전 세계 흑인 남녀의 80%가 이 고통을 겪고 있다는 것!

워커는 자신이 제대로 사용할 수 있는 제품이 없다는 좌절에서 사업을 시작했음을 분명히 인정했다. 루드윅 매리쉐인처럼, 워커는 자신의 pain point에서 사업의 기회를 낚아챈 것이다. 그는 캘리포니아 팔로알토 ^(Palo Alto)에 사무실을 차리고 베벨 ^(Bevel)이라는 제품을 탄생시킨다.

베벨은 특히 흑인들이 필요로 하는 욕구가 반영된 제품들로 구성된 브랜드이다. 워커의 베벨 면도기 세트는 외날 면도기, 면도 브러시, 피부 컨디셔닝 제품들이 주 아이템이다.

사업 초기, 워커는 일반적인 면도용 브러시와 면도용 크림, 이에 몇 가지 스킨케어 용품을 더한 세트 상품을 만들어낸다. 이를 기점으로 제품 라인을 다양화하더니, 2018년에는 글로벌 생활용품 기업인 프록터앤드갬블 ^(P&G)이 워커의 회사를 인수하게 된다. 워커로서는 한 단계 더 점프하게 된 것이다.

자신이 불편하다고 그냥 생각만 하는 자와 이를 실행에 옮기는 자의 차이가 분명히 드러나는 부분이다.

Case 3. 당신은 Smoker 인가, 살면서 오늘 바로 이 순간까지, 금연 결심해 본 적이 몇 번째인지

당신은 흡연가인가, 비흡연가인가. 흡연 여부와 상관없이 이의 외형만으로는 도대체 무엇인지 궁금증을 자아낸다. 제품의 판매 장소 또한 인테리어를 비롯한 전반적인 분위기로 판단 시, 전자 기기 소품을 판매하는 매장인지, 과연 담배 매장인지, 얼핏 보면 구분이 쉽지 않다. 게다가 제품만 봐도 이게 색연필인지 담배인지 비흡연가인 필자는 도통 구분이 쉽지 않다. 알록달록 길쭉길쭉한 모양새에 맞은 스트로베리 & 요구르트, 민트 & 멘톨, 블루베리 & 카시스, 로즈 & 재스민, 바닐라 & 그린티, 민트 & 체리, 오렌지 & 자몽, 인삼 & 시나몬 등등 개인적으로 좋아하는 온갖 과일 맛의 종류는 다 있다. 도대체 이 아이의 정체가 담배인가? 하는 생각이 들 정도이다.

물론 이 제품은 전자 담배와 유사하게 보인다. 정확한 구분에 의해 불리는 명칭은 '건강 보조성분 기화 흡입기'라고 한다. 비타본이라는 이 브랜드의 창업자인 임보민 대표는 매년 연말, 연초에 금연을 다짐했지만, 매번 실패했다고 한다. 일반적인 스모커들이 그러하듯이! 니코틴 패치, 금연 껌 등을 사용하는 금연 과정에서 정말 무섭게도 팬 등을 입에 무는 행위를 하는 자신을 발견하게 된다. 그러는 동안에 나름 널리 인지된 유레카를 다시 깨닫는다. 인간은 본능적으로 빠는 욕구가 있고, 눈에 보이는 연기 등과 같은 요소가 흡연 충족의 80% 정도를 차지한다는 것을. 그렇기 때문에 금연을 위해서는 연기와 목 넘김 등의 욕구가 충족되어야 한다는 것을 말이다.

특히, 흡연가들이 바로 목 넘김과 관련된 어택감, 즉 목을 강하게 때리는 그 느낌 때문에 금연이 힘든 점을 포착한다. 그래서 임 대표는 이에 해로운 유해물질이 없는 연기, 빨고자 하는 욕구, 목을 타격하는 목 넘김과 같은 흡연과 동반된 퍼포먼스와 같이 구현해서 금연과 관련된 pain point에 주목하였다. 그런데 재치 있는 것은 pain point 해결하는 과정이다.

'담배 = 건강하지 않음'이라는 공식을 깨버린 것이다. 비타민과의 결합을 통해서. 비타본 관계자들 자신들의 제품에 대해 이렇게 말한다. 말 그대로 비타민을 피는 것으로 생각하면 된다고. 니코틴 함량은 극소량이되 타격감과 연기까지 구현했다고 한다. 마치 전자 담배와 같은 형태로 제품을 피게 되지만 비타민 A, B1, C와 코엔자임 Q10을 포함한 천연 성분이 증기가 되어 흡수와 동시에 각종 천연향을 머금고 있기 때문에 일종의 비타민 베이퍼 ^(Vapor)라고.

이뿐만이 아니다. 천연 프로폴리스가 함유된 에너지 드링크의 각성효과를 얻을 수 있는 제품도 선보일 예정이라고 한다.

이들의 창업가 정신의 끝은 어디인지 감탄이 절로 나온다. 이에 더해 이 제품의 포지셔닝 방향을 대체육류, 인공심장, 무알코올 맥주 등 환경 및 건강 지향적인 새로운 대체품 신산업과 궤를 같이하는 개념으로 맞추고 있다. 생활 속에서 자신이 경험한 금연과 관련된 pain point를 현대인의 필수 건강템인 비타민과의 조우를 통해서 말이다.

5 Vitabon의 매장이다. 아마, 잘 모르는 사람들은 이 매장에서 예쁜 문구 제품류가 판매되는
   곳으로도 착각할 만큼 단정하고 참하고 세련된 모습을 하고 있다. 제품의 디자인도 마찬가
   지다. Flavor 종류별로 구비된 컬러풀하고 길쭉한 모양새가 Non-Smoker의 구미도 자극
   한다.

6 그냥 예쁘다는 말 밖에 나오지 않는다. 디자인이 많은 것을 좌지우지하는 현재의 트렌드를
   확실하게 반영하고 있다. 저 컬러는 Flavor의 차이를 의미하는 것이지 하는 추측을 가능하
   게 해준다.

7 비타본은 아예 "ATTACK"이라는 제품을 출시한다. 금연시, 강한 목의 타격감을 그리워하는
   Smoker의 pain point를 해결해 주고자 하는 센스가 돋보인다.
   출처: Vitabon

평범한 일상과 PAIN POINT와의 조우

Case 1. 친구들과의 과자 타임을 꽃처럼 환하게

독일의 'iF 콘셉트 어워드'는 Reddot, IDEA와 함께 세계 3대 디자인상으로 꼽힌다. 특히, 'iF 콘셉트 어워드'는 이미 만들어진 제품이 아니라 새로운 디자인 제안 및 아이디어 그 자체에 가장 큰 무게를 두고 심사한다고 한다. 그 때문에 기발하고 신선한 상상력으로 무장한 자만이 왕관을 차지할 수 있다. 이 치열한 곳에서 살아남은 자랑스러운 한국 대학생들의 성과를 소개하고자 한다. 먼저 '과자 패키지 케이스'이다. 이것은 건국대학교 학생들의 성과이다. 이들은 어느 날 좁고 긴 원형의 통에서 감자 칩을 꺼내 나눠 먹고 있었다. 그때 누가 먼저랄 것 없이 이렇게 말했다고 한다.

"이거 영 불편한데, 디자인 좀 바꿔볼까?"

이 학생들은 말로만 그치지 않았다. 기존 원형 통을 토대로 '블룸 칩스 (Bloom Chips)'를 디자인했다. 과자 통 입구를 살짝 벌리면 꽃송이처럼 넓어지는 새로운 디자인이었다. 입구가 열리는 모습은 마치 꽃이 활짝 피는 Blooming 모습과 흡사했다. 이를 사용하면 좁고 긴 원형의 통에 손가락을 오므려서 마지막 몇 개 남아 있는 과자를 꺼내기 위해 낑낑 용을 쓸 필요가 없다. 학생들은 여기서 멈추지 않았다. 그들은 여러 사람이 둘러앉아 먹기 좋도록 블룸 칩스를 바구니처럼 디자인했다. 정말 스쳐 지나칠 사소한 것에서 위대한 탄생을 창출한 것이다. 솔직히 많은 사람이 원형 통의 감자 칩을 먹으면서 불편했을 것이다. 굳이 과자 회사에 불편하다는 말을 안 한 것뿐이지. 학생들은 누구나 느끼지만 누구나 무시했던 불편함, 즉 스쳐 지나갈 수 있는 소소한 pain point를 예리하게 포착한 것이다.

Case 2. 렌즈와 안경의 공존 공간

두 번째는 콘택트렌즈다. 필자는 안경과 콘택트렌즈 둘 다 사용한다. 그중 렌즈는 주로 중요한 약속이 있을 때 사용하는 편이다. 그런데 하드 렌즈의 경우, 장시간 착용하다 보면 이물감도 강해지고, 눈이 아주 **빡빡해진다.** 그래서 가끔은 미팅을 마치고 집에 오는 길에는 렌즈를 빼고 안경을 쓰기도 한다. 문제는 조그만 렌즈 통을 가방 속에 넣고 다니면, 요 조그만 아이가 어디에 있는지 참 찾기가 쉽지 않다는 것이다. 직관적으로 볼 때, 안경 케이스 안에, 요 렌즈 케이스를 넣으면 편할 텐데. 막상 안경 케이스에 렌즈 케이스를 넣고자 하면, 안경이 떡하니 자리를 차지하고 있다. 둘이 상생할 만큼 이 공간이 넉넉하지는 않다.

필자의 이러한 불편함을 덜어주는 제품이 바로 여기에 있었다. 바로 상명대학교 팀의 '원 웨이'이다. 원 웨이는 안경 케이스 위에 렌즈 케이스를 덧붙인 제품으로, 안경도 쓰고 렌즈도 끼는 사람이 케이스를 모두 들고 다닐 필요없게 둘을 합친 것이다. 생활 속에서 작은 편리함을 제공해 주려는, 젊은 창작자들의 따뜻한 공감이 느껴지는 제품이 아닐 수 없다.

독일의 'iF 콘셉트 어워드'에 참여한 심사위원들은 한국 대학생들의 창의적인 제품에 대해 이렇게 평가한다.

"예리한 발견에서 시작되는 상상력이 뛰어나다."

위의 사례들을 보니, 한국인들은 pain point를 토대로 멋진 그 무엇을 만들어 내는 데 있어서 타고난 유전자를 지니고 있는 듯하다. 그러니 당신도 충분히 어메이징한 결과를 만들어낼 잠재력이 있을 것이다. 여기까지는 pain point에 대한 개념과 가치를 어렵게 생각하지 않기를 바라는 마음으로!

첫째, 우선 나 자신에서 시작해 보라!

두 번째, 생활에서 소소하게 발견해 보라! 라는 프레임으로 이와 관련된 사례를 말씀드렸다.

8   Bloom Chips. 디자인을 보면 Naming도 참 잘했다는 생각이 절로 든다. 활짝 핀 꽃의 느낌이다. 옛말에 장맛
    도 뚝배기 맛이라고. 저 안의 과자는 더 맛있을 것 같다. 왜 과자 회사에서 저런 아이디어를 진작에 내지 않았을까
    하는 생각이 들 정도이다. Problem (Vs) Solution을 보면, pain point (Vs) happy point가 분명해진다.
    출처: https://ifworlddesignguide.com/

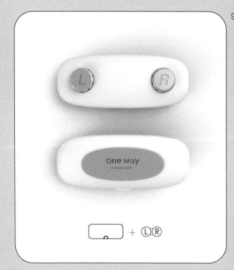

9   One Way 안경 상자, 필자는 구입하고 싶다. 나 자
    신이 생활에서 항상 겪은 pain point인데, 항상 '불
    편해, 불편해'라고 혼자 생각만 했지, 저런 방법이
    있다는 것은 미처 생각하지도 그리고 이러한 나 자
    신의 소소한 불편함을 누군가가 해결해 준다고는
    생각하지도 못했는데. 바로 이렇다. 소비자들도 그
    들의 일상에서 스쳐 가는 작은 불편함에 대해 그냥
    스쳐 지나가고 만다. 그래서 pain point 발견이 쉽
    지 않은 것이다. 아마 이 넓은 세상에는 필자가 몰
    랐던 혹은 아직도 모르는 그 누군가는 타인의 불편
    함을 해결해 주기 위해, 지금 이 시각에도 노력하고
    있을 수 있다.
    출처: https://www.behance.net/gallery/118
    30421/One-Way-Glasses-case

2

PAIN POINT의
SIMPLE PRINCIPLE 2가지

pain point와 살포시 인사했는가.
이제는 이 아이의 성향을 파악하고
이를 잘 다루는 원칙을 알아보자.

등잔 밑에 숨은 PAIN POINT

불편할 수 있지만, 진실이 하나 있다. 모든 소비자는 아파하고 불편해한다는 것이다. 그런데 여기에서 함정이 존재한다. 소비자들은 아파하고 불편해함에도 불구하고 이러한 pain point를 마케터가 원하는 방향대로 혹은 기대하는 대로 표현하지 않는다는 점이다. 그 이유는 여러 가지다. 필자는 아래의 4가지로 구분하고자 한다.

01 Pain Point를 느낄 틈조차 주지 않는 경쟁사의 영민함

굳이 불편함을 표현하지 않아도 새로운 시대에 맞는 신박한 제품들이 알아서 출시되는 시대적 특징과 연결된다. 가만히 있어도 남들 즉, 여러분의 경쟁사가 다 알아서 그들의 미충족 욕구를 충족시켜 주니 소비자들이 일부러 공을 들여 표현할 이유가 없는 것이다.

02 당연한 것으로 여겨진 Pain Point

소비자들은 소위 '익숙해진 불편함'에 대해서는 명확히 인지하지 못한다는 것이다. 그냥 당연하게 여겨왔기 때문에 이게 아픈 것인지, 불편한 것인지, 나쁜 것인지조차 모른다는 의미이다. 즉, 평소에 하던 대로 자연스럽게 불편을 받아들이며, 그것이 불편한지도 모르면서 생활하고 있다. 이렇게 실제로 소비자가 자신의 미충족 욕구를 잘 알지 못하는 경우는 허다하다. 그래서 대다수 소비자는 제품이나 서비스가 구체화되어 세상에 출시되기 이전에는 그 제품이 필요하였다는 사실조차 깨닫지 못한다. 이 경우는 한편으로는 '첫 번째 이유'와도 연관된다.

바로 여러분의 경쟁사들이 알아서 척척 소비자들의 입맛에 착착 감기는 새로운 것을 출시하기 때문일 수도 있다. 눈 떠보면 새로운 것이 얼굴을 내미는 빠르게 흘러가는 세상에 우리는 살고 있으니까.

03 표현의 한계로 헛발질 되는 Pain Point

소비자들은 자신이 아픈 점, 원하는 것을 알고 있더라도 마케터의 입맛에 착착 달라붙게 잘 표현하지 못한다는 것이다. 일례로, 식기 세척기를 쓰고 있는 소비자는 '잘 닦인다'라는 말로 자신의 욕구를 표현하곤 한다. 그런데 그것이 세균을 잘 없애 준다는 것인지, 혹은 반짝반짝 윤이 나게 한다는 것인지 등에 대해서는 세세하게 구체적으로 말하지 못하는 경우가 많다. 그 때문에 마케터는 칼처럼 예민하게, 날카롭게 파고들어 가야 한다. 두리뭉술하게 접근하고 이해해서는 그냥 두루뭉술한 결과물이 나올 뿐이다. 그 누군가가 이미 생각한 것들을 당신도 되풀이할 뿐이다. 가령 소비자가 깨끗하게 해주는 마음에 힐링을 가져다주는 그 무엇을 원한다고 하자. 과연 '깨끗함'이란 무엇이고 '힐링'과는 또 어떤 연관이 있는지는 깊게 파고 내려가지 않으면 절대 쉽게 알 수 없다. 따라서 당신은 더욱더 깊게 소비자의 pain point에 대해 파고들어 가야 한다. 그러지 않으면 시장에 잠깐 나왔다가 유야무야 사라지고 마는 그저 그런 제품만을 출시하고 철수하는 것을 반복할 뿐이다.

04 나는 아픈데, 누구도 관심을 주지 않는 Pain Point

가장 행운의 경우로 볼 수 있다. 바로 소비자들이 충분히 아파하고 불편해하고 있었는데, 그 누구도 이에 대해 관심을 두지 않는 상황이다. 관심을 받지 못하는 소비자는 자신의 니즈에 대해 선뜻 입을 열지 못한다. 이때 조금의 관심만 보이면 소비자는 여러분에게 유용한 정보를 제공해줄지 모른다. 새로운 시장에서든 기존의 시장에서든.

철저히 소비자 입장에서 바라볼 것

순수하게 소비자 입장에서 바라봐야 한다. 이는 명확한 원칙이다. 매우 쉬워 보이는가! 하지만 일하다 보면 까먹을 수 있다. pain point를 바라보는 미묘한 관점에 따라 작아 보일 수도 있겠지만 결국은 커다란 차이가 나타날 수 있다. 더 풀어서 이야기하자면 '소비자 입장'과 '전문가 ^(=마케터)입장'의 차이이다. 소비자는 전문가인 당신과는 다르다는 것을 반드시 깊게 이해해야 한다. 앞서 밀레의 명화를 예로 들어서 이야기했듯이. 소비자는 당신과 같은 전문가적 배경 및 경험을 지닌 사람들이 아니다. 물론 여러분이 최종적으로 만든 제품이나 서비스를 사용하는 사람 중에는 여러분에 근접한 수준의 소비자가 당연히 있을 수 있지만. 여기서는 대부분의 경우를 의미하는 것이다. 특정한 기술이 접목된 서비스·제품군에서 일하는 분들은 이 부분을 더욱 유념해야 한다. 거의 모든 소비자는 이 정도 즉, '내 수준 정도는 알고 있을 거야'하는 당연해 보이는 오해 말이다. 절대 그렇지 않을 수 있다.

Simple Principle 1
Case 1. 맥주 한잔 걸치고 일하는 구글러

맥주 한 잔으로 두뇌가 해롱해롱해 하는 상태에서 일하는 것이 더 좋은 결과를 내는 구글러 ^(Gooler)의 이야기이다. 그들 사이에는 이러한 농담이 있다고 한다. 내용인즉슨, 구글에서 새로운 서비스를 출시하기 전에 거치는 내부 테스트에 참여하는 구글러들은 맥주를 마시면서 일을 한다는 농담이다. 알코올을 섭취하면 인지도와 집중력이 상대적으로 저하되기 때문이다. 이렇게 해서라도 소비자와 기술자 사이에 있는 간극을 좁혀야 한다는 의도이다. 이 정도로 그들은 '소비자 관점에서 바라보기'를 위해 별의별 짓을 다하는 것이다. 여기서 촌스럽게 진짜 맥주를 마셨는지 아닌지를 논하지는 말자. 대부분의 일반 소비자들은 신기술이 접목된 낯선 그 무엇을 쉽고 편하게 받아들이지는 못한다. 그런데도 신기술에 많이 노출되어 이에 익숙한 전문가들은 자신들의 기준으로 그 무엇을 만들어내는 우를 범하기도 한다. 자신들은 이미 익숙하고 편하기 때문에 소비자도 '당연히 그 정도는 편하게 생각할 거야.' 하는 어림짐작을 하게 되는 것이다. 본능적으로. 이는 비극만을 초래한다. 소비자들의 pain point를 해결했다고 자부한 제품이나 서비스가, 소비자들에게는 또 다른 pain point로 다가올 뿐이다. 머리가 아파서 효과 빠른 진통제를 먹었더니, 두통은 사라졌지만, 속이 쓰린 결과가 나오는 것이다. 정리해 보겠다. 기술 지향적 업종에 종사하는 전문가들 입장에서 쉽게 다룰 수 있다고 생각한 제품의 기능이, 때로는 말이다. 소비자에게는 이게 무엇이지!? 어려워! 쓸데없다는 반응을 만들 뿐이라는.

Case 2. 모터의 Spec보다 더 중요한 것

요즘 미세먼지가 창궐하다 보니 첨단 기술이 접목된 다양한 청소기가 많이 보인다. 높은 사양의 비싼 청소기들이 경쟁적으로 출시되는 모양새다. 혹자는 이에 대해 기술 혁신이 성숙기에 접어든 이후, 대부분의 청소기 제조사가 모터의 스펙 업그레이드에만 집착하고 있다고 지적한다. 물론 뛰어난 스펙의 청소기를 원하는 소비자들은 시장에 분명히 존재한다. 그 때문에 이의 관점에서 훌륭한 고민을 통해 탄생한 제품들의 존재 자체를 부정하는 것은 결코 아니다. 다만 필자는 이러한 시장의 흐름 속에서 기술 관점이 아닌 '소비자-사용자 관점'으로 탄생한 제품의 성공을 강조하고자 한다. 그 주인공은 바로 일렉트로룩스이다. 이 회사는 타깃 소비자들이 생활 속에서 청소기를 사용하는 그 자체에 집중했다. 그래서 청소기를 가장 많이 사용하는 주부들이 어떤 점을 불편해할까 대한 고민에 더욱 집중한 것이다. 그 결과 그들은 아래와 같은 2가지의 pain point를 발견한다. ^{이러한 pain point는 청}소기의 주요 타깃인 여성이나 주부가 정말 공감할 것 같다. 이를 발굴한 다음에는 하나씩 하나씩 이를 해결해 나갔다.

Pain point 1

대부분의 청소기는 모터가 아래에 있다. 그렇기 때문에 침대 밑의 청소가 힘들다. 또한 모터의 무게로 인해 천장 청소는 엄두도 못 낸다.

PAIN POINT 1
HAPPY POINT로

무선 청소기 최초로 메인 모터의 위치를 청소기 본체 상하로 조절할 수 있는 '플렉스 리프트' 기능을 탄생시켰다. 청소를 하는 위치에 따라서 모터 위치를 조절해 '상중심' 또는 '하중심'으로 변경 가능, 사용자의 손목에 무리가 덜 가는 구조를 취했다. 모터를 아래로 내려 하중심으로 사용하면 바닥을 청소할 때 편하다. 반대로 모터를 위로 올려 상중심으로 사용하면 침대 밑이나 틈새, 천장 청소가 용이하다.

Pain point 2

많은 무선 청소기가 한번 충전으로 중단 없이 온 집안을 구석구석 청소할 만큼 배터리 사용량이 좋지 않다.

PAIN POINT 2
HAPPY POINT로

국내 최대용량인 36V 리튬이온 배터리를 탑재해 사용 시간도 대폭 늘렸다. 그래서 타사 대비 연속 사용 시간이 가장 긴 제품을 탄생시켰다.

2가지 pain point를 해결한 일렉트로룩스의 청소기는 소비자들의 사랑을 담뿍 받는다. 기술 지향적 전문가의 관점으로 간주할 수 있는 '모터의 역량'보다 '소비자의 사용성'에 집중한 결과이다. 더욱 단순할 수 있다. 소비자들은! 당신의 생각보다!

10 메인 모터의 위치를 청소기 본체 상하로 조절이 가능한 제품이다. 바로 '플렉스 리프트' 기능이다. 이는 소비자들
    이 집 안을 청소하는 다양한 상황에서 각 용도에 맞게 청소기를 편리하게 사용할 수 있도록 도와준다. 소파 혹은
    침대를 청소할 때, 바닥을 청소할 때, 선반 혹은 천장 틈 사이의 먼지를 제거하고 싶을 때마다 기존의 청소기로는
    한계를 느낀 적이 있을 것이다. Maker의 의도대로 소비자들은 무게감을 덜 느끼면서 깨끗하게 상큼하게 청소를
    할 수 있다.

    출처: https://www.electrolux.co.kr/

완전히 새로운 것을 만들기 위해 진을 빼지 마라.

태양 아래 새로운 것은 없다.

"There is nothing new under the sun"

지혜의 왕 솔로몬은 위와 같이 말했다. 이 말을 절대 새로운 것을 꿈꾸지 말라는 의미로 약간 삐딱선 타면서 해석하지는 말라. 우선 필자는 태양 아래 새로운 것은 정말 많다고 생각하는 사람이다. 왜냐면 꿈에도 생각하지 못했던 많은 것들이 훌륭한 사람들에 의해 얼마나 많이 창출되었는가! 그로 인해 나는 정말 생각하지도 못한 편한 생활을 누리고 있다. 감사할 뿐이다. 오늘의 우리는 솔로몬의 말을 다음과 같은 관점에서 보아야 한다. 그것은 일할 때 종종 자신을 붙잡고 있는 일종의 통념에서 벗어나기이다. 많은 사람이 신제품 혹은 새로운 비즈니스를 구상할 때 거창하고, 대단하고, 세상에는 존재하지 않을 법한 무언가를 먼저 또 심각하게 생각하는 경향이 있다. Something Different ^(무언가 색다른 것)에 얽매여 있다고나 할까?

필자는 이 관점에서 조금만 우회하기를 권한다. '태양 아래 새로운 것'에 대한 과한 집착을 버리자. 물론 안다, 당신의 마음을. 요즘 세상에는 독특하고, 신기하고, 멋진 제품들이 넘쳐난다. 그렇기 때문에 색다르지 않으면 경쟁에서 살아남을 수 없다고 고민하는 당신의 마음에 물론 공감한다. 그러다 보니 당연히 pain point도 무엇인가 거창하고 완전히 새로운 것이야 한다는 부담을 가질 수밖에 없다. 참으로 많은 새로움 속에서 살아남아야 하기 때문이다. 그러나 지나친 부담감, 스트레스 따위에서 벗어나자. 무릇 태양 아래 새로운 것은 없으니!

Case. 어안이 벙벙할 정도의 현명한 ATM

미국의 다국적 금융 서비스 기업인 웰스파고앤드컴퍼니 ^(Wells Fargo & Company)는 시가 총액으로 미국 내 최대 기업이며, 자산 기준으로는 네 번째로 큰 은행이다. 이 회사는 현금 지급기 앞에서 소비자가 느끼는 두려움 즉 pain point에 대한 해결 방안을 아이데오 IDEO[*]에 의뢰했다. 현금 지급기를 이용하는 사람들은 대부분 얼마간의 두려움을 갖고 있다.

특히 밤에 현금 지급기 앞에 서 보았는가. 돈이 많고 적음에 상관없이 주위를 두리번거리고, 행여나 뒤에 험악하게 생긴 사람이 있나 없나를 살피기도 한다.

소비자의 이러한 불안을 해결해달라는 웰스파고의 제안에 아이데오는 온갖 브레인 스토밍을 시도한다. 현금 지급기 앞에서의 소비자 행동을 관찰하기 위해 비디오카메라는 물론이고 잠망경 같은 값비싼 부가설비도 총동원해서 말이다. 아이데오의 명성에 걸맞게 새롭고, 창의적이고, 혁신적인 그 무엇을 만들어내야 하니까. 그런데 그 유명한 아이데오는 시가 총액 최대 기업인 웰스파고에 어떤 해결책을 제시했을까? 정말 거창하고 신박해 보이는 그야말로 최신의 IT 기계가 동원된 해결책을 제안했을까?

아니다! 아이데오의 해결책은 다음과 같았다.

'현금 지급기 바로 위에 1달러 80센트짜리 어안 ^(魚眼)거울을 설치하자.' 어안이 벙벙해지는가? 세계적인 은행과 세계적인 에이전시 사이에 이루어진 거래치고는 너무 싱겁지 않나 하는 생각이 들 수도 있다. 우리 돈으로 2천원 남짓한 '어안 거울'이 해결책이라니! 하지만 핵심을 놓쳐서는 안 된다. 아이데오가 첨단 기술을 몰라서 저가의 어안 거울을 제안한 것이 아니다. 웰스파고가 돈이 없어서 이를 수용한 것도 아니다. 아이데오는 분명 고가의 하이테크 제품을 제안할 수

---

* 아이데오 (IDEO). 미국의 디자인 이노베이션 기업으로, 인간 공학, 기계 공학, 전자 공학, 소프트웨어 공학, 산업 디자인, 인터랙션 디자인 등의 배경을 지닌 인재들로 구성된 회사이다. 애플 (Apple)이 출시한 최초의 마우스를 제작한 회사로 유명하다.

도 있었다. 그러나 그들은 풍부한 경험을 바탕으로 간단명료한 것이 최고 중의 최고가 됨을 알고 있었다. 또한 웰스파고도 이의 효용성과 가치를 인정한 것으로 보면 된다. 단순하고 간단해 보이는 해결책을 간과하고 무시해서는 절대 안된다.

사소해 보이는 작은 혁신이 태양보다 뜨거운 성공을 가져올 수 있다는 점을 잊지 말자. 물론 혁신적인 제품은 신제품 또는 신서비스이다. 하지만 기존 제품의 핵심적 특징을 유지하면서 특정 내용을 개선하고 변경한 제품도 당연히 신제품이다. 세상에 없는 새로운 것만 찾지 말자. 조금만 눈여겨보면 소비자의 pain point가 보이고, 이에 대한 개선책이 너무나도 쉽게 보이기 마련이다.

등잔 밑은 진짜로 어둡다. 그러나 세심하게 살펴보자. 그곳에 진리가 살아 숨쉴 수 있다. 모든 일에 있어 당신의 어깨에 있는 곰덩어리같은 부담감을 버리자.

특히, pain point 발굴에서는 앞서 언급한 2대 원칙만 기억하면 된다.

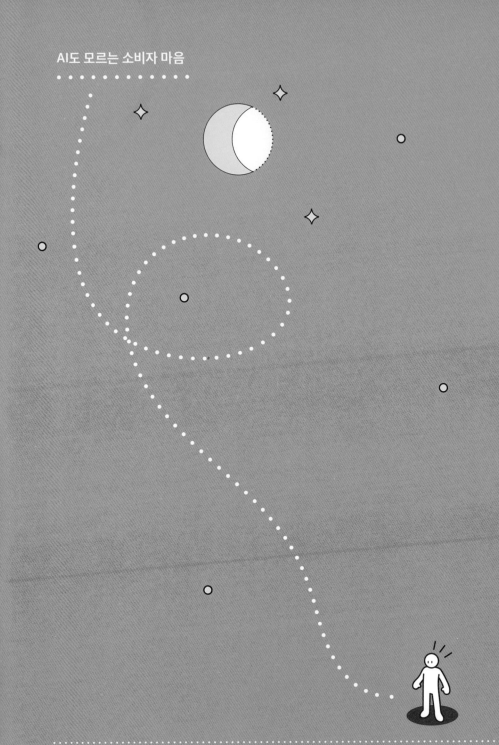

CONSUMER
INSIGHT
ONE

1. 학자들도 인정하는 PAIN POINT의 가치

Consumer Insight ①

2014년 11월, 하버드 비즈니스 리뷰의 '이노베이션' 코너에 'Where to Look for Insight ^(통찰력을 얻을 수 있는 곳)'이라는 제목의 기사가 게재되었다. 글을 쓴 모한비어 소니 ^(Monhanbir Sawney)와 산제이 코스라 ^(Sanjay Khosla)는 각각 켈로그 경영대학원의 교수이자 선임연구원이다. 두 사람은 미국에서 'Fewer, Bigger, Bolder ^(더 작고 더 크고 더 대담하게)' 라는 책을 공동으로 저술하여 출간한 바 있다. 전략, 혁신 분야에서 저명한 인사들이다. 이들은 새로운 인사이트를 얻는 7가지 방법에 대해 다음과 같이 유형화했다.

WHERE TO LOOK FOR INSIGHT

7 Analogies:
유추하라,
그리고 적용하라
다른 산업이나 조직에 적용된 혁신을
우리에게 맞춰서 적용, 도입하자

1 Anomalies:
변칙을 발견하라
기존의 틀, 평균, 표준에 얽매이지
말고 살짝 벗어나 검토하라

2 Confluence:
합류 지점을 찾아라
경제적, 행동적, 기술적,
인구 통계학적 경향의
교차점을 확인하라

3 Frustrations:
불만 또는
좌절감을 찾아내라
기존의 것에서
부족한 점, pain
point에서 새로운
아이디어를 찾자

6 Voyages:
다른 세계로
여행을 떠나라
사회, 문화적 맥락에서
소비자 및 이해 관계자들의
니즈가 어떤 식으로 영향을
받는지 이해하자

5 Extremities:
극한·극단의 일탈자가
내뿜는 생각을 이용하라
가장 앞서가거나 뒤처진 사람들의
행동과 니즈에서 배우자

4 Orthodoxies:
통설 또는 통념을 극복하라
전통적인 신념, 산업이 지닌
가정에 의문을 제기하라

여기서 '3의 Frustrations: 불만 또는 좌절감을 찾아내라'가 바로 pain point를 의미한다. 이분들은 일상생활에서의 불만이나 좌절감이 새로운 아이디어와 인사이트를 획득하는 좋은 방법이라고 강조한다. 학자들도 인정한 두말할 나위 없는 가치를 지니고 있는 매력적 존재가 바로 pain point인 것이다. 이분들은 아래와 같은 사례를 소개했다.

약혼반지 사려다가 차린 보석 중개회사

전 세계 최대 온라인 보석 중개업체인 블루나일^(Bluenile)의 창업자인 마크 베이든. 그는 1990년대 후반 약혼반지를 사기 위해 여러 보석상을 찾아가는 중에 마음이 점점 불편해졌다. 다이아몬드를 고르고 평가하는 시스템이 매우 복잡했고, 영업사원의 강매나 꼬드김도 영 껄끄러웠다. 보석상을 떠난 베이든은 자신이 겪은 pain point에 집중했다. 즉, 자신이 보석을 사는 과정에서 의심스럽고 편하지 못한 여러 가지 것들에 주목한 것이다. 결국 이점에 착안하여 각종 보석에 대한 실용적 정보와 가격에 대한 가이드라인을 제공하는 블루나일을 창업했다. 지금 블루나일은 세계 최대 다이아몬드 온라인 소매사이트로 성장했다. 이 업체를 통해 미국 내 약혼반지만 연간 2억 5,000만 달러어치가 구매된다고 한다. 정말 대단한 일이다. 물론 지금의 시선으로는 대단한 것이 아니다. 하지만, 1990년대 후반을 생각해 보라. 만약 이 시대가 지금 책을 읽고 있는 당신이 태어나기 전이거나, 아직 아가였던 사람들은 모, 그냥 지나칠 수밖에 없겠다.

Consumer Insight ②

이제 국내 스타트업의 이야기를 해보겠다. 먼저 몇 년 전에 세 군데의 창업 경진대회에서 상을 받으며 창업 역량을 검증받은 '드림온'의 이승수 대표와 진정범이사의 인터뷰 기사를 소개한다.

이들은 'pain point에 집중한 것'을 수상 비결로 꼽았다. 차량 관리 스마트 솔루션 '닥터카'를 개발한 드림온은 2016년 한 해 동안 미래창조과학부의 'K–Global Re–Startup ^{ICT 분야 우수 창업 아이템 경진대회}'에서 대상을 거머쥐었다. 또한 정보통신산업진흥원의 'IOT 신제품 개발대회'에서 최우수상, 'KDB 산업은행 스타트업 데모데이'에서 우수상을 받았다. 진정범 이사는 다음과 같이 이야기했다.

"아이템에 대해 <u>단순히 비즈니스적으로 접근할 수도 있지만, 고객의 pain point를 정확히 찾아서 해결하는 것을 창업의 목적으로 삼는 게 가장 중요한 것 같다.</u> 그 다음에 다양한 방법으로 가설을 검증해서 고객 수요가 얼마나 있는지 정확하게 확인한 것이 수상에 도움이 되었다."

여기까지는 스타트업 창업가의 이야기였다.

다음은 정신아 카카오벤처스 대표의 말이다. 즉, 스타트업 투자가의 이야기이다.

"다른 이의 pain point에 공감이 잘 안 되면, 자신을 의심해 보세요. 저는 새로운 창업가를 찾아서 투자할 때, <u>창업가가 해결하려고 하는 문제가 무엇인지 봅니다.</u> 비타민보다는 진통제 같은 것을 더 선호합니다. 문제 해결을 위해 깊게 파고들어 가는 것이 무엇보다 중요합니다."

'빅데이터 업계의 구글'로 불리는 스플렁크의 더그 메릿 최고 경영자는 2016년 한국경제신문과의 인터뷰를 통해 아래와 같이 언급했다.

"빅데이터를 제대로 활용하려면 먼저 'pain point = 취약점'부터 찾아라."

스플렁크는 기계에서 나오는 데이터를 분석하는 회사로, 세계 100개국에 1만 1000여 개의 고객사를 확보하고 있다. 더그 메릿은 빅데이터 분석에서도 소비자의 pain point 이해의 중요성을 강조하고 있다.

또 이 뿐 만이 아니다.

"당신의 타깃은 어떤 pain point를 가졌는지 아시나요?"

유명한 스타트업 엑셀러레이터 컴퍼니 중의 하나인 스타트업 야드 (StartupYard)가 스타트업 담당자들에게 프로그램 첫 달에, 또 지속해서 던지는 질문이다.

필자는 이 문장을 응용해 당신에게 묻는다.

"당신의 소비자가 느끼는 불편한 사항은 무엇인가? 당신의 타깃이 현재 충족하지 못한 욕구는 무엇인가?"

pain point 라는 단어가 아직 입에 착착 달라붙지 않을 수도 있다. 그러나 당신이 새로운 제품이나 서비스, 사업에 대해 구상을 하고 있다면 출발점은 pain point로 정해보자. 영리하게, 전략적으로, 또한 체계적으로! paint point를 살피면 여러분의 고민이 생각보다 쉽게 해결될 수도 있다. 세상에 아프지 않은 사람은 없으니까.

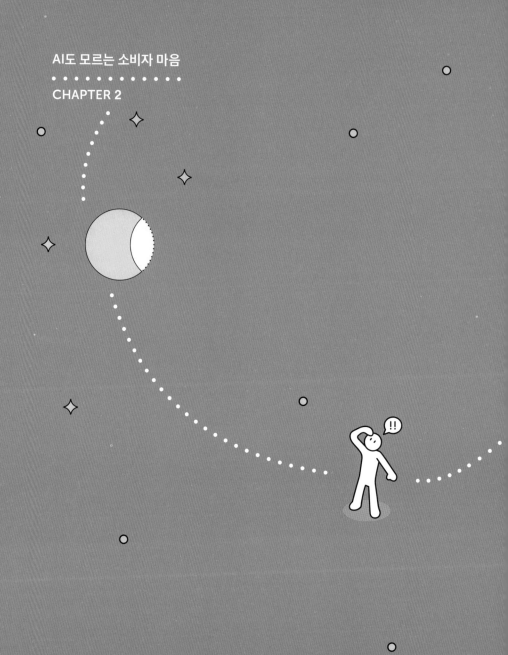

PAIN POINT
탐험도구
BIG 5

PAIN POINT 탐험 도구 BIG 5

소비자 근시안에서의 탈피가 왜 중요한지 그리고 pain point에 대한 공감 단계를 거쳤다고 본다. 그렇다면 소비자의 pain point는 어떻게 찾아야 할까 하는 궁금증이 생겼을 것이다. 분명히.

이제부터는 본격적인 이의 발굴 방법을 소개하고자 한다. 그런데 필자는 이를 마치 탐험가의 여정에 비유하고자 한다. 탐험가는 미지의 영역을 조사하고 뭔가를 찾아내고 밝히기 위해 떠나지 않는가. 당신은 **소비자의 pain point를 발굴하러 길을 나서는 마케터이자 동시에 탐험가**이다. 미지의 세계를 탐험한다는 것은 두렵지만 설레기도 할 것이다. 이때 당신의 탐험 길에 맨손이 아닌 당신의 탐험을 도와주는 도구가 있다면!

탐험가가 훌륭한 도구를 지니고 있다면 그의 여정이 좀 더 행복하지 않을까. 그래서 지금부터 소개하는 내용을 **소비자 pain point 탐험 도구 Big 5**라고 한다. 탐험가가 사용하는 각각의 도구는 그 개성이 뚜렷하기 마련이다. 그러기에 상대적 우위, 상대적 열위에 놓인 도구는 없다고 본다. 단, 당신이 처한 상황이나 종사하는 업의 특징에 따라서 판단은 달라질 수 있다. 한 번에 하나의 도구로 모든 탐험이 성공하지는 못할 것이다. 시행착오를 해보는 것이다. 도구의 힘을 빌려서!

도구를 사용할 줄 아는 인간만의 유일한 힘을 느끼면서. Big5의 탐험 도구들을 때로는 다양하게 혹은 때로는 한 가지만 잘 활용해서, pain point를 부드럽게 다듬어 보기도 하고 때로는 강하게 깎아 내보면서 당신만의 길을 만들어 가라. 그러는 과정 중에 **Big 5 외에 당신만의 도구가 탄생**할 수도 있을 것이다.

오류가 가장 자주 생겨나는 대목은 바로 이미 잘 안다고
생각해서 면밀히 검토하지 않거나 의문을 던지지 않는 영역이다.

– Stephen Jay Gould –
미국의 고생물학자, 진화생물학자

소비자 pain point 탐험 도구 Big 5

① 영리한 질문

② 소비자 여정이
담긴 지도

③ 공감과 병행하는
관찰법

④ 끼적끼적
두들링

⑤ 이미지와
콜라보한 은유

BIG 1.
영리한 질문

어제로부터 배우고,
오늘에 충실하고,내일에 희망을 가져라.
중요한 것은 질문을 멈추지 않는 것이다.
– Albert Einstein –

아인슈타인의 어록처럼 질문을 멈추지 않은 것은 매우 중요하다. 필자는 여기에 한 가지를 더 곁들인다. 질문을 잘하기 위해서는 많이 알아야 한다는 것이다. 특히 본인의 제품과 서비스에 대해서, 그리고 시대적 상황이나 소비자가 처해있는 맥락에 대해서 훤히 꿰어야 한다. Input ^(사전 지식이 충분히 반영된 질문)이 없이는 Output ^(좋은 결과)이 나오지 않는다. 다시 말하면 질문은 원리는 딱 이것이다. 'Garbage In Garbage Out ^(쓰레기가 들어가면 쓰레기가 나온다)' 소비자를 진심으로 이해하기 위해서 열린 마음으로 질문하는 자세가 필요하다. 열린 질문법은 pain point를 탐험하는 탐험가의 필수 도구로 이후 소개할 Big 5의 4개 – 다른 도구의 기반이기도 하다.

유명한 경영학자 피터 드러커 ^(Peter F. Drucker)는 자신을 인설턴트 ^(Insultant)라 지칭했다. 'Insult ^(모욕하다)'와 'Consultant ^(자문)'을 합쳐 '모욕주는 사람' 이란 의미의 단어를 만든 것이다. 인설턴트답게 피터 드러커는 고객에게 까다롭고 날카로운 질문을 던지는 것으로 유명하다. 자신의 연구 대상에 대한 순수한 호기심과 관심이 풍부했던 피터 드러커는 전략적인 질문을 통해 그만큼 가치 있는 것을 얻어간 것이다.

질문하는 일은 얼핏 쉽게 보일 수도 있지만, 내면을 들여다보면 절대 만만한 일이 아니다. 때문에 '그냥 질문하는 것'을 넘어서 '질문하는 구체적인 방법'과 '질문이 지닌 단단한 힘'을 아는 것은 매우 중요하다. 일단 질문은 호기심에서 출발하면 된다. 그 호기심을 드러내는 단어가 바로 'Why'이다. 진부하고 뻔해 보이는 것에도 Why라는 의문을 품자. Why의 힘은 생각보다 크다. Why를 잘 활용하면 당신은 소비자의 pain point에 한 걸음 더 다가가게 된다.

1. 노련한 WHY의 힘

Case 1. 한겨울에 푸른 잔디가 왜 필요한가요?

클라이언트가 한겨울에 묘지에 푸른 잔디를 심어 달라고 요청한다. 당신이라면?! 이는 1950년대 당시 한국에 주둔한 미 8군이 유엔군 묘지 단장 공사 입찰을 위해 내세운 까다로운 조건 중 하나였다. 그 시절 미군과 연계된 사업은 돈방석과 직결되었다고 한다. 아무리 그래도 한겨울에 푸른 잔디를 어떻게 깔라는 말인가? 많은 회사가 눈물을 머금고 입찰을 포기하고 있는데, 삼십 대의 젊은 사업가만이 미군에게 이런 질문을 던진다.

"왜 한겨울에 푸른 잔디를 깔려고 하는 겁니까?"

미8군 담당자가 답변했다.

"극비로 방한하는 미국의 드와이트 아이젠하워 대통령이 유엔군 묘지를 방문할 예정입니다. 그런데 이 황량하고 쓸쓸해 보이는 묘지를 보여주기 싫습니다. 대통령에게 푸른 묘지를 보여주고 싶습니다."

젊은 사업가는 다시 물었다.

"그럼 꼭 잔디가 아니더라도 묘지가 푸르기만 하면 되는 거 아닙니까?"

맞는 말 아닌가! 그런데 이 Why 라는 한마디 질문을 다른 많은 회사는 하지 못한 것이다. 이에 젊은 사업가는 푸르른 보리 이삭을 수십 트럭 옮겨와 묘지에 가지런히 심었다. 잔디는 아니었지만, 어쨌든 한겨울에 묘지를 푸르게 덮은 것이다. 그는 입찰 금액의 3배를 받았고, 이후 미 8군의 사업은 다 그의 것이 되었다고 한다. 그 젊은 사업가는 바로 故 정주영 현대그룹 회장이다.

한겨울과 푸른 잔디로 쌓인 묘지. 이 요구 사항만 생각하면 '미션 임파서블 (Mission Impossible)'이다. 그런데 이 불가능한 임무 앞에서 젊은 정주영 회장은 'Why'를 던졌다. 그의 질문은 톰 크루즈보다 멋진 것이 된 것이다. 이유를 물었기에 해결 방안이 나온 것이다. Why를 통해 본질을 파악한 것이다. 여러분은 본질을 꿰차기 위해서 지속적으로 Why를 질문해야 한다. 그래야만 통찰력 있는 결과를 도출할 수 있다. 어떻게 해야 하냐고 묻고 싶은가. 단순하다. 당신의 궁금증이 풀릴 때까지 질문하는 것이다. 나중에 다시 더 깊게 설명하겠다.

Case 2. 아사히 맥주도 한때 사랑받지 못했다!

1986년 아사히 맥주는 최악의 적자로 퇴출 위기에 몰렸다. 이때, 스미토모 은행 (Sumitomo Bank) 부회장이던 히구치 히로타로가 일종의 구원 투수로 CEO에 취임했다. 당시는 심각한 경기 불황까지 겹친 상황이었다. 그래서 많은 이들은 새로운 CEO가 인원 구조조정을 단행할 것이라고 예상했다. 그러나 여기서 반전이 일어났다. 이 새로운 CEO는 예상과 달리 직원들 앞에서 단 한 명도 해고하지 않을 것을 약속한다. 그러면서 이후 아사히 맥주를 소생시킨 질문을 던지기 시작했다.

"**왜** 소비자들이 아사히 맥주를 주문하지 않을까요?"

이때 삐딱한 직원들은 속으로 이렇게 답변했을지도 모른다. '나도 궁금하다. 내가 그걸 알면 사장하지!'

히구치 CEO는 연거푸 질문을 던졌다.

"솔직히 맥주 맛에는 큰 차이가 없습니다. 그런데도 왜 선택받지 못하는 걸까요? 혹시 유통 과정에 문제가 있는 것은 아닐까요?"

당시 점유율 1위였던 기린 맥주와 비교해서 던진 질문이었다. 히구치는 아사히 맥주가 기린 맥주에 뒤처지지 않는다고 믿고 있었다. 이러한 Why를 이용한 직원과의 대화 과정에서 히구치는 기린 맥주와 차이가 나는 원인을 '유통'이라고 잠정 결론지었다. 중요한 것은 그가 단지 결론을 내리는 것에 멈추지 않았다는 점이다. 그는 또 질문을 시작한다. 이번에는 소비자도 아니고, 회사 직원도 아닌 제삼자, 즉 술집 사장들을 직접 찾아다니면서 질문했다.

"왜 손님들이 아사히 맥주를 주문하지 않을까요?"

한마디로 Why에 매달린 것이다. 바쁘다는 이유로 귀찮아 하는 사장들에게 집념으로 물고 늘어져서 답변을 얻어냈다. 그렇게 노력한 결과, 드디어 히구치는 원인을 알아내게 된다. 아사히 맥주가 잘 팔리지 않으니 보관 기간이 길어지고, 그러다 보니 신선도가 저하되고, 신선도가 저하되면서 당연히 맛도 떨어진 것이다. 그야말로 악순환이 겹친 것이었다. 히구치는 술집 사장들의 답변에서 해결책을 끌어냈다. 술집 사장들은 해당 산업군의 또 다른 소비자이기에 그들의 의견은 충분히 가치가 있었다. Why를 잘 활용한 것뿐 아니라, 그는 자신이 질문을 던져야 할 대상도 잘 겨냥한 것이다. 히구치는 파격적인 지시를 내렸다. 다음과 같이.

"일본 전역의 아사히 맥주 중에서 3개월 이상 된 재고는 모두 파기하세요."

당장 어마어마한 손실을 감수해야만 하는 모험이었다. 많은 임원진이 '주류 업계도 모르는 사람이 말도 안 되는 짓을 하고 있네'하며 비난했다. 하지만 새로운 CEO는 이를 감행했다. 여기서 끝이 아니었다. 일본 사람들의 식생활 스타일의 변화를 감지한 히구치는 다시 한번 스스로에게 질문했다. 이번에는 자기 자신으로 질문의 타깃을 변경한 것이다.

'육류 소비량이 는다. 그렇다면 소비자들은 기존과 다른 느낌의 술을 원하지 않을까?' 그리고 또 고민하면서 스스로 질문을 계속 이어 나갔다. '요즘은 육류와 어울리는 개운한 소주 맛 타입의 술이 잘 나가네. 맥주의 소비량을 넘볼 정도야. 그렇다면 기존의 우리 맥주로 이러한 소비자들의 변화에 대응할 수 있을까? 못할 거야. 그렇다면 어떻게 해야 하지? 그래. 맛이 깔끔한 신제품 맥주를 개발해서 대응해 보자!' 히구치는 즉시 소비자 조사를 진행했다. 5,000명의 소비자를 대상으로 신제품의 맛을 평가받은 것이다. 그렇게 탄생한 맥주가 바로 '아사히 슈퍼 드라이'이다. 더 이상 이 제품에 대한 설명을 굳이 늘어놓을 필요는 없을 것이다.

Case 3. 미국 기념관과 비둘기, 거미, 나방, 불빛의 상관관계

　도요타 자동직기 도요타 자동차의 전신 창업주인 도요다 사키치는 문제에 부딪치면 '왜 이 문제가 생겼는가?'라는 질문을 먼저 던졌다고 한다. 이어서 문제에 대한 원인이 나오면 '그 원인은 왜 발생했는가?'라고 다시 질문했다. 이와 같은 방식으로 연속해서 다섯 번 정도 질문을 하면 궁극적인 원인에 근접하게 되고, 거기에서 해결책도 발견하게 된다는 것이다. 이것이 꽤 유명한 도요다 사키치가 지닌 문제 해결의 방식이다. 이를 아래의 사례를 통해서 구체화해보자. 미국의 제퍼슨 기념관은 제3대 대통령 토머스 제퍼슨을 기념해 수도 워싱턴 D.C.에 지은 건물이다. 이 유명한 기념관의 대리석이 부식되기 시작했다. 부식이 빠르게 진행되자 새로 부임한 기념관장은 직원들에게 물었다.

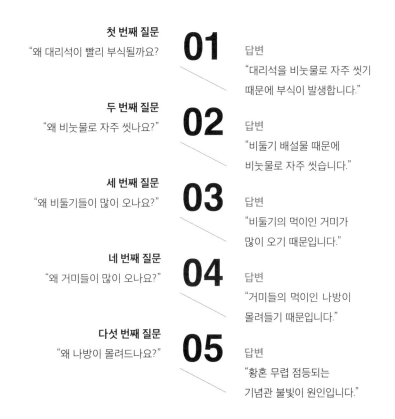

첫 번째 질문
"왜 대리석이 빨리 부식될까요?

01

답변
"대리석을 비눗물로 자주 씻기 때문에 부식이 발생합니다."

두 번째 질문
"왜 비눗물로 자주 씻나요?"

02

답변
"비둘기 배설물 때문에 비눗물로 자주 씻습니다."

세 번째 질문
"왜 비둘기들이 많이 오나요?"

03

답변
"비둘기의 먹이인 거미가 많이 오기 때문입니다."

네 번째 질문
"왜 거미들이 많이 오나요?"

04

답변
"거미들의 먹이인 나방이 몰려들기 때문입니다."

다섯 번째 질문
"왜 나방이 몰려드나요?"

05

답변
"황혼 무렵 점등되는 기념관 불빛이 원인입니다."

기념관장은 5번에 걸쳐 위와 같은 Why를 활용한 질문을 던졌다. 그리고 원인과 해결책을 찾아냈다. 도요타 사키치가 그랬던 것처럼. 즉, 제퍼슨 기념관 대리석 부식의 근본적 원인은 황혼 무렵 일찍 점등하는 등불의 주변에 나방이 몰려든 것이었다. 이후 기념관은 전등을 2시간 늦게 켜서 대리석 부식의 원인을 해결했다. 부식이 심하면 언뜻 비용이 많이 드는 대공사만을 해결책으로 떠올릴 수 있는데, 아주 단순하고도 영리한 해결책을 찾아낸 것이다. 5번에 걸친 질문의 힘으로.

앞서 언급한 피터 드러커는 '과거의 리더는 말하는 리더였지만, 미래의 리더는 질문하는 리더이다'라는 명언을 남겼다. 즉, 누군가를 가르치기보다는 질문하는 것이 더 효과적이라는 의미일 것이다. 아마도 제퍼슨 기념관의 관장은 훌륭한 리더였을 것 같다. 적어도 질문하는 관점에서 평가한다면.

2. 열린 질문의 힘

Case. 그 흔한 스타벅스에서의 옆 사람 대화 엿듣기

이제부터는 Why 이용 여부와 상관없이 질문을 잘하기 위한 기본기를 이야기하고자 한다. 지금부터의 이야기는 필자가 종종 겪는 일이다. 일하면서도, 평상시에 지인들과 대화하면서도 말이다. 전혀 화창하지는 않았던 늦은 오후에 스타벅스에서 노트북을 켠 채 자판을 신나게 두드리고 있었다. 옆자리에 오십 대 정도의 남자 어른과 여대생으로 보이는 여자 둘이 앉아 있었는데, 그들의 대화 소리가 들려왔다. 오지랖이 넓지 않은 관계로 의도적으로 들은 것은 절대 아니다. 바로 옆자리라서 어쩔 수 없이 듣게 된 것이다. 오십 대 남자는 회사의 중역 같은 느낌이었다. 사업 아이디어에 대해서 두 여성에게 열심히 설명하는 걸 보니 아마도 새로운 사업 서비스 론칭을 준비하고 있는 듯했다. 거기까지는 좋았다. 하지만 계속 듣다 보니 안타까운 마음이 스멀스멀 우러났다. 직업병일 것이다. 왜냐면, 그분은 자신의 이야기를 듣고 있는 여대생들에게 자신이 원하는 방향의 답변을 유도하고 있었기 때문이다.

이 부분이 내 목에 가시처럼 걸렸다. 아마 그분은 본인이 어떤 톤 앤 매너 (Tone and Manner)로 질문하고 있는지 인지하지 못했을 가능성이 높다. 물론 그분의 아이디어가 본인이 유도한 대로 혹은 내심 원하는 대로 여대생 소비자들에게 긍정적인 피드백을 받을 수도 있었을 것이다. 만약 그랬다면 천만다행이지만, 반대의 경우라면 큰일이 아닐 수 없다.

본인은 소비자의 의견을 확인했다는 확신으로 사업을 시도했는데, 만약 소비자의 답변이 유도된 결과라면? 복불복일 수도 있겠지만 나쁜 결과가 나올 확률도 존재한다. 그렇기 때문에 상대방에게 내가 원하는 답변을 유도해서는 안된다.

사업은 그리고 마케팅은 '답정너'가 아니기 때문이다. 결국 나의 일이 아닌 이상, 사람들은 영혼 없이 건성으로 응대한다는 것을 잊지 말자. 나의 일에 대해 본인만큼 진심으로 고민하고 좋은 의견을 내주는 소비자들은 많지 않다. 아쉽지만 말이다. 특히 해당 서비스나 제품에 대한 소비자의 관여도가 높지 않은 경우는 더욱더 그러하다. 깊게 생각하지 않고 답변할 가능성이 매우 높다. 이런 위험 부담이 있음으로 만약, 질문자가 긍정적인 답변을 유도한다면 많은 소비자는 그저 질문자가 유도하는 방향으로 따라간다. 왜냐하면 그것이 본능적으로 편하기 때문이다. 극단적인 경우에는 실제로는 본인이 그렇게 생각하지 않으면서도 질문자의 의도대로 반응하기도 한다. 왜냐하면 조금은 귀찮으니까, 당신이 성공하고 싶은 마음만큼 그들은 간절하지 않으니까. 이렇게 되면 당신이 원하는 '소비자가 더 간절히 원하는 방향에서의 개선점'을 캐낼 기회는 날아가 버리고 만다.

필자가 유형화한 '답정녀 유도 타입의 대화'는 대략 이러하다.

질문자 Q

"저희는 A를 새롭게 준비하고 있습니다. A는 W보다 '이런 점'이 좋습니다. 어때요. 필요하지 않으세요?"

(A의 좋은 점을 W와 비교해서 장황하게 설명한다. 그런데 생각해 보라. 그 좋은 점은 당신이 좋다고 생각하는 것일 뿐. 소비자가 당신이 기대하는 만큼 좋다고 생각하지 않을 확률도 존재한다는 점을)

A

소비자

(망설이며, 실제는 좋지 않음)
"아, 네. 좋아 보이네요."

질문자

"그럼 구입하고 싶으시죠? 가격도 이 정도 수준이라서 부담이 없으실 것 같아요."

(질문자가 예상하는 그 부담 없는 가격대는 소비자가 생각하고 있는 것과 다를 수 있다)

이런 패턴의 대화로 흘러간다. 한국인인 우리는 특별히 더 유념해야 한다. 상대에게 대놓고 싫은 소리를 잘 하지 않는 것은 민족의 특성이기 때문이다. 그렇기 때문에 더욱 더 질문은 열려야 한다. 사정이 이러하기 때문에 열린 질문(Open-Ended Questions)의 형태를 적극적으로 활용해야 한다. 필자가 스타벅스에서 경험한 오십 대 어른 남자분은 단순히 본인 아이디어에 대한 확신을 얻기 위해서 '닫힌 질문'을 한 것이다. 닫힌 질문은 응답자가 Yes혹은 No라는 답변만 할 수 있는 질문이다.

예를 들어, '이 아이디어는 **한 사람에게 굉장히 필요할 것 같지 않아요?'라는 질문을 던져보자. 소비자가 해당 분야에 많은 관심이 있지 않는 한, '아 그럴 것 같네요' 혹은 '글쎄 잘 모르겠네요'라는 식의 답변을 할 가능성이 상당히 높다. 물론 이런 형식의 답변은 소비자의 최종 의사 결정을 명확히 확인하는 단계에서는 힘을 발휘하기도 한다. 이런 답변을 토대로 당신의 생각을 최종 정리할 수 있는 일종의 가이드라인을 확보할 수 있기 때문이다. 하지만 질문의 시작 혹은 중간 단계에서는 정말 곤란하다. 그러므로 상대방이 자유롭게 생각할 수 있는 여지를 마련해주어야 한다는 사실을 잊지 말자. 소비자의 생각이 어떤 틀 안에서 제약받지 않도록 풀어주어야 한다. 유도하지 말고 시원하게 방목하자. 만약, 그 피드백이 자신이 원한 방향과 다르더라도 실망할 필요는 없다. 출시 전에 그러한 부정적 피드백을 받고 당신이 다시 한번 생각할 기회를 가질 수 있다면 그것은 정말 행운이다. 그 피드백에서 꼬리에 꼬리를 물고 다시 대화를 시작하면 된다. 왜 마음에 들지 않는지를 질문하면 된다. 이러한 과정 중에 당신은 소중한 유레카를 포착할 수 있을 것이다. 아주 자주자주.

그럼 여기서 탐험 도구 Big1에 대한 총정리를 해보자.

"Why와 열린 질문의 힘" – 2가지를 한번 잘 묶어 보겠다.

소비자가 다양한 생각을 할 수 있도록 그들의 뇌와 마음을 부드럽게 열어 놓아라. 열린 질문으로. 그래서 나의 프레임에 그들이 묶여 있지 않도록 방목하라, 그들의 생각을. 이런 방목 상태를 만들어 가면서 조금씩 슬그머니 그들의 내면에 파고들어 가라. 어차피 질문과 대답은 상호작용의 과정이다. 그러므로 대화 중간에 그들의 생각과 말과 표현에 진심으로 공감하라. 그러면서 그들을 무장해제 시킬 수 있어야 한다. 그들이 진심으로 당신의 이야기에 공감하도록 살포시 그들의 마음을 점점 열어가는 것이다.

즉, 그들이 속에 있었던 말을 편하게 하도록 만드는 것이다. 솔직한 이야기가 나올 수 있는 공감의 단계라고 할 수 있는 Rapport를 만드는 것이다.

이를 통해 소비자의 마음을 살포시 열었다고 판단한 후에는 '왜'라는 양념을

맛깔나게 사용하라. 하지만 범인 다루듯이 하지는 마라. 그들이 대화하는 중간에 마음속에서 도망을 가 버릴 수 있기 때문이다. 예를 들어, 앞에서 Why를 다섯 번 반복하라 했다고 해서, 마치 형사가 범인을 취조하듯이 '왜? 왜? 왜?'만을 반복해서는 안 된다. 질문은 소비자 와의 상호작용이며, 이는 교감의 과정이다. 부드럽게 소비자에게 다가가자. 소비 자가 답변하는 수준과 상황에 맞게 '왜?'라는 뉘앙스를 풍기면 된다. 반드시 교 과서처럼 '왜'라는 단어를 쓸 필요는 없다. 그 단어를 대체할 수 있는 순발력과 센스를 갖추어야 한다.

예를 들어, '왜 그런 생각을 하게 된 것 같아요?'는 '무엇 때문에 그런 생각을 하게 된 것 같아요?' 정도로 바꾸면 좋다. '그것이 본인에게 어떤 의미를 지니나 요?', '본인의 경험을 통해 그 부분을 좀 더 쉽게 설명해 주실 수 있나요?', '어떻게 해서 그렇게 되었다고 생각하세요?', '그런 것이 없었다면 지금은 어떤 생각 혹은 행동을 하셨을 것 같아요?' 등의 유형을 적절히 써먹으면 된다.

이런 식으로 질문하면 소비자가 지닌 풍성한 생각을 놓치지 않고 잡을 수 있 다. 필자가 장담한다. 질문하면 할수록 여러분의 사고가 깊어지는 것을 틀림없이 체험할 수 있을 것이다. 예상했던 가설 외에 예상하지 못했던 그 무엇도 건질 수 있을 것이다.

즐겁고 친절하게, 소비자와 대화의 핑퐁 게임을 해보자.

3. 슬기로운 인터뷰 생활

만약, 당신이 직접 소비자를 만나서 인터뷰해야 하는가. 그렇다면 지금부터 필자만의 찐 팁 대방출이다. 별의별 개성을 소유한 소비자들의 다양성을 인정해야 한다. 그러기 위해서는 그들의 스타일을 알고 이에 맞게 공감하면 그들의 속 마음에 좀 더 깊게 다가갈 수 있다.

첫번째는 'Big Mouth Type'이다. 단어 그대로 말을 많이 하는데, 문제는 자기 말만 하고 본인이 다른 사람의 의견까지 간섭하는 유형이다. 다음으로는 ^{차라} ^{리 말이라도 많이 하면 고맙기라도 하다.} 내숭의 얼굴을 하시고 고고한 자태로 자신의 본심을 드러내지 않고 남들 이야기만 듣는 보통, 인터뷰 사례비만 챙기고 집에 어서 가고 싶어 하는 'Cherry Picker Type'- 이들이 전형적인 2대 유형이다. 그런데 이 두 유형은 초반부터 바로잡는 것이 필요하다. 즉, 당신이 컨트롤하지 않으면, 이들은 전체적인 인터뷰의 분위기^(Vibe)를 좌지우지할 수 있기 때문이다. ^{특히, 1:1 인} ^{터뷰가 아닌 그룹 인터뷰라면 더욱 심각하다.} 당신은 가차 없이 행동해야 한다. 요령은 다음과 같다.

Big Mouth에게는 가끔은 ^{전문적인 용어를 사용하자면} 무시하라. ^{쌩까라.} 무시무시하게 들리는 가. 하지만 Big Mouth Type을 잘 컨트롤하는 것은 매우 중요하다. 왜냐면 이들이 쏠림 현상의 주역이 되니까. 그래서 이들에게는 이렇게 말해 보라. "너무 좋은 이야기를 많이 해 주셨으니까, 잠시만 쉬어 주세요. 원래 BTS ^{한번 추} ^{커세워 주는 것이다.} 는 무대 맨 마지막을 장식하니까, 제가 다른 분들 의견 다 듣고 나중에 들을게요. ^{" 참석자 세대를 보고 BTS가 아닌 조용필, 이문세, 슈퍼 주니어, Big Bang 등을 적절히 인용} ^{하는 기본적 센스는 당신이 알아서 하라.}

또, 인터뷰에 참석하자마자 집에 가고 싶어 하는 마음이 역력히 보이는 '체리 피커 타입' 분께는 이렇게 명확하게 말하라. "보다 적극적인 자세로 임해 주실 것 부탁드린다. 당신도 직업이 있듯이 나도 이것이 식업이다."라고. 그리고 맨 첫 타자로 지명해서 질문하라. 이는 그룹 토의에서 '앞사람의 의견과 똑같아요.'라는 클리셰한 반응을 사전에 방어하는 방안이 된다.

그 외의 유형은 다음과 같다. 언급한 2대 유형 대비 확률은 낮은 편이나, 꽤 존재한다. 소비자 의견을 수렴하는 오만가지 방법론에 다 참여하시는 '전문적인 꾼 Type'이 있다. 이러한 유형은 작정하고 인터뷰에 참석해서 용돈을 마련하는 것이 생의 소소한 즐거움이다. 그래서 당신이 이들을 가려내기 위한 그 어떤 장치도 교묘하게 피해 간다. 그냥 당신도 포기하고 마음속으로 이렇게 외쳐라. 꾼 이라도 상관없다. 솔직하게만 이야기해다오'라고.

다음으로 소위 '氣 센 사람'도 이런 말 저런 말 시키기 무서운 '사회 및 가정 불만형 Type'이 있다. 이들은 계속 부정적으로 반응하고 때로는 트집도 잡는다. 필자는 솔직히 한번은 참다 참다 못해 이렇게 질문을 해봤다. 물론 얼굴에는 여유만만하고 환한 미소를 지으면서. "원래 모든 일에 항상 시니컬한 편인지요?!"라고. 자기는 원래 그렇다고 답변한 기억이 난다. 이 경우도 '노 답'이니, 이들의 의견은 알아서 판단하라.

또, 이래도 좋아요. 저래도 좋아요 하는 '우유부단 Type', 사람의 말귀를 못 알아들으시는 '답답이 Type 혹은 엉뚱이 Type'. 이 유형은 죄송하지만 50~60대 주부님들 그룹에 많다. 음, 어떻게 표현해야 좋을지 모르겠는데…. 너무 귀여우시다. 하지만 조금 순발력이 떨어지시고 반응이 느린 편이다. 그리고 방금 한 질문을 자꾸 까먹는다. 여기까지도 괜찮다. 심한 경우, 주제와 상관없는 삼천포로 빠지는 질문을 많이 하시고, 옆에 앉아있는 분께 말을 시키면서 혼자 수다 삼매경으로 빠져버린다. 우리 엄마들을 생각하면서 아들, 딸인 우리가 이해하자. 하지만 공감을 잘 하시고 매우 협조적이시다. 이럴 때는 말의 속도도 천천히 그리고 쉬운 문장으로 다시 친절히 설명하고, 참고 기다리고, 이상한 질문은 저지하라. 너무 엉뚱한 답변에 하나하나 대응하면 내일 아침이 될 수도 있다.

대부분 직장 남성들은 '군대'라는 계율 문화와 '직장 생활의 쓴맛'을 경험했기 때문일까. 이들은 '사회적 통념'에 잡혀 은근히 눈치를 보는 편이다. '거침없이 하이킥'을 할 것이라는 예상을 깨고. 초반에 이를 잡아 주지 않으면 피상적인 내용만 도출될 뿐이다. 이는 '사회적 바람직함 편향 (Social Desirability Bias)'에 의한 것으로 판단된다. 즉, 내 의견이 일반적인 기준에 어긋나는 것일까 걱정하면서 사회적으로 인정된 도덕적인 의견만을 낸다. 나는 은밀하고 위대한 개인적인 이야기가 필요하다. 이런 조짐이 보이면 환기도 시키고 대놓고 편하게 부탁해보라. 다 이해하시고 솔직한 이야기를 해주신다. 인터뷰를 주도하는 당신이 선천적으로 둔해서 이러한 분위기를 방치하는 것이 더 옳지 않다.

결국 슬기로운 인터뷰 불변의 법칙은 라포르/공감대 (Rapport) 형성이다. 이를 위해 미러링 (Mirroring)효과를 활용해라. 상대방의 유형에 당신을 카멜레온처럼 변신시켜라. 머릿속에는 전략가의 날을 가득 채운 상태로.

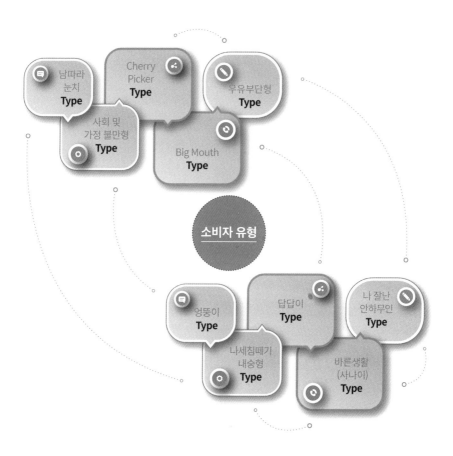

BIG 2.
소비자 여정이 담긴 지도
CONSUMER JOURNEY MAP

진리를 보기 원하는 자, 조각조각 떨어뜨려 보지 말고 전체를 보라.
– Jiddu Krishnamurti –

이제부터는 탐험가가 기본적으로 소지해야 하는 지도이다. GPS라고 해도 될 것이다. Big 5의 도구 중 두 번째로 소개할 소비자 여정이 담긴 지도 ^(Consumer Journey Map)는 다른 도구 대비 그 내용이 길다.

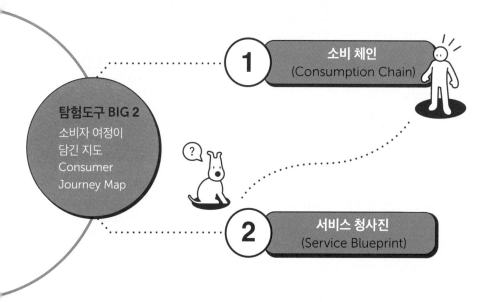

기본 원리는 소비자의 소비과정 전체를 마치 지도처럼 펼쳐 놓고 그들의 pain point를 탐험하는 것이다. 단지 2가지 유형으로 구분한 것뿐이다. 나름 약간씩의 개성 차이가 있기에. 결론은 전체를 조망할 수 있도록 도와주는 탐험 도구이다. 그래서 이를 통틀어 지도 ^(Map)라고 칭한다.

1. CONSUMER JOURNEY MAP의 첫 번째 소도구

소비 단계를 차근히 밟아보는 소비 체인

일을 하는 사람이라면 누구나 안개 속에서 헤매는 시기를 겪는다. 마치 망망대해에서 길을 잃은 듯한 느낌이 들 수도 있다. 탐험가의 여정을 상상해 보라. 그들이 가장 힘든 경우는 걸어도 걸어도 사방에 똑같은 것들만 보일 때라고 한다. 걸어가면서 주변이 변화하고 있음을 그리고 출구가 보여야 보람을 느낄 텐데 말이다. 똑같은 나무, 돌, 길, 숲만이 이어진다고 생각해 보라. 답답하지 않은가. 때로는 밤하늘의 별이 안 보일 수도 있다.

하지만, 생각해 보라. 구름에 가려서 별이 보이지 않을 뿐이지 별은 항상 그 자리에 있지 않은가. 답은 항상 그 자리에 존재한다는 것이다. 안개로 자욱한 망망대해에서 빠져나오는 방법은 우선 '쪼개어' 보는 것이다.

내가 처해 있는 상황을 쪼개고, 그 쪼개진 파편을 하나하나 단계별로 살펴보는 작업이 필요하다. 아이러니하게도 이 쪼개는 작업은 역으로 전체를 볼 수 있게 이끌어 준다. 쪼개면서 그리고 또 이어가면서 소비자와의 여행 ^(Journey)을 하라.

그러면 어떤 방법으로 쪼개는 것이 좋을까? 잘 쪼갤 수 있는 한 가지 개념을 소개하고자 한다. 바로 소비 체인 ^(Consumption Chain)이다. 이것은 소비자가 제품^(혹은 서비스)을 소비하는 모든 과정을 의미한다. 소비자가 어떤 제품 혹은 서비스를 소비하는 전체 경험에 대한 과정을 도면화하는 것이다. 그다음에는 단계별로 예상 가능한 소비자의 경험을 정밀 분석하는 작업이다. 이후 단계별로 소비자가 불만스러워하는 요소 즉, pain point를 발굴하는 것이다. 정말 간단하다.

1단계: 소비자의 소비 체인을 파악하고, 이를 자세히 그려본다. 이를 통해 특정 서비스 혹은 제품을 소비하는 전체 경험에 대한 과정을 파악한다.

2단계: 단계별로 소비자의 경험을 정밀 분석한다. 즉, 소비 체인의 각 단계에 대해 소비자가 경험할 수 있는 pain point를 발견한다. 물론 pain point 발굴과 함께 당신만의 차별적 happy point까지 나온다면 금상첨화지만.

이는 소비와 관련된 전반적인 과정을 단계별로 세분화하기 때문에 디테일한 탐험을 가능하게 해준다. 이와 더불어 체계적인 분석은 당연히 따라오는 고마운 덤이다.

그 과정을 단계별로 정리하면 다음과 같다.

물론 각 서비스 혹은 제품별로 소비 체인은 동일하지 않을 것이다. 하지만 소비 체인의 과정은 대다수의 산업군에서 공통으로 통용될 것이다.

다음의 단계들을 보라.

소비 체인의 각 단계를 매우 촘촘하게 쪼개지 않았는가? 이를 기초로 하여 여러분이 속한 산업군에 맞게 세부 단계를 가감하는 방식을 취하면 된다. 이와 같은 일종의 도면, Map을 펼쳐 놓고 탐험해 보는 것이다. 이제부터는 단계별 사례를 통해서 당신의 탐험을 좀 더 편하게 가이드 해줄 예정이다.

NEXT PAGE
소비체인 Step별
내용을 보세요!

CONSUMER CONSUMPTION CHAIN

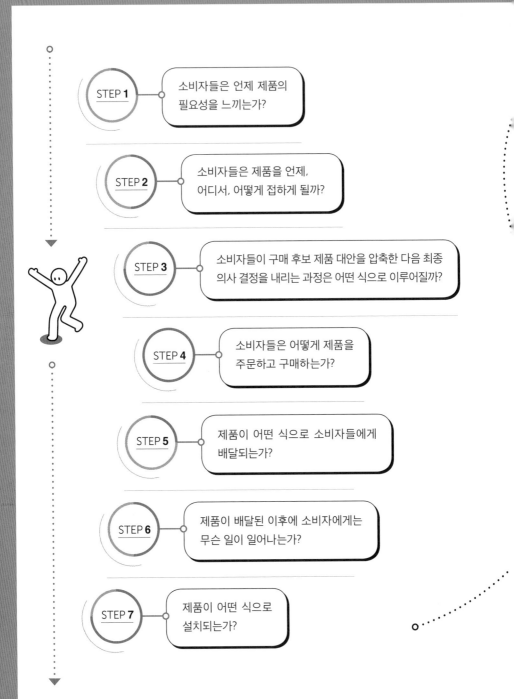

STEP 1 소비자들은 언제 제품의 필요성을 느끼는가?

STEP 2 소비자들은 제품을 언제, 어디서, 어떻게 접하게 될까?

STEP 3 소비자들이 구매 후보 제품 대안을 압축한 다음 최종 의사 결정을 내리는 과정은 어떤 식으로 이루어질까?

STEP 4 소비자들은 어떻게 제품을 주문하고 구매하는가?

STEP 5 제품이 어떤 식으로 소비자들에게 배달되는가?

STEP 6 제품이 배달된 이후에 소비자에게는 무슨 일이 일어나는가?

STEP 7 제품이 어떤 식으로 설치되는가?

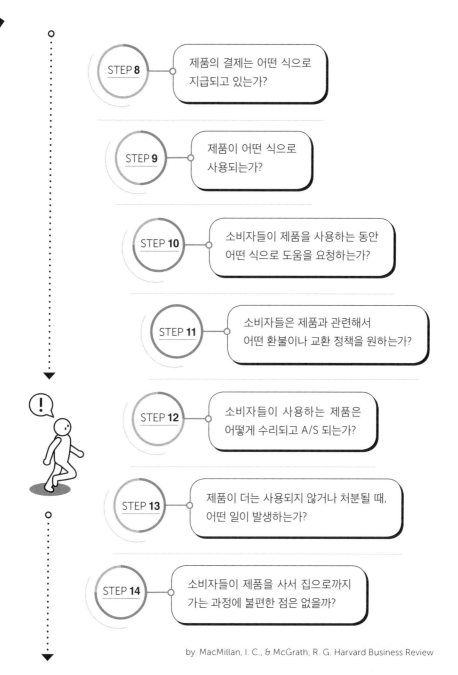

STEP **8** 제품의 결제는 어떤 식으로 지급되고 있는가?

STEP **9** 제품이 어떤 식으로 사용되는가?

STEP **10** 소비자들이 제품을 사용하는 동안 어떤 식으로 도움을 요청하는가?

STEP **11** 소비자들은 제품과 관련해서 어떤 환불이나 교환 정책을 원하는가?

STEP **12** 소비자들이 사용하는 제품은 어떻게 수리되고 A/S 되는가?

STEP **13** 제품이 더는 사용되지 않거나 처분될 때, 어떤 일이 발생하는가?

STEP **14** 소비자들이 제품을 사서 집으로까지 가는 과정에 불편한 점은 없을까?

by. MacMillan, I. C., & McGrath, R. G. Harvard Business Review

소비 단계 STEP 4

소비자들은 어떻게 제품을 주문하고 구매하는가?

Case 1. 남자들은 귀찮다. 매번 자그마한 것 하나 사러 가는 것이!

나도 비서가 필요해

달러 쉐이브 클럽 ^(Dollar Shave Club)* 은 일종의 서비스 구독 모델 ^(Subscription Service Model)로써 한 달에 한 번 면도날을 4~5개씩 정기적으로 배송해 주는 대표적인 글로벌 기업이다. 스타트업으로 시작해서 2016년에 세계적인 회사 유니레버에 10억 달러에 매각되었다. 이 기업은 창업자 마이클 더빈이 느낀 pain point에서 출발했다. 그는 Fortune과 같은 매체에서 자신이 면도날 구독 서비스를 시작하게 된 계기에 대해 언급한다. 다음과 같이.

"매번 면도기와 면도날과 같은 제품을 사기 위해 Drug Store에 가는 것은 귀찮은 경험이다."

이 한마디가 모든 것을 말해 주지 않는가. 귀찮다는 것은 중요한 pain point이다. 창업자 더빈은 제품을 주문하고 구매하는 단계에서 작은 노동을 들여야 하는 과정 자체가 귀찮았다. 거기다 기존 면도 제품의 가격도 다소 부당하다고 느끼는 pain point를 경험했다. 거창해 보이는가. 아니다. 그 안에는 그냥 작은 불편함이 있었을 뿐이다. 그런데 이 작은 불편함은 이미 많은 이에게는 익숙해진 불편함이기도 하다. 그렇기에 대부분 이를 간과했다. 하지만 더빈은 그 점을 과감히 포착한 것이다. 스쳐 지나갈 수 있는 작은 것에서 사업의 가능성을 발견한 것이다.

그리하여 결국 'Shave Time ^{(사러 가는 동안의 불편함 및 시간 낭비의 pain point를 서비스 구}

---

* 달러 쉐이브 클럽이 탄생하기 전까지 이 시장의 강자는 질레트였다. 물론 115년의 전통을 지닌 질레트는 여전히 면도기 전체 시장에서 막강한 파워를 자랑하고 있다. 하지만, 유로 모니터 기준 온라인 면도기 시장에서의 시장 점유율은 사정이 좀 다르다. 달러 쉐이브 클럽 (54%) 질레트 (21%) 기타 (25%)의 순으로 점유율이 나타났다. 달러 쉐이브 클럽은 기적을 만들어낸 것이다.

독 형태로 해결) Shave Money ^{(내게 필요도 없는 신기술이 적용된 비싼 제품을 사는 pain point를 합리} 적 가격대의 제품 제공으로 해결)'를 표방하여 대성공을 이룬 것이다.

Case 2. (파산해서 안타깝지만) 제이미 올리버 레스토랑에서의 일종의 Pre-Order

소비자들은 식당에서 주문 후, 기다리는 시간이 지루하지 않을까. ^{필자는 개인적} ^{으로 무언가를 기다릴 때 지루하고 시간도 더디게 가는 듯한 느낌을 많이 받는다. 성격이 급한 편이다.} 꽤 오래 전, 필자가 영국의 유명한 요리사 제이미 올리버 ^(Jamie Oliver)가 운영하는 런던의 레스토랑에 방문했을 때이다. 그 레스토랑은 영국인 외에도 전 세계의 관광객들 이 오는 곳이니 얼마나 사람이 많겠는가? 필자가 방문한 날도 사람들이 바글바 글했다. 오래 기다려야 했다. 기다리는 것은 정말 싫지만 그래도 한국에서까지 왔으니 그냥 갈 수는 없지 않은가. 그런데 이곳에서는 기다림의 지루함을 느낄 수가 없었다. 왜 그랬을까?

이 레스토랑에는 들어가자마자 정면으로 마주 보이는 곳에 가볍게 즐길 수 있는 스탠딩 바가 있었다. 사람들이 대기자 리스트에 이름을 올려놓고 차례가 오기까지 그 바에서 간단한 식전 샴페인을 마시면서 기다릴 수 있도록 꾸며 놓 은 것이다. 달콤한 샴페인 한잔에 마음의 여유가 생기더라. 요기조기 둘러보면 서, 기다림에 대해서 너그러워질 수 있었다. 맛난 음식을 맛보기 전 기다림에서 비롯되는 작은 불편이 완화된 것이다. 단, 한 가지 아쉬운 점은 그 샴페인이 유 료라는 점이다. 그러면 어떠리! 나의 지루함을 달래주는 돈이니까. 명명하자면, Main Dish를 주문하기 전에 아마도 리허설 개념인 주문이라고 할까. 정말 아쉬 운 것은 이제는 런던에 가도 제이미 올리버 레스토랑을 갈 수 없다는 것일 뿐이 다.

Case 3. Mini의 Think Big

만약 당신이 갑자기 예기치 못한 자동차 사고를 당했다고 생각해 보자. 모든 상황이 불편할 것이다. 아마 가장 불편한 것은 이 상황에서 당신을 벗어나게 해 줄 자동차 보험 회사의 직원을 기다리는 그 시간일 것이다. 이에 미니 ^(MINI)사는 2015년 5월 싱가포르에서, 'We Tow, You Drive ^(우리가 끌 테니, 당신은 운전하라)'라는 캠페인을 전개했다. 운전자들은 특히 자동차 바퀴에 바람이 빠졌을 때, 엄청난 좌절감을 느낀다고 한다. 미니는 이 pain point에 착안하여 영리한 캠페인을 기획한 것이다.

어떤 운전자가 자동차 바퀴에 바람이 빠져서 길 한복판에 차를 세운 채 보험 회사를 기다리고 있다고 가정해보자. 운전자는 차 옆이나 도로 한 구석에서 한숨을 쉬고 있을 것이다. 이 절망의 순간에 짜잔하고 어벤저스가 나타나 주면 얼마나 좋을까? 그렇다 이들은 이 심리를 공략한 것이다. 이때 앙증맞은 미니가 등장하여 해당 자동차를 견인해 가는 것이다. 동시에 차가 없는 그 운전자에게는 미니의 신차를 운전해 볼 기회를 제공한 것이다. 견인차를 기다려야만 하는 사람들의 '고통의 시간'을 '신차 홍보 시간'으로 전환한 것이다. 정말 귀엽고 깜찍하지 않은가! 미니처럼!

---

11 소비자가 힘들어 하는 상황에 '짜잔'하고 나타나는 Mini는 소비자들에게 정말 Big 존재로 각인될 것이다. 브랜드 홍보도 하고 painful 소비자도 도와주고, 이런 것이 일석이조의 전형이 아닐까 한다.

소비 단계 STEP 5
제품이 어떤 식으로 배달되는가

Case 1. 그 안의 것은 자전거인가 TV 인가, 너의 정체는!

대한민국에서는 모든 것이 다 배달로 통한다. 그래서 모 회사의 광고 슬로건처럼 '그래서 배달의 민족이지 않은가'에 격한 공감을 하게 된다. 그런데 누구나 한 번쯤은 나의 소중한 물건이 배달되는 과정에서 파손되지 않을까 하는 고민을 해본 적이 있을 것이다. 물론 실제로 파손된 제품을 접한 불편한 경험도 포함해서 말이다.

제품이 파손되면 소비자는 당연하고, 기업 입장에서도 불편하다. 네덜란드의 자전거 제조업체인 반무프 ^(VanMoof)도 그런 불편을 겪은 기업이다. 이 자전거는 아직 한국에 서비스를 하지는 않는다. 자전거 업계의 테슬라라고 하는 칭송을 받기도 한다 자전거 배송 과정에서 파손되는 일이 자주 발생하면서 손해가 커지자 반무프는 고민에 빠졌다. 고민 중에 특히 미국에서 파손 사고가 잦다는 것에 집중했다. 그래서 반무프는 어떤 조처를 했을까? 파손 방지를 위한 에어캡 포장을 겹겹이 쌓았을까? 포장지를 두꺼운 재질로 바꿨을까? 모두 아니다.

반무프의 창업자인 형제들은 스스로에게 질문했다. '미국인들이 가장 사랑하는 것은 무엇일까?' 이 질문은 '미국의 배송업체가 조심스럽게 다룰만한 물건에는 무엇이 있을까?' 하는 질문과 일맥상통한다. 그래서 반무프는 미국인들이 TV를 좋아한다는 점에 착안했다. 그래서 배송 상자 겉면에 TV를 그려 놓았다. 게다가 최신형 TV 가격을 상기해 보라. 비싸다. 배달 관련자들이 이 비싼 TV를 거칠게 다룰 수 없지 않은가. 조심스럽게 소중하게 취급할 것이다. 그리고 이들은 주문자들의 혼동을 방지하기 위해 TV 안에 자전거를 그려 넣는 센스도 발휘했다.

신기하게도 이후 파손 사고가 80%나 줄어들었다고 한다. 반무프의 이 깜찍한

마술이 언론을 통해 드러난 이후에도 파손 사고가 늘지 않았다고 한다. 파손과 관련된 소비자의 pain point를 위트 있게 마사지한 경우이다. 회사도 파손에 따른 손실이 줄었을 테니, 바로 윈윈이다.

12 이 회사는 자전거에 특화된 회사이다. 무엇인가에 특화되고 전문화된다는 것은 그 Job을 정말 사랑하지 않으면 힘든 일이다. 자전거를 사랑하기 때문에 자전거가 배달되는 그 과정조차 자신들의 사랑을 표현하였다. (물론 이 회사는 파손으로 인한 경제적 손실 때문에 이런 패키지 디자인을 개발했을 수도 있다) 저렇게 사랑이 넘치는 포장으로 소비자에게 전달된다면, 그 사랑이 소비자에게 고스란히 전달될 것이다. 소비자들이 사랑하는 브랜드 그리고 소위 잘 나가는 브랜드는 다 그만큼의 이유가 있는 법이다.
출처: https://www.vanmoof.com

Case 2. 당신 대문 앞의 참한 택배 Box

누구는 택배를 받는 것은 두근두근 즐겁다고 한다. 하지만 필자는 개인적으로 테이프를 뜯어내고 주소 라벨지를 떼어내서 따로 버리고, 다시 택배 박스를 재활용 장소에 갖다 놓는 것 자체가 귀찮다. 게다가 먼지가 쌓여 있는 누런 택배 박스가 밉기도 하다. 요즘 환경 보호에 부쩍 관심을 기울이고 있기에 '아, 저 많은 쓰레기. 지구가 힘들겠네'하는 착한 생각도 많이 한다. 그렇다고 쇼핑을 줄이지는 못하는 나약한 인간이다. 미국에 리비리 (Liviri)라는 회사가 있다. 이는 신선 식품과 배달 음식에 특화된 일종의 Meal-Kits 전용 택배 박스를 세상에 내놓은 착한 기업이다. 신선 식품을 보존하기 위해서 일반적인 제품의 택배 박스보다 Meal-Kits는 특히, 더 잔손이 많이 가는 것들로 채워지기 마련이다. 그래서 결국은 더 처분이 귀찮다. 사용해 본 사람은 공감할 것이다. 이들은 이와 관련된 소비자의 pain point를 어떻게 해결했을까. 다음과 같다.

첫 번째, 일반적인 골판지 스티로폼 택배 상자보다 성능이 뛰어나고 최대 75번 재활용이 가능한 소재를 사용했다. 이 택배 박스가 배달되면 소비자는 안의 음식을 꺼내고 주소 라벨을 제거한다. 이후, 반송 주소가 적힌 스티커를 다시 붙여서 집 앞에 내놓으면 페덱스가 수거하는 것이다. 이 회사는 수거한 상자를 깨끗하게 씻어서 재사용한다.

두 번째, Meal Kits와 관련된 신선 식품의 경우는 유지가 매우 중요하다. 만약, 음식이 담긴 상자가 평소보다 더 오래 대문 앞에 앉아 있으면 그 결과는 뻔하지 않은가. 음식이 녹아서 먹을 수 없게 되고 결국 쓰레기로 전락하는 것이다. 바로 우리나라에서 한창 인기몰이를 하는 새벽 배송 또한 이러한 소비자의 pain point를 없애 주기 위함이다. 출근 전에 받아 보라고, 그리고 늦게 귀가해도 된다고.

이 회사는 아예 택배 박스 그 자체에서 이러한 소비자의 pain point를 해결하였다. 아주 영리하게! 진공 절연 패널이라는 신소재를 사용한 것이다. 이 소재는 첨단 기술이나 의료품 운송에 사용되는 것으로, 내부 음식을 더 오래 안전한 온도 범위에서 유지해주는 기특한 역할을 한다. 즉, 진공 보온병 원리를 이용해서 아이스 팩을 대체한 것이다. 다시 설명하자면 이중벽 사이에 진공 상태를 만들어서 열전달을 최소화하고 의료나 항공 우주 분야에 사용되는 수준의 진공 단열재를 사용한 것이다. 환경 오염과 관련된 소비자의 일종의 죄책감도 어루만지다니, 결국 사회적 책임과 연관된 pain point도 해결한 것이다. 필자는 야근 시, 배달시켜 먹는 음식점에서 저런 박스, 많이 접했다. 물론 리비리의 박스 디자인이 천배 만배 깔끔하고 세련되어 보인다. 당신도 음식 배달 박스를 소비자의 pain point를 어루만지는 용도로 한번 업그레이드시켜 보면 어떨까.

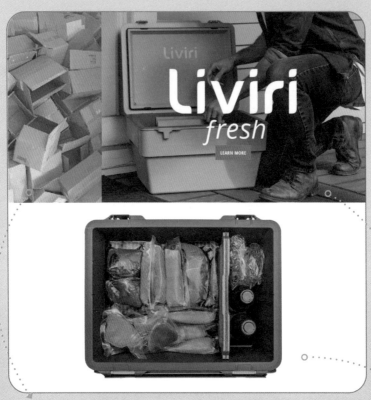

13 당신이 사는 아파트 단지 내의 분리 수거장에서 흔히 볼 수 있는 장면이다. 저 익숙한 택배 박스
는 미관상으로도 좋지 않을 뿐 아니라, 전 세계적인 환경보호에도 반하는 것들이다. 반면, Liviri
에서 제공하는 택배 상자를 보시라. 당신의 문 앞에 저렇게 깔끔한 택배 박스가 전달된다면, 누
런 박스를 개봉할 때 드는 기분과는 천지 차이일 것이다. 재활용되는 외관의 매끈함 외에도 Box
의 안을 보시라. 정갈하게 정리된 식자재들. 이 단정함은 요리할 기분을 더 Up 시키고 요리 후의
식감도 상상하게 만들어 준다. 모든 것은 Power of Detail이다!
출처: https://liviri.com/

소비 단계

STEP 9
제품이 어떤 식으로 저장 혹은 사용되는가

STEP 10
소비자들이 제품을 사용하는 동안 어떤 식으로 도움을 요청하는가

STEP 12
소비자들이 사용하는 제품은 어떻게 수리되고 A/S 되는가

Case 1. 빨래판과 면도날

남자들이 면도기 혹은 면도날을 사는 데 드는 비용이 만만치 않다고 한다. 매일 매일의 루틴이지 않은가. 이번 사례는 '면도기'라는 동일한 제품군이지만 달러 쉐이브 클럽과는 다른 접근법이다.

덴마크로 가보자. 덴마크에서 남성 미용 제품 쇼핑몰을 운영하는 미켈 샐링은 고객에게서 그리고 본인도 전적으로 동의하는, 면도날이 비싸서 불만인 pain point에 집중한다. 대부분의 남자가 이를 면도 후에 수돗물에 슬쩍 씻어 보관하는데, 세척이 잘 되면 수명이 연장되지 않을까에서 착안한 것이다. 공대 출신의 친구들과 면도날을 3주 동안 사용 후에 이를 잘라 현미경으로 관찰했다. _{정말 치밀하고 꼼꼼한 공대생들답다.} 그들은 면도날이 여러 번 사용해서 무뎌지는 것이 아니라 수염 조각, 피부 노폐물 등으로 인해 날이 더러워져서 사용하지 못하는 진리를 발견한다. 그래서 이 핸섬한 공대생들은 세척방안을 고민하고 수많은 실험을 한다. 이후 열가소성 엘라스토머[*]라는 고무를 선택하게 된다. 이들은 이 소재를 가지고 면도날을 비비기 좋은 크기의 판을 만든다.

그래서 나온 것이 빨래판 컨셉과 유사한 레이저 핏 ^(Razor Fit)이다. 즉 면도날을 이 고무판에 문질러서 세척하여 여러 번 사용하는 것이다. 이를 통해 기존 면도날보다 최소 2배에서 7배까지 오래 사용하는 제품을 개발한다. 덴마크 기술 연

---

* 플라스틱의 가소성 외압에 의해 변형된 후 원래 형태로 돌아오지 않는 성질과 고무의 탄성을 동시에 갖춘 소재

구소에 의뢰하여 실험하고 이의 성능을 검증한 후, 2008년 출시하여 승승장구했다. 32개국에서 특허도 받았다. 당신은 빨래판과 면도날의 만남을 상상했는가. 게다가 이를 통해 pain point를 해결해서 성공하다니. 이 글을 읽고 있는 공대생들이여, 더욱 힘내라. 이러한 작업은 문과생들에게 약할 수 있다.

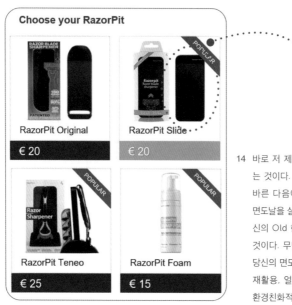

14 바로 저 제품이 일종의 빨래판 기능을 하는 것이다. 그 위에 Foam을 약간 두텁게 바른 다음에 당신이 기존에 사용한 낡은 면도날을 살살살 문지르면 된다. 그러면 당신의 Old 한 제품은 New로 변신해 있을 것이다. 무딘 날 때문에 불편했던 (Pain) 당신의 면도가 행복하게 바뀌는 순간이다. 재활용. 얼마나 시대적 흐름에 어울리는 환경친화적 콘셉트를 지향하고 있는가.

Case 2. 더운 나라의 이동식 냉장고

더운 나라에서 냉장고 없는 삶을 상상해 보라. 끔찍하지 않은가. 우리와 좀 먼 나라인 인도의 이야기다. 인도는 매우 덥다. 그리고 서민들의, 특히 시골 주민들의 경제력은 대체로 좋지 않은 편이다. 인도 가정의 약 80%가 냉장고 같은 기본적인 가전제품을 구비하지 못하고 있다고 한다.

이에 인도의 FMCG (Fast Moving Consumer Goods : 빠르게 변화하고 소비되는 소비재)분야의 대표적인 그룹인 고드레지 (Godrej)*가 움직였다. 개발 프로젝트 팀장인 나브레제 고드레지 (Navroze Godrej)가 제품 개발을 위해 인도 전국을 돌아다니면서 현장을 파약하기 시작한 것이다. 소비자들의 pain point를 헌팅하기 위해서! 이들은 인도의 시골에서는 그곳의 유지가 보유한 냉장고를 일종의 사용료를 내고 여러 명이 공유하고 있음을 발견한다. 그러다 보니, 가끔은 음식을 도둑맞는 경우도 발생한다. 안타깝다. 게다가 주민들은 음식을 보관할 냉장고가 없으니 멀리 떨어진 상점까지 매일 힘들게 왕래해야 했다. 설사 냉장고가 있어도 시골에서는 정전이 잦아 사용하지 못하는 날이 많았다. 고장이라도 나면 A/S를 받는 데 꽤 오랜 시간이 걸렸다.

이와 같은 애로사항과 함께 냉장고와 관련된 주민들의 희망사항도 알게 된다. 농촌 가정은 주거 공간이 좁기 때문에 공간을 많이 차지하지 않는 냉장고를 원한다는 사실이다. 이와 같은 pain point를 해결하기 위해 고드레지 그룹은 냉장고 개발에 착수했다. 시골 주민들의 애로사항과 희망사항, 또한 경제 사정을 고려해 '더 작게, 더 싸게 (Make it Smaller, Make it Cheaper)'에 집중했다. 결국 고드레지 그룹은 69달러라는 저렴한 가격, 일반 냉장고의 절반 수준인 전력량, 전기가 끊겨도 작동될 수 있는 시스템을 갖춘 냉장고를 탄생시켰다. 그런데 이게 전부가 아니었다. 시골 주민들이 이사가 잦은 면을 고려해 무게를 8kg 정도로 가볍게 만들어 이동성까지 높인 것이다. 정말 '획기적인'이라는 수식어가 딱 어울리는 냉장고 아닌가. 그 냉장고는 바로 초투쿨 (힌디어인 'Chotukool 초투쿨'은 영어로 'Little Cool'이라는 뜻)이라고 불리는 제품이다. 이뿐만이 아니다. 냉장고에 전통적으로 사용되던 압축기를 제거하고 노트북 배터리를 식히는 데 쓰는 쿨핀과 비슷한 장비를 장착해 냉온 보관이 가능하게 하였다. 이 제품은 출시 첫해에 10만 개나 판매되었다고 한다. 그리고 미국 최고 권위의 발명상인 에디슨 어워드 (Edison Award)에서 금상을 수상하는 쾌거도 낳고. 이 냉장고는 '높은 이동성'이라는 장점을 강조하여 최근에는 풀장, 도심형 가족 파티 등 다양한 용도로 확장해 나가고 있다. 소비층을 확대하니, 당연히 매출도 증대되지 않을까. 소비자의 pain point에 주목한 결과는 그야말로 심히 창대했다.

* 고드레지 그룹 (Godrej Group)은 인도에서 손꼽히는 대기업으로, 1897년 Ardeshir Godrej에 의해 설립되었다. 본래 자물쇠를 파는 회사였지만, 현재는 인도 대표 기업으로 성장해 건설, 가전, 항공우주, 부동산, 소매유통업, 증권에 이르기까지 다양한 업종에서 주목을 받고 있다.

OFFICEKOOL

PERSONALKOOL

CARKOOL

PARTYKOOL

SHARE YOUR USE

YOUNGKOOL

15 개인적으로 마케팅에서 상품 혹은 서비스에 대한 다양한 TPO (Time, Place, Occasion)을 창출하는 것은 매우 중요하다고 본다. 이들의 이동식 냉장고는 소위 시작은 미약해 보였지만, 이렇게 진화하고 있음을 보여준다. 형편이 좋지 않은 가정용에서 시작한 Chotukool 냉장고는 자동차 안에서, 파티 장소에서, 사무실에서 개인용으로 이렇게 다양하게 활용될 수 있음을 보여준다. 당신의 사무실에서 혹은 집에서 Second 냉장고로 당장 입양하고 싶지 않은가. 이렇게 소비자들이 나의 제품을 어떤 식으로 사용하고 저장하는 것과 관련된 것만 깊게 파고들어도 당신에게 새로운 제품을 탄생시킬 기회는 무궁무진하게 주어질 수 있다. 이것이 소비 체인이 지닌 깜찍한 매력이다.

출처: https://www.chotukool.com/

소비자들이 제품을 사서 집으로까지
가는 과정에 불편한 점은 없을까

Case 1. 모으고 싶은 쇼핑 백

　오프라인 서점에서 책을 살 경우 보통 서점의 로고가 박힌 브라운의 종이 쇼핑백에 책을 담아준다. 이때 가끔은 말이다. 예쁘게 차려 입은 나의 패션과 어울리지 않아 쇼핑백을 들고 다니기 꺼린 적이 있지 않은가? ^{혹시 나만 그런가.} 미국의 대표적인 서점 반스앤드노블 ^(Barnes & Noble)은 바로 이 단계에서 느낄 수 있는 소비자의 소심한 불쾌함에 집중했다. 그리고 뉴욕 지점을 시작으로 예쁘게 디자인한 종이 쇼핑백을 소비자들에게 제공하기 시작했다. 고전 문학의 첫 번째 페이지를 인쇄한 쇼핑백,《오즈의 마법사》에 나오는 마녀의 발이 그려진 쇼핑백, 흰고래 모비딕이 바다에 뛰어드는 모습을 표현한 종이백 등이 바로 그것이다. 반스앤드노블의 발상이 재미있지 않은가? 아마도 책을 구매한 고객의 걸음걸이가 소소한 행복으로 채워질 것만 같다. 반스앤드노블은 소비자가 도서 구매 후에 집에 가는 단계에서 발굴한 pain point를 '예쁘게' 포장한 것이다. Happy 하게.

16　모든 것은 아주 작은 것에서 시작하는 것 같다. 어려서 읽은 동화 혹은 소설을 떠오르게 하는 봉투이다. 필자는 작은 선물을 할 때, 그 브랜드가 선물을 어떤 패키지에 담아서 주는지를 항상 고려하는 편이다. 하나를 주더라도 받는 사람이 조금이라도 기분이 좋았으면 하는 마음이 있어서. 저 봉투에 있는 저 작은 문장들은 과연 어떤 내용을 원작에서 인용했을까 궁금하기도 하다. 두 손에 이것저것 짐이 있는 것은 분명히 불편하다. 또 게다가 책은 무게감도 꽤 있다. 그런데 저런 봉투에 책을 담아서 서점에서 나온다면 분명, 기분이 조금은 Up 될 것 같다.

　　출처: https://stores.barnesandnoble.com/b/barnes-noble-exclusives/_/N-2o2b

Case 2. 버리고 싶은 쇼핑 백

이번에는 쇼핑백을 없애서 소비자의 불편을 덜어준 사례를 소개한다.

이 또한 제품이 고객에게 전달되는 단계에서의 소비자 pain point와 관련된 이야기이다.

남성 의류 업체인 보노보스*의 이야기이다. 보노보스는 뉴욕에서 온라인 업체로 시작했지만, 의류업의 특성상 고객이 직접 상품을 만져보고, 입어보고 싶어 하는 욕구를 충족시키기 위해서 오프라인 매장을 오픈했다. 이곳에서는 전문 코디네이터가 옷과 신발, 벨트 등 스타일에 대한 조언을 남성들에게 해주었다. 여기까지는 흔히 상상할 수 있는 풍경이다.

하지만 보노보스 오프라인 상점에는 발칙한 전략이 또 한 가지가 있었다. 소비자들은 매장에서 옷을 입어보고 산 후, 굳이 그 옷을 들고 나가지 않아도 된다는 점이다. 대신에 소비자가 산 상품은 배송을 통해 집으로 보내지는 것이다. 여자들과 달리 남성 소비자들은 쇼핑백을 거추장스럽게 여기는 경우가 많다. 또 옷을 구입하고 다른 약속이 있으면 특히, 쇼핑백은 더욱더 귀찮은 존재이다. 보노보스는 이 pain point에서 배송 서비스를 착안한 것이다.

쇼핑백에 대한 2가지 시선이라고 할까. 반스앤드노블의 전략과 보노보스의 전략은 완전히 다르지 않은가. 나의 사업 영역이 어떤 산업군에 속해 있는가, 그리고 어떤 유형의 소비자가 내 사업의 핵심 타깃인가에 따라 pain point는 다르게 접근되어야 한다. 지극히 당연한 이야기다.

* bonobos. 월마트가 2017년 3억1000만 달러에 인수함

소비 단계 STEP 15
당신이 창출하는 소비 체인

Case. 스포츠 브랜드에서 나오는 슬립 웨어

소비 체인을 제안하신 MacMillan & McGrath 교수님들은 원래 14단계를 제안하셨다. 14단계 물론 충분하다. 하지만, 이 14단계에 당신만의 소비 체인 단계를 추가하는 상큼한 응용력을 발휘해 보는 것은 어떤가.

필자는 이를 'Step 15'라고 하고, 당신이 창출하는 소비 체인이라고 명명하겠다. 물론 이의 위치는 전체 프로세스상에서 어느 곳에 있어도 무방하다. 그리고 이를 필자가 경험한 언더아머의 사례로 풀어내고자 한다. 얼마 전 필자가 언더아머 ^(Under Armour)와의 프로젝트가 종료된 후, 담당자들과 이런저런 이야기를 하게 되었다. 그러면서 이들은 필자에게 언더아머에서 나오는 슬립 웨어를 추천하는 것이 아닌가. 물론 언더아머 마케터들의 궁금한 사항 중의 하나가 '소비자들이 스포츠를 하지 않은 일상 생활에서의 스포츠 웨어 브랜드의 역할'에 대한 것이라는 것을 미리 알고 있었다. 그렇기 때문에 더욱 더, 이 제품을 접하고 그들의 통찰력에 '아하'라는 깨달음의 감탄사가 나왔다.

먼저 스포츠 브랜드의 소비 체인을 한번 그려보자. 최근 트렌드는 스포츠 웨어가 반드시 운동하는 동안이 아닌 일상 생활에서도 많이 입혀진다. 그래서 TPO상에서 스포츠 브랜드들의 구매와 소비와 관련된 일련의 과정이 그려질 것이다. 그런데 한번 생각해 보자. 소비자들이 잠자는 중에 입는 스포츠 웨어라니 기발하지 않은가. 이들은 이 단계도 소비 체인에 포함하는 범주주적 발상을 한 것이다. 와우! 스포츠 웨어 브랜드에서 나오는 잠옷이라니.

언더아머의 케빈 플랭크 최고경영자는 미국 라스베이거스에 열린 CES 2017 기조연설에서 스포츠 의류에 정보 기술을 결합한 스마트 의류의 진화를 소개했다. 여기서 언더아머는 '스마트 잠옷'이라는 앞서 필자가 말한 상품을 다음과 같이 표현했다. 그는 '이는 단순한 잠옷이 아니다. 건강을 포함해서 우리의 삶에 많은 이익과 편의를 가져다주는 혁신 제품이다'라고. 이는 열을 흡수해 잠을 깊이 자게끔 해주는 점이 여타 잠옷과 다른 점이라고 한다. 옷 내부의 스페셜 패턴을 통해 땀을 흡수하고 원적외선을 생성해줌으로써 몸의 혈액 순환을 원활하게 해준다는 것이다. 이 때문에 숙면이 가능하고 피로 해소 능력도 올라가 '운동능력 회복 잠옷'으로도 칭해진다. 필자도 물론 샀다. 디자인은 트레이닝복 느낌이 더 많이 나고, 잠잘 때도 건강해진다고 하니, 일종의 마음의 평화가 내게 다가왔다. 당신이 스포츠 선수라면 혹은 일반인이라도 운동을 평소보다 심하게 했다면, 혹은 스트레스가 심했다면 더욱 이런 잠옷이 필요하지 않은가. 잠을 자는 동안 컨디션을 회복시켜 준다는 발상. 일반적인 스포츠 브랜드가 미처 생각하지 못했을 법한 '수면 중'이라는 소비 체인에 대한 단계를 추가적으로 구성한 것이다. 이런 식으로 pain point는 도출되고, Happy Point를 향해 조금씩 다가가는 것이다.

17 일반적인 파자마의 디자인과는 다르다. 스포츠 회사의 정체성이 반영된 디자인이다. 저 정도 디자인이면 잠옷뿐 아니라, 집안에서도 아니, (가벼운 차림으로) 편의점에 갈 때도 충분히 착용이 가능해 보이지 않는가. 스포츠 브랜드는 스포츠 할 때만 존재한다는 통념에서 벗어난 그 자체에 많은 점수를 주고 싶다. 당신도 이런 식으로 소비 체인을 응용해 보라. 당신만의 소비 체인의 단계를 창출하는 것이다. 잠자는 동안 당신의 몸에 쌓인 피곤함을 풀어 줄 수 있다면, 이는 결국 당신의 운동 성능을 향상해 주는 것이다. 그렇기 때문에 언더아머가 새롭게 창출한 소비 체인 단계인 '잠자는 동안'은 생뚱맞은 혹은 엉뚱한 것이 절대 아니다. 그야말로 스포츠 브랜드가 지향해야 할 지점을 정확하게 겨냥한 것이다. 무엇이든 간에 내 브랜드 혹은 내 業과의 적합성(Fit)은 반드시 고려해야 할 요소임을 잊지 말자.
출처: 언더아머사

2. CONSUMER JOURNEY MAP의 두 번째 소도구

소비자의 Blind Spot까지 그리는 서비스 청사진

서비스 청사진 ^(Service Blueprint)은 1982년 하버드 비즈니스 리뷰에서 은행 관리직에 종사한 린 쇼스택 ^(Lynn Shostack)이 처음 소개한 개념이다. 이는 기업이 제공하는 서비스 프로세스를 그 특성이 잘 나타나도록 도식화·가시화한 후 각 접점에서의 개선 사항을 창출하는 것을 의미한다. 도식화 또는 가식화란 쉽게 말해, 종이에다 모든 과정을 스케치하듯이 그리는 것이다. 이 그림을 그릴 때는 서비스가 진행되는 과정에서의 소비자 동선과 예상되는 행위 그리고 이에 필요한 직원들의 역할, 물리적 설비 등의 모든 것을 포함하는 것이 중요하다. 이렇게 서비스 청사진을 만들어 놓으면, 단계별 문제점을 더욱 쉽게 찾을 수 있다. 나아가 총체적 관점 ^(Holistic Perspective)에서 전체적으로 서비스를 혁신할 방안을 창출하는 데 유리한 조건을 갖출 수 있다.

높은 전망대에 오르면 풍경이 한눈에 들어오듯 서비스 청사진을 들여다보면 서비스의 모든 과정이 시원하게 보이기 때문이다. 특히 이는 '공간'과 관련된 비즈니스에 특히 유용할 것으로 판단된다. 오프라인의 모든 공간은 물론 온라인 쇼핑몰도 일종의 가상 공간이니까. 다 적용해 보자.

우선 이의 이해를 위해 여행이나 출장을 가서 호텔을 이용한 경험을 상기해 보자. 그러면서 다음 그림을 보자. 서비스 청사진을 더욱 명확히 느끼기 위해서. 백문불여일견 ^(百聞 不如一見)! 필자는 서비스 청사진은 본질적으로 소비 체인의 연장선이라고 본다. 소비 체인은 소비자가 단계별로 기업과 상호작용을 할 수 있는 접점을 나열한 것이다. 서비스 청사진도 유사하다. 이는 소비 체인에 해당되는 내용을 포함하여 당신이 모든 서비스를 보다 입체적으로 조망할 수 있도록 도와준다. 여기에는 소비자는 직접 눈으로 보지 못해도 후방에서 소비자들의 편의를 위해 기업이 지원해야 하는 모든 것도 포함된다. 이것이 서비스 청사진이다.

호텔 숙박 서비스에 대한 서비스청사진

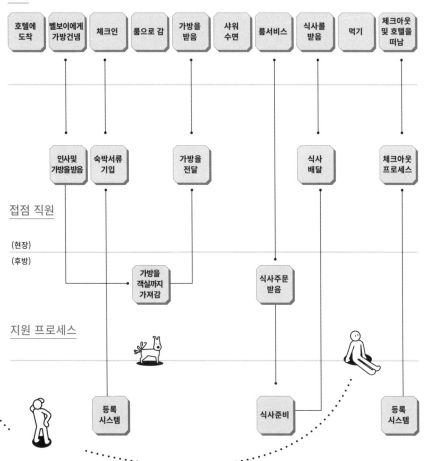

물리적 증거

| 호텔외관 주차장 | 가방운반용 카트 | 데스크 기입서류 로비 열쇠 | 엘리베이터 현관/복도 룸 | 가방운반용 카트 | 룸쾌적성 욕실 | 메뉴 | 식사용쟁반 음식 외관 | 식사 | 청구서 데스크 로비 호텔외관 주차장 |

고객

| 호텔에 도착 | 벨보이에게 가방건넴 | 체크인 | 룸으로 감 | 가방을 받음 | 샤워 수면 | 룸서비스 | 식사를 받음 | 먹기 | 체크아웃 및 호텔을 떠남 |

| 인사및 가방을받음 | 숙박서류 기입 | | 가방을 전달 | | 식사 배달 | | 체크아웃 프로세스 |

접점 직원

(현장)

(후방)

| 가방을 객실까지 가져감 | 식사주문 받음 |

지원 프로세스

| 등록 시스템 | 식사준비 | 등록 시스템 |

출처: Service Quality Handbook by ED. EE Scheuing and WF Christopher. Copyright 1993 by AM MGMT ASSN / AMACOM (B). Reproduced with permission of AM MGMT ASSN / AMACOM (B) in the format Textbook via Copyright Clearance Center.

Case 1. 괴짜 CEO의 히스로 공항 상륙 작전

괴짜 CEO 버진은 히스로 공항에서 무엇을 했을까.

미국에 故 스티브 잡스가 있다면 영국에는 바로 이 사람이 있다는 말이 있다. 그 주인공은 바로 '즐거움을 파는 회사', '브랜드 벤처캐피털 업체'라는 모토를 지닌 버진 ^(Virgin)그룹의 리처드 브랜슨 ^{(Richard Branson)*}이다. 필자가 여러 가지 면에서 매우 존경하는 인물이다.

버진 애틀랜틱 항공은 브랜슨이 1984년에 설립한 항공사이다. 세계 최초로 이코노미 클래스에도 혁신적인 서비스를 제공하여 글로벌 항공사로 성장했다. 예를 들어, 시트 내장형 텔레비전 장착, 기내 마사지 서비스 제공, 초대형 항공기인 에어버스 A380-800 도입 등이 이에 해당된다. 이 버진 애틀랜틱 항공은 런던의 히스로 공항에서 시도했던 혁신으로 더욱 유명해졌다. 히스로 공항은 비효율적인 동선, 복잡한 안내 시스템, 짐을 찾기 힘든 화물 시스템 등 여러 가지 사용성 측면에서 불편하기로 악명 높은 곳이었다고 한다.

이런 히스로 공항에서 버진 애틀랜틱 항공은 자사의 서비스를 개혁하기로 했다. 히스로 공항의 터미널 3을 버진 애틀랜틱 항공 전용 공간으로 새롭게 디자인하는 프로젝트를 진행한 것이다. 이를 위해 버진 애틀랜틱 항공은 사내에 서비스 디자인팀을 따로 만들었다. 이 팀은 디자인 컨설팅 업체인 '엔진 서비스 디자인 ^(Engine Service Design)'과 함께 소비자들의 pain point를 분석하기 시작했다. 이의 시작점은 시각화, 즉 서비스 청사진을 이용하는 것이었다. 소비자들이 공항에 도착해서 비행기에 탑승할 때까지 편리하게 여기는 것들과 불편하게 여기는 것들을 모두 고객 여정 맵 ^(Customer Journey Map)으로 그린 것이다. 다양한 소비자 심층 인터뷰 및 리서치 프로그램도 병행하면서.

* 1950년 런던에서 태어난 브랜슨은 어려서 난독증을 앓아 열일곱 살 때 학교를 중퇴한다. 하지만 학생 잡지 〈스튜던트〉를 창간하며 일찌감치 기업가의 소질을 보였다. 취미로 시작한 중고 레코드 통신 판매에서도 성공을 거두더니, 1970년에는 정식 음반사인 버진 레코드를 설립했다. 이후에도 여러 가지 사업에서 성과를 냈으며, 최근에는 민간 우주선 버진 갤럭틱 프로그램을 진행하는 등 비즈니스 세계에서 많은 족적을 남기고 있다.

버진 애틀랜틱 항공은 이런 과정을 통해 평소에는 눈에 보이지 않았던 실제 서비스 과정까지 포함해서 모든 것을 전체적으로 바라볼 수 있었다. 그러는 가운데 각 단계에서의 소비자 pain point를 알아냈고, 그에 필요한 조치를 해나갔다. 이들이 발굴한 Happy Point는 다음과 같다.

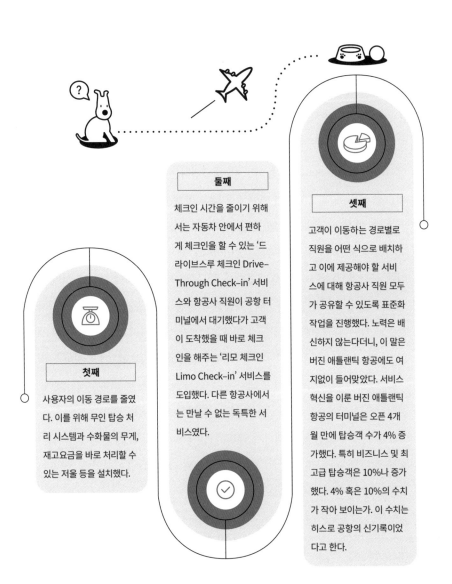

첫째

사용자의 이동 경로를 줄였다. 이를 위해 무인 탑승 처리 시스템과 수화물의 무게, 재고요금을 바로 처리할 수 있는 저울 등을 설치했다.

둘째

체크인 시간을 줄이기 위해서는 자동차 안에서 편하게 체크인을 할 수 있는 '드라이브스루 체크인 Drive-Through Check-in' 서비스와 항공사 직원이 공항 터미널에서 대기했다가 고객이 도착했을 때 바로 체크인을 해주는 '리모 체크인 Limo Check-in' 서비스를 도입했다. 다른 항공사에서는 만날 수 없는 독특한 서비스였다.

셋째

고객이 이동하는 경로별로 직원을 어떤 식으로 배치하고 이에 제공해야 할 서비스에 대해 항공사 직원 모두가 공유할 수 있도록 표준화 작업을 진행했다. 노력은 배신하지 않는다더니, 이 말은 버진 애틀랜틱 항공에도 여지없이 들어맞았다. 서비스 혁신을 이룬 버진 애틀랜틱 항공의 터미널은 오픈 4개월 만에 탑승객 수가 4% 증가했다. 특히 비즈니스 및 최고급 탑승객은 10%나 증가했다. 4% 혹은 10%의 수치가 작아 보이는가. 이 수치는 히스로 공항의 신기록이었다고 한다.

Case 2. 히스로 공항에서 미국으로 가보자 Why? 그냥 샌드위치 먹으러

필자는 서비스 청사진은 '공간'에서의 소비자 pain point를 파악하는 데 효율적이라고 본다. 버진 애틀랜틱 항공의 사례가 좋은 근거다. 그렇다면 이번에는 공간 중에서도 먹는 공간으로 가볼까 한다. 지금부터 소개할 그 공간은 미국에 있다. 에어비앤비 창업자들이 소비자의 pain point를 파악하기 위해 비행기를 타고 날아간 뉴욕이다. 히스로 공항에서 여행을 가보자. 뉴욕으로.

뉴욕에는 맛있는 샌드위치 숍이 꽤 많다. 파네라 브레드 (Panera Bread)* 도 뉴욕 곳곳에서 만나볼 수 있다. 파네라 브레드의 창업자이자 현 CEO인 로널드 샤이치는 한 소비자로부터 다음과 같은 컴플레인을 받았다.

"세상에! 샌드위치 하나 먹는 데 대기 시간이 30분 이상 됩니다. 차라리 집 냉장고에 있는 먹다 남은 음식을 먹을 걸 하는 생각이 들어요."

창업자는 아차 싶었다.

"대기 시간을 어떻게 하면 혁신적으로 줄일 수 있을까?"

당연히 이에 대한 고민에 들어갔다. 이후 그는 파격적인 결정을 내렸다. 파네라 매장의 카운터를 아예 없애 버린 것이다. 그렇다면 고객에게 샌드위치 값을 안 받은 것일까? 물론 그건 아니다. 카운터 대신 키오스크 (디지털 주문 기계)를 도입했다. 카운터 수의 3배 만큼으로 넉넉하게. 가령 기존에 카운터가 3개였던 매장에는 9개의 키오스크를 설치한 것이다. 솔직히 지금이야 키오스크 주문이 다소 흔하게 느껴지지만, 파네라가 이를 도입한 2010년 당시에는 지금처럼 흔해 보이는 아이템은 아니었다. 이뿐만이 아니다. 파네라는 우리가 잘 아는 모바일 주문도 스타벅스보다 한발 빠르게 도입했다. 이러한 파네라의 시도는 혁신적인 시도로 평가받을 만하다. 이러한 매장 내 주문 과정에서의 개혁을 통해 소비자들의 대기 시간을 30분에서 8분으로 단축했다. 감탄스럽지 않은가. 도대체 몇 배의 시

---

* 파네라 브레드는 베이커리와 카페를 결합한, 건강식을 지향하는 프랜차이즈 캐주얼 레스토랑이다 미국, 캐나다 에 2,300여 개에 달하는 매장이 있다. 2018년 기준 매출은 53억 달러로 한화 기준 약 5조 5,248억 원이다

간을 절약했는가. 소비자들이 겪는 가장 큰 불편함 중의 하나인 주문 과정에서의 병목 현상을 제거한 것이다! 과감하게. 그런데 성공한 기업들은 도무지 만족을 모르는 것 같다. 새로운 시도를 끊임없이 하기 때문이다. 로널드 샤이치의 파네라도 예외가 아니었다. 창업자는 그럼에도 불구하고 주문한 음식을 받으러 사람들이 몰려가서 지루하게 기다리는 상황을 목격한다. 이 부분이 여전히 소비자들을 불편하게 만들고 파네라의 혁신에 발목을 잡고 있다고 판단한다. 이에 로널드 샤이치는 매주 100시간 이상 매장에 출근해서 고객들의 행동을 유심히 살핀다. 특히, 소비자와 직접적으로 대면하지 않는 공간인 주방도 매의 눈으로 관찰했다. 그 결과 그는 '주방의 업무와 소비자의 기다림'이라는 또 하나의 연결고리를 만들어 낸다. 즉, 주방과 메뉴에서의 혁신을 단행한 것이다. 그의 주방 혁신을 한번 보자.

첫 번째, 주방 내부에 있는 주문 접수 화면을 텍스트 형식에서 음식 사진이 나오는 것으로 교체했다.

두 번째, 조리대에 디스플레이를 설치해서 사진과 레시피가 함께 나오도록 전환했다. 글 대신 사진을 보면, 조리사의 실수가 줄어들 수 있는 점에 주목한 것이다.

세 번째, 끝없이 밀려드는 주문을 더욱 신속히 처리하기 위한 조처를 한다. 즉, 직원 한 명이 하나의 주문을 처리하던 방식에서 컨베이어 벨트식으로 주방 라인을 완전히 개조했다.

마지막으로 메뉴를 450가지에서 122가지로 축소하고, 동일한 메뉴라도 레시피를 수정해서 최대한 간단히 만들 수 있도록 조치했다. 파네라에도 메뉴를 줄이라는 골목식당 백종원 대표의 비법이 전달된 모양이다. 여하튼 이러한 개혁을 통해 소비자들의 대기 시간을 8분에서 다시 1분으로 단축하는 놀라운 성과를 이룩한다.

일반적으로 주방은 소비자가 직접 접하는 서비스 접점이 아니라서 간과하기 쉽다. 서비스 청사진이라는 탐험 도구에 의하면 이는 지원 프로세스에 해당한다. 혹시라도 놓칠 수 있는 부분도 놓치지 않게 해주도록 도와주는 것이 서비스 청사진이다. 결국은 지원 프로세스 파트가 개선되면 전체적인 서비스가 함께 빛을 발휘하게 되는 이치이다. 필자가 분석하는 파네라 브레드의 성공 원인은 '전체적인 관점에서의 시스템 분석'이다. 매장을 구성하고 있는 개별적 요소들을 총체적 관점에서 바라보고 유효한 성과를 얻어낸 것이다. 수백 가지의 작은 것들을 놓치지 않았고, 이 작은 것들을 종합적으로 연결한 것이다. 파네라 브레드의 CEO가 서비스 청사진을 사용했는지 그렇지 않았는지는 모른다. 하지만 당신은 서비스 청사진이라는 도구를 통해서 당신이 고민하는 하나하나를 총체적 관점에서 바라볼 수 있을 것이다.

이것이 탐험 도구의 매력이다.

Case 3. 반려동물의 pain point 개선은 결국 견주의 Happy Point!

최근 우리나라도 반려동물에 대한 관심이 높아지면서 이와 관련된 사업군이 꽤 성장하고 있다. 이에 반려동물을 뜻하는 '펫'과 '경제'를 결합한 '펫코노미'라는 신조어도 나왔다. 그래서 이번에는 반려동물과 관련된 사례를 소개하고자 한다. 펫 스마트 (PetSmart)* 는 미국 최대 반려동물 용품점 체인업체이다. 펫스마트는 본래 1990년대 후반, 펫 마트 (Pet Mart)에서 출발했다. 반려동물 식품, 장난감, 기타 용품 등을 박스로 판매하는 창고형 소매점이었다. 월마트와 겹치는 제품이 많은, 자신만의 독특하고 강렬하고 우호적인 포지셔닝 (Positioning)콘셉트가 없었던, 그저 그런 업체였다.

이 시시해 보이는 특성은 당연히 매력적이지 않은 수익구조로 이어졌다. 그래서 이 회사는 2000년대 초반에 예전의 전통적인 소매 영역에서 탈피, 반려동물 서비스 분야로 방향을 선회했다. 반려동물 호텔 서비스를 통해 오버 나이트 케어, 데이 케어, 개별 트레이닝 캠프, 털 손질 등의 미용 및 트레이닝 서비스 등에 특화된 업체로 변신을 한 것이다.

* 미국과 캐나다, 미국 자치령 푸에르토리코 등에 1,500곳 이상의 매장을 보유한, 해당 분야의 '왕중왕'인 기업이다

경쟁사와 다른 자신만의 매력을 발굴한 것이다. 여기에서 반려동물들은 그들끼리 서로 친목할 수 있는 그룹 놀이 시간도 가질 수 있을 뿐 아니라, 스위트 룸에서는 동물 관련 전문 프로그램도 시청이 가능하다고 한다. 와우! 그야말로 '호캉스'의 행복을 누리는 것이다.

이곳의 서비스를 조금 더 나열해 보겠다. 본 부스 ^(Bone Booth)는 반려동물을 맡긴 후, 개 주인들이 이를 통해 언제든지 반려동물과 통화가 가능하게 만든 서비스다. 이는 개 주인의 마음을 안심시키는 안정제 역할을 하는 것이다. 몸단장 서비스인 'Looks Great Guarantee'는 만약 견주가 반려동물의 꽃단장이 마음에 들지 않아 하면 환불까지 해준다고 한다. 또 조련사들을 12주, 400시간 동안 교육하고 인증하는 인적 자원 서비스 프로그램까지 있다. 이는 자사 내에 능숙한 반려동물 조련사가 부족해 발생할 수 있는 소비자와의 커뮤니케이션상의 문제점을 해결하기 위함이다. 이 모든 것은 진정 '요람에서 무덤까지'라는 표현이 딱 맞다. 여기서 잠깐 옆길로 한번 새겠다. 필자는 펫스마트와 연관된 인상적인 기억을 하나 품고 있다. 아주 옛날에 영국 해로즈 백화점에 쇼핑하러 간 적이 있었다. 그때 품종은 정확히 모르겠지만, 굉장히 키가 크고 털이 하얀 강아지가 고고한 자태를 뽐내며 미용 서비스를 받고 있었다. 그 강아지가 10년이 넘은 지금에도 떠오르는 이유는 아마도 평생에 걸쳐 그렇게 도도하고 우아한 귀족 같은 강아지를 본 적이 없기 때문인 듯하다. 이런 자태를 지닌 강아지들이 펫스마트에서 케어를 받는 모습이 떠올라서 이렇게 한번 옆길로 샌다.

다시 본론으로 컴백하자.

필자가 이의 서비스를 장황히 나열한 이유는 다음을 설명하기 위해서이다. 이들의 매장 설계 및 서비스 투자의 중심에 '반려동물의 경험'이 존재한다는 것이 핵심이다.

소비자와 접점 행위가 많은 오프라인 매장을 운영하는 산업군의 경우 특히 '공간 내에서의 소비자 경험'은 매우 중요하다. 공간 내에서 이루어지는 소비자 경험 중에서는 '직원과 소비자와의 교류'가 큰 역할을 한다. 물론 요즘은 AI가 이를 대체하고 있긴 하지만. 펫스마트는 반려동물이라는 소비자 ^(일종의 간접 소비자)와 직원 간의 상호 작용에도 세심한 주의를 기울였다. 그래서 반려동물 부모라는 소비자 ^(일종의 최종 소비자)를 동시에 만족시킨 것이다.

이를 통해 자신만의 서비스를 특화했고, 그래서 성공했다. 펫스마트의 사례는 서비스 청사진을 통한 pain point 도출에 있어서 프로세스적 측면 외에도 소비자와 직원과의 일종의 MOT ^(Moment of Truth)도 간과하지 말아야 한다는 것을 가르쳐 준다.

18 당신은 애완동물을 위한 성탄절을 상상해 보았는가. 물론 했을 것이다. 하지만 이렇게 많은 아이템을 갖춘 정성스러운 아이템을 상상하기는 힘들었을 수 있다. 그냥 이 한 가지로 Pet Smart가 어떤 회사인지 그들의 정체성을 알 수 있다.
출처: www.petsmart.com/

AI도 모르는 소비자 마음

CONSUMER INSIGHT TWO

1. SERVICE BLUE PRINT_ 더 DEEP BLUE 하게 들여다보기

Consumer Insight ①

소비자 입장에서 직접적으로 경험할 수 있는 것은 ①물리적 증거 ②소비자 ③접점에서 일하는 직원의 서비스다. ④지원 프로세스는 소비자 입장에서는 보이지 않지만, 서비스의 운영에 있어 많은 것을 좌지우지할 수 있다.

STEP 1. 당신 업종에 맞는 당신만의 서비스 청사진을 쓱싹쓱싹그려보자.

서비스 청사진에 있는 ①~④의 요소를 기본으로 하되, 당신만의 서비스 청사진을 그려보라. 당신이 종사하고 있는 산업군의 특징이나 구상 중인 아이디어에 따라서 재주껏 대처하면서 응용해 보라. 앞에 제시된 서비스 청사진보다 더 복잡한 경우도 있을 것이고, 혹은 더 단순해지는 경우도 있을 것이다.

STEP 2. 각 접점을 살펴보라.

당신이 놓치고 있는 Fail Point = pain point를 찾아보자. 대신, 소비자 눈에 보이지 않는 곳도 구석구석 보아야 한다.

그런 다음에 각 접점 ^(Touch Point : 서비스 혹은 상품이 소비자와 만나는 곳)에 있는 담당자가 해야 할 일, 했던 일, 남들은 하고 있는데 우리는 못 하고 있는 일 ^{또 그 반대의 일까지!} 등을 다시 한번 정리해 보자. 이러는 가운데 특히, 당신 회사가 부족하다고 여겨지는 부분 즉 Fail Point ^(실패 포인트)를 찾아보자. 이 Fail Point는 소비자 입장에서는 pain point로 느껴질 확률이 높다. 기업이 잘못하고 있으니 소비자가 만족할 확률은 당연히 저하되지 않은가.

이러한 Fail Point는 소비자가 보지 못하는 부분에서도 존재한다. 예를 들어,

내부 직원들 간의 커뮤니케이션 부재, 회사 내부 시스템의 열악함 등이다. 이를 예방하고 치료하기 위해서는 현장 직원 ^(=소비자와 직접 만나는 직원)과 후방 직원 ^(=소비자와 만나지는 못하지만, 현장 직원을 도와주는 직원 등), 서비스와 관련된 지원 프로세스상의 문제점을 꼼꼼하게 확인하는 것이 필요하다.

STEP 3. 각 포인트에서 종사하는 담당자들과 커뮤니케이션 하라.

그들의 고충과 그들이 원하는 바를 실현하는 것에 당신 고민의 50% 이상이 해결될 수 있다.

해결 방안 도출을 위해서 담당 직원들의 이야기를 진지하게 경청하는 것이 최우선이다. 문제점은 현장에 있는 사람이 가장 확실히 인지하고 있는 법이니까. 경청한 다음에는 공간 내의 '물리적 증거'를 구성하고 있는 요소요소를 다시 검토하라. 이렇게 인간이 할 수 있는 것들과 설비가 할 수 있는 것들을 종합적으로 점검하면 다음과 같은 판단을 할 수 있다. 이 요소는 개선해야 할 것인지, 제거해야 할 것인지, 다른 요소와 합쳐서 시너지를 도모할 것인가 등등이다. 또 잊지 말아야 할 것은 비용이다. 기업의 이윤 창출은 제일 중요하다. 그러므로 각 서비스 요소에서 발생하는 투입 비용과 수익과의 상관 관계도 체크하라. 어떤 포인트가 돈 먹는 하마인지, 재주 부리는 곰인지 말이다.

이와 같은 탐험 도구를 이용해서 끊임없는 혁신을 시도하라.

이는 소비자의 아픔을 달래줄 것이다.

2. ONE SHOT으로 만들어진, HAPPY POINT

해외 여행 가서 일명, '놀이동산'은 다들 한 번쯤 경험했을 것이다. 그 방대한 규모, 모래같은 인파로 인해 보통 온종일을 투자하게 된다. 특히, 휴가철은 사람 뒤통수만 보다 올 수 있다. 세계 방방곡곡에서 몰려오는 관광객들 뒤통수이다. 줄 서다가 하루가 금방 가버린다. 나는 더 타고 싶은데 말이다. 게다가 나는 그 나라에 사는 것이 아니다. 모처럼 큰마음을 먹고 온 곳이다. 그러기에 다음에 또! 곧! 오면 된다는 편하고 느긋한 마음이 들지 못해 가끔은 발을 동동 구르게 된다. 만약, 놀이동산에서의 소비자 여정을 서비스 청사진 ^(Service Blueprint)에 넣는다고 하면 A–Z까지 '대기 – 대기 – 또 대기 – 짜증난다 – 이러다 다 못 타고 간다, 속상하다' – 이러한 유형의 pain point가 매우 굵고 진하게 나올 것이다.

www.Touringplans.com의 홈페이지를 가보자. 매우 직관적인 하지만 놀이동산을 찾는 자들에게 정말로 중요한 2가지 가치를 전면에 내세우고 있다. '시간과 돈을 아껴준다는 것' – 정말 깔끔하다. 솔직히 더는 필요가 없다. 플로리다 디즈니 월드는 너무 넓다. 그래서 한정된 시간 안에 이를 효율적으로 이용할 수 있는 동선 짜기는 핵심이다. 이 동선이 바로 시간과 돈을 절약해 줄 수 있는 바탕이 아니던가. 이를 위해 이 회사는 과학적인 알고리즘을 적용했다. 날짜별로 디즈니 월드의 전체적인 혼잡 정도 ^(날짜별로 입장객 정보를 데이터 처리해서 혼잡 정도를 보여주는 달력을 제공)를 알려주고 또, 놀이기구별로 사람이 몰리는 정도 및 대기 시간을 예측해 준다. 이의 오차범위가 10분 이내라고 한다. 소비자가 원하는 놀이기구를 선택하고 식사 및 휴식 시간을 입력하면 줄 서는 대기시간을 최소화해주고 ^(패스트 패스: 예약한 뒤 줄을 서지 않고 입장하는 것)더 많은 것을 탈 수 있는 최적의 동선을 알려 준다. 또 디즈니 월드를 즐기는 알뜰 티켓 구매 방법,

디즈니 직영 운영 호텔의 예약, 디즈니 월드 내의 수많은 장소에 대한 정보도 제공한다. 마치 항공권 및 호텔 할인 사이트와 유사해 보이기도 한다. 그야말로 디즈니 월드 세상이다.

필자가 이 사이트를 언급하고자 하는 이유는 바로 다음이다. 놀이동산에서 놀면서 소비자들이 느낄 수 있는 수많은 pain point를 한가지로 수렴해서 해결했다는 사실이다. 이의 종착역은 '데이터 가공 기술'이다. 이 회사의 창업자는 컴퓨터 공학 박사이다. 이 공학박사는 알고리즘의 정확성을 위해 날씨, 교통, 학사 일정, 일몰 시각, 실업률, 소비자 물가지수 등을 다 고려했다. 또한, 데이터 수집으로 예측하기 어려운 것들이 있으면 투어링 플랜 직원이 직접 디즈니 월드를 돌아다니면서 수시로 정보를 업데이트한다니, 더 말해 무엇할까. 그래서 이 회사가 제공하는 모바일 앱의 정보는 타의 추종을 불허한다. 4차 산업, AI 등 인간을 편리하게 해주는 다양한 기술들은 급속도로 진화하고 있다. pain point를 해결하는 방법 또한 이와 같은 과학적 알고리즘 기술을 알고 구현하는 자에게 더욱 유리해질 것이다. 하지만 과학적으로 어메이징한 기술조차도 그 표적 소비자가 무엇을 고통스러워 하는지를 모른다면 아무 소용이 없다.

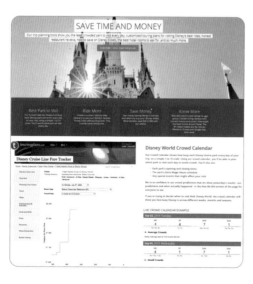

19 얼마나 직관적인가. 홈페이지의 이곳저곳을 돌아다니다 보면 공학박사 출신의 창립자의 전문성 또한 확실하다. 날짜별로 얼마나 혼잡한지 아닌지를 알려준다. 이 또한 10점 척도를 통해서 아주 분명하게 말이다. 가격의 변화 정도도 자세히 제시되어, 나의 주머니 사정에 맞는 것을 고르면 된다. 정말 그 어떤 작은 pain도 없어 보인다.

출처: www. Touringplans.com

3. 더 심플한 지도와 함께 하는 PAIN POINT

Consumer
Insight
③

소비체인과 서비스 청사진이 복잡하게 여겨진다면 《블루오션 전략》에 소개된 ERRC Grid를 활용해 보자. 여기서는 블루오션을 창출하기 위해 Eliminate ^{제거} – Reduce ^{감소} –Raise ^{증가} – Create ^{창조} 해야 한다고 제안했다. 이를 pain point 발굴과 연관시키자면, 이는 당신이 잠재적으로 생각하는 경쟁 제품/서비스가 존재할 때 유용하게 사용할 수 있다. 우선 경쟁자의 전략을 기준점으로 삼아라. 그러면서 ERRC해보라. 우선 4개의 공간을 채워 나가면서 소비자들의 불편함은 어떻게 줄여야 할지 그리고 행복함을 어떻게 증가시켜야 할지를 고민해 보라. 정말 효율적이다. 이는 결과물이 깔끔해서 한눈에 이해가 잘된다. 필자의 해외 클라이언트가 이 차트를 좋아해서, 모든 것을 다 이렇게 만들어 달라는 요청을 한 적도 있다. 그래서 결론은 일 두 번 했다. 하지만 클라이언트가 만족했으니 나는 행복하다.

이와 관련된, 간단하지만 소소한 행복을 주는 사례를 가볍게 터치하고자 한다. 런던의 히스로 공항에서 다시 미국으로 가보자. 이번에는 샌드위치 먹기 위해서가 아니다. 바로 샌프란시스코에 있는 버진 ^(Virgin)호텔에 묵으러 가는 것이다. 리처드 브랜슨의 그 버진 호텔이다. 일반적으로 호텔에 가면 참으로 가깝고도 먼 것처럼 느껴지는 것이 한 가지 있지 않은가. 바로 그 작은 냉장고이다. 그리고 그 옆의 그야말로 더 작은 미니 바와 함께. 내 집 냉장고보다 사이즈는 작은데, 열어볼 때마다 왜 이리 부담이 가는지 말이다. 재빨리 생수만 꺼내고 닫아버린다. 그런데 이런 날이 많지 않은가! 예를 들어, 룸서비스를 시킬 시간을 놓쳤을 때, 아침에 퉁퉁 부은 얼굴로 레스토랑 내려가기 귀찮지만 배는 좀 출출하여 간단한 요기가 필요할 때, 혹은 밤에 즐기고 싶은 시원한 맥주 등등이 더욱 간절한 날이다. 이럴 때는 미니 바와 그 작은 냉장고에 있는 그 대단하지 않은 것들이 더욱 간절해진다. 호텔에서 조금 걸어가면 있는 편의점에 충분히 있을 만한 것들이 마치 백화점 가격보다 더 비싸게 위풍당당한 모습으로 있기에 선뜻 손이 가지는 않는다. 하지만 버진 호텔의 미니바에는 남과 다른 그 무엇이 있다. 바로 모든 제품이 시중가로 참하게 있는 것이다. 그들은 이야기한다. 당신이 평소 마트에서 사는 가격만큼만 미니바에 지불하라고. 그들의 브랜드 정체성 (Identity)인 레드 컬러를 담고 있는 앙증맞은 SMEG 냉장고에 말이다. 버진의 기업 철학인 재미와도 연결된다. 소비자에게 합리적 가격으로 미니 바와 냉장고의 것들을 즐겁게 즐길 수 있으니 말이다. 즉, 버진 호텔의 냉장고는 ERRC Grid에서 단순히 '비싼 가격'을 제거했다. 그리고 편의점의 합리적 가격을 증가시켰다. 이것만으로도 소비자의 사랑을 받는 것이다.

이를 다시 한 번 정리해 보자.

CREATE (창조)	무엇을 새로이 창조하면 더욱 차별화되고 사고 싶어질까?
RAISE (증가)	무엇을 좀 더 높이면 더욱 차별화되고 사고 싶어질까?
ELIMINATE (제거)	무엇을 제거하면 더욱 차별화되고 사고 싶어질까?
REDUCE (감소)	무엇을 좀 더 낮추면 더욱 차별화되고 사고 싶어질까?

CONVENIENCE SHOULDN'T COST YOU

PAY LESS. SNACK MORE.

20 필자가 생각하는 Virgin의 브랜드 이미지는 열정적인 Red이다. 그들의 브랜드 로고처럼. 냉장고의 컬러도 그들의 BI를 고스란히 반영하고 있다. 보기 좋은 예쁜 것으로 끝나는 것이 아닌, 우리에게 착한 가격의 간식을 제공해주는 이 아이템 늘을 보니, 즐겁다. 그야말로 Fun & Happy.
https://www.virgin.com

BIG 3.
공감과 병행하는 관찰법

우리 아이디어의 출발은 일반적인 인간의 관찰에서 시작한다.
다른 말로는 공감대에서 시작하는 것이다. 그게 무슨 일이건 상관없다.
제품의 디자인이건, 운영에 있어서 다른 컨설팅이건, 경영 전략을 위한 혁신이건
상관없이 인간을 관찰하면서 어디에 문제가 있는가를 찾기 시작하는 것이다.

– IDEO의 Tom Kelley 공동대표 –
매일경제 Luxmen 제20호 (2012년 5월) 인터뷰 중에서

가끔, 당신은 상대방의 말
그 자체를 100% 신뢰할 수 있는가.

우리는 모두 착각을 한다고 한다. 자신의 기억도 마찬가지이다. 어느 연구에서 실험 참가자들에게 숫자 15개를 잠깐 보여주고 순서대로 얼마나 외울 수 있을지 물었다. 40% 이상의 참가자들은 10개 이상을 맞힐 것이라고 장담했다. 하지만 결과는 참혹했다. 10개 이상을 맞힌 사람이 1%에 불과했다. 기억은 이렇게 부정확한 것이다. 더욱 조심스러운 것은 기억이라는 것이 때로는 자의에 의해 때로는 타의에 의해 왜곡될 수도 있기 때문이다.

그렇기 때문에 여기서 잠시 생각해보자. 인간은 '대화'를 통해서 소통하기 때문에 '말'을 한다. 그런데 대화는 많은 경우, '기억에 의존한 말'로 이루어진다. 질문하고 답하는 형식의 대화에서 특히 그러하다. 주로 답변하는 사람이 자신의 기억을 꺼내서 이에 대응한다. 하지만 위의 실험에서 보듯 기억은 불완전하고 따라서 기억에 의존한 말도 부실할 수 있다. 즉 '말'에는 항상 불완전이라는 함정이 도사리고 있다. 게다가 문답형의 대화는 자신의 솔직한 의견보다는 '그래야만' 하는 혹은 '그래야만 할 것 같은' 사회적 당위성에 의해 좌우되는 경우도 많다. 이솝 우화에 나오는 '여우의 신포도'와 같은 자기 합리화도 포함해서 말이다.

이러다 보니, 소비자들이 말하는 것과 그들의 실제 행동은 어긋나는 경우가 꽤 많다. 소비자들이 자신의 기억에 의존해 '했다'고 말한 것은 실제로는 사실이 아닐 수도 있다. 그리고 '원한다'고 말한 것은 사회적 당위성에 따른 말일 수도 있는 것이다. 본인이 진짜 원하지 않음에도 불구하고.

정리하자면, 대화 – '말'을 통한 pain point 발굴 시에는 다음의 우려되는 사항이 존재한다. 즉, 소비자의 기억에 의존한 '했다고 말한 것', '이상적으로 하기를 원하는 것', '사회적으로 승인된 일련의 것' 들과 소비자들이 실제로 '하는 것'과 '하고 싶은 것'의 구분이 현실적으로 힘든 경우가 존재하기 마련이다.

그래서 탐험 도구 Big 5중에서 세 번째로 소개하는 도구가 바로 관찰이다. 생활 속에 살아 숨 쉬는 소비자를 매의 눈으로 예리하게, 인간미 풍기는 마음으로 공감하면서 그들의 pain point가 무엇인지 바라보는 것이다. 그들이 앓고 있는 것에 대한 감을 잡을 때까지. 그러면서 그들과 대화를 시도하라. '관찰'과 '말'이 함께 썸을 타도록 하라. 더욱 유용한 것들을 건질 수 있을 것이다.

완벽한 사람이 없듯이 완벽한 도구는 없다. 각 도구의 장단점을 인정하고 되도록 좋은 것들을 모아서 활용하는 것이 정답이다.

1. 관찰 맛보기

Case 1. 벤틀리 자동차와 영국 여왕의 패션 아이콘

엘리자베스 여왕의 패션과 벤틀리 자동차 사이에는 무엇이 있었을까!

2002년 벤틀리는 영국 엘리자베스 2세 여왕의 즉위 50주년을 기념하며 의전용 리무진인 벤틀리 스테이트를 특수 제작했다. 일명 '여왕의 차'로 불리는 벤틀리 스테이트에는 이 자동차만의 유일한 특징이 있다. 힌트는 바로 여왕의 패션 심볼이다. 우선 머릿속에 우아한 여왕의 패션 스타일을 상기해 보자. 생각해 보았는가. 최고의 자동차 브랜드 중의 하나인 벤틀리다. 그러니 이들이 만든 여왕 의전용 리무진이니 얼마나 많은 에너지가 투입되었을까. 상상이 간다. 이러한 여왕을 위한 벤틀리 스테이트는 벤틀리의 플래그십 모델인 아르나지를 기본 바탕으로 제작했다고 한다. 길이도 일반형보다 800mm가 더 길고, 방탄 장치를 비롯한 첨단 안전 장비의 보강으로 인해 무게도 당연히 더 무겁다. 높이도 1,770mm로 일반형보다 높다. 혹시 자동차 외형에 대한 정보를 읽으면서 여왕과 벤틀리 사이에 있는 그 무엇을 발견했는가?

길이·무게·높이, 이 세가지의 외형적 특징 중에 답이 있다. 아직 감이 오지 않았다면, 이제 정답을 밝힌다.

그 유일한 특징은 '높이'이다. 여왕의 패션 심볼인 모자와 연관된 것이다. 엘리자베스 2세 여왕은 항상 아름다운 모자와 함께한다. 모자를 즐겨 쓰는 여왕이 모자 높이로 인해 고개를 숙이지 않고 차를 타고 내릴 수 있도록 배려한 것이다. 그래서 높이가 일반보다 높아야 했다. 여왕이 한 손으로 모자를 잡으며 몸을 구부리는 것은 그녀의 스타일도 구기는 것을 의미한다. 한 번에 쓰윽 타고 내리는 것이 당연히 더 아름답다. 우아함과 존경의 상징인 여왕이 품위를 유지할 수 있도록 신경 쓴 벤틀리의 섬세함이 탁월하지 않은가? 이것이 바로 '관찰'을 통한 pain point의 발견이자, Happy Point로 연결되는 실제 상황이다.

21 관찰이라는 탐험 도구를 어렵게 생각하지 말았으면 하는 마음에서
보여주는 사례이다. 작은 배려는 혁신의 작은 출발점이라고 본다.
사진에서 보듯이, 여왕의 키와 자동차의 높이가 절묘하게 맞아떨어
지지 않는가. 여왕은 그녀의 지위와 어울리는 – 승하차 시에도 더욱
우아한 자태를 유지할 수 있을 것이다.
출처: www.driving.co.uk/, 벤틀리, 아우디 코리아

Case 2. 제임스 다이슨도 인정한 플러그 아이콘

다이슨의 진공청소기는 매우 유명하다. 유명세에 걸맞게 가격도 만만치 않다.
하지만 그 진공청소기의 탄생 히스토리를 알고 나면, 가격에 대해 어느 정도 수
긍을 하게 될 것이다. 그 제품은 5,126번의 실패 후 5,127번째 시도에서 만들어졌
다고 한다. 다이슨은 벌써 2050년에 나올 신제품을 준비하고 있다. 바로 '다이슨
에어블로우 2050 ^(Dyson Airblow 2050)'이라는 우산인데, 이는 덮개나 우산살이 전
혀 없다. 오직 우산을 들 수 있는 손잡이 부분만 있어 마치 지팡이를 연상케 하
는 자태를 지니고 있다. 이 신통방통한 우산은 우산대 속에 설치된 모터가 아래
에서 위로 공기를 뿜어 올리며 장막을 만들어 비를 밀어내는 원리를 이용했다고
한다. 이 우산을 사용하는 당신의 모습을 상상해 보라. 우산을 접었다 폈다 할

때 비를 맞을 일도 없고, 우산이 젖어 보관이 번거로울 일도 없다. 필자는 이 우산이 출시되면 살 생각이다. 단, 가격을 확인한 다음에.

이렇게 창의적인 미래의 우산까지 고민하는 다이슨이 2002년 설립한 '제임스 다이슨 재단'에서는 '제임스 다이슨 어워드'를 개최한다. 이를 통해 젊은 인재들의 창의적인 아이디어를 지원하고, 이들의 창작품을 국제무대에 선보인다. 2009년에는 영국 왕립예술학교 RCA를 졸업한 한국인 디자이너 최민규 씨가 '폴딩 플러그(Folding Plug)'로 수상한 바 있다. 이를 소개하고자 한다.

수상작인 '폴딩 플러그'와 '일반 플러그'와의 작은 차이는 바로 이렇다. 폴딩 플러그는 일반 플러그의 약 4분의 1 크기로, 두께가 약 1cm이다. 플러그 꼭지는 접을 수 있도록 고안되었다. 최민규 씨가 이 제품을 기획하게 된 계기는 생활에서 느낀 아주 작은 불편이었다고 한다. 그는 가장 두께가 얇은 애플 에어 노트북도 큰 플러그를 사용해야만 한다는 것에 불편을 느꼈다. 그래서 이 작은 불편함을 지울 수 있는 '두께가 얇고 휴대가 간편한 접는 플러그'를 제작하기에 이른다. 이 작품은 당시 전 세계 21개 나라의 젊은 디자이너들이 도전한 총 460 작품 가운데 당당히 3위를 차지했다.

사소한 면이라도 자세히 관찰한다면 누구나 혁신적인 제품을 만들어낼 수 있다. 자, 더더욱 관찰에 힘써보고 싶지 않은가. 당신은 본인을 포함한 모든 사람의 행동을 열심히, 부지런히 관찰해야 한다. 나는 무엇이 불편한지를 그리고 내가 불편해한 것에 다른 소비자도 공감할 수 있을까를 고민하라.

그렇다면 위와 같은 플러그에 대한 관찰을 좀 더 예리하게 만들어 보자. 필자 같으면 다음의 상황별로 더 쪼개서 관찰해 볼 것 같다. 예를 들어, 플러그는 모든 곳에서 쓰인다. 집, 사무실, 병원, 학교 등등. 즉, 같은 플러그라도 이가 어떤 공간에서 사용되느냐에 따라서 사용 모습도 다를 수 있다. 그러므로 공간별로 상황을 더 촘촘하게 쪼개서 생각해보고 사람들의 모습을 관찰하는 것도 유용할 것이다.

22 집안에서 플러그는 필요한 존재임에도 불구하고, 인테리어 상으로 흉물같이 보일 때가 종종 있다. 그래서 작은 소품으로 이를 가리는 경우도 적지 않다. 이 정도로 슬림하다면 드러내 놓고 싶은 마음이 들 정도이다. 또한 플러그를 꽂았다가 뺄 때의 손에서 느껴지는 잡는 느낌도 우수할 것 같다.

출처: https://monsterdesign.tistory.com/1181 [🔥 mON
      http://www.minkyu.co.uk/
      http://www.designsoftheyear.com/2010/02/14/min-kyu-choi-folding-plug-uk/
      https://www.themu.co.uk/
      jamesdysonaward

Case 3. 두루마리 휴지, 갑자기 떨어진 적이 없었는가.

전 세계적으로 1인 가구는 대세이다. P&G의 연구원들은 이들의 성장세에 있어서 특히, 2가지 유형의 집단에 주목했다. 바로 도시에 사는 밀레니얼들과 고령화된 소비자들이었다. P&G 가족 제품 사업부의 혁신 책임자인 롭 라이너맨은 이들 대부분의 가정에서 여분의 화장지를 침대 밑이나 이상한 장소에서 보관하고 있다는 것을 발견한다. 그 이상한 장소가 무엇인지 구체적으로는 잘 모르겠지만, 일반적인 장소는 아닌 듯하다. 하여간 코미디 장르의 영화에 나오지 않는가. 아무도 없는데, 화장실에서 두루마리 휴지가 다 떨어져서 거의 죽어가는 얼굴을 하는, 그래서 많은 사람들이 휴지를 반드시 화장실 내에 보관하지 않는다는 것을 추측할 수도 있다. 이러한 사실을 관찰한 후에, P&G 혁신팀은 더 길게 길게 만들어진 롤 형식의 일명 점보 초대형 두루마리 휴지를 제작한다. 일명, 그들의 신제품인 차밍 포에버 롤(Charmin Forever Roll)이다. 이는 일반 화장지 롤보다 훨씬 크고 무료 스테인리스 스틸 홀더까지 포함되어 있다. 이 홀더는 거의 모든 화장실에서 거의 사용되지 않는 자투리 공간인 변기 옆과 그 벽 사이에 화장지를 설치할 수 있도록 도와준다. 즉, 일반적으로 화장실에서 일종의 노는 공간에 이를 설치할 수 있도록 고안한 것이다. 제품 자체가 워낙 기니까 1인 가구 기준으로 2, 3개월 동안 사용할 수 있다고 한다. 이는 오래 사용할 수 있음과 별도의 보관 공간이 없어도 되므로 일명 2마리 토끼를 다 잡은 것이다. 이 화장지는 매번 귀찮게 화장지 롤을 바꾸지 않아도 되는 편리함이라는 매력을 지녔다. 그들은 이 제품을 개발하기 위해 많은 1인 가구를 관찰하고 그들의 의견을 수용했다. 관찰의 힘은 이렇게 디테일한 부분을 커버하는, 그래서 때로는 얄미울 정도로 살짝 비튼 신제품의 탄생을 도와준다.

23 개인적인 시각의 차는 다 다르니까, 어떤 이는 미관상 조금 Ugly 하다고 느낄 수도 있을 것이다. 하지만 필자의 눈에는 Charming 해 보인다. 아마 동영상을 통해 애교 넘치는 자태로 유혹하는 '곰'캐릭터를 먼저 만났기 때문일 수 있다. 솔직히, 이런 유형의 소비재 분야는 참으로 차별화하기 힘든 영역의 산업군이다. 그런데도 이런 틈새를 찾아서 소비자를 행복하게 해 주다니. 이 세상에 끝은 없는 것 같다.

2. 관찰 – 이젠 더 깊게 이해하기

관찰 깊게 이해하기와 관련된 4가지의 Key Principles

관찰 맛뵈기를 잘 느꼈는가. 이제는 이에 대한 보다 깊은 이해를 위해, 4가지 원칙을 설명하고자 한다.

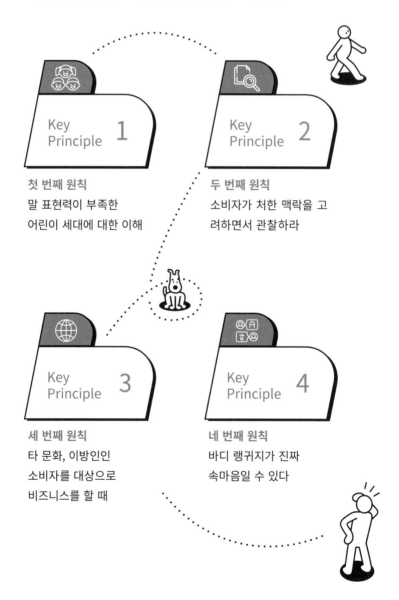

Key Principle 1

첫 번째 원칙
말 표현력이 부족한
어린이 세대에 대한 이해

Key Principle 2

두 번째 원칙
소비자가 처한 맥락을 고려하면서 관찰하라

Key Principle 3

세 번째 원칙
타 문화, 이방인인
소비자를 대상으로
비즈니스를 할 때

Key Principle 4

네 번째 원칙
바디 랭귀지가 진짜
속마음일 수 있다

첫 번째 원칙

말 표현력이 부족한 어린이 세대에 대한 이해 즉, 첫 번째 원칙과 관련된 사례이다.

Case 1. 젓가락질 잘해야만 밥 잘 먹나요

첫 번째 원칙이다. 관찰은 어린 세대, 즉 아직 말을 못 하는 아기들 _{엄마가 아기를 키우는 모습이 관찰 대상이 된다.} 은 물론이고 의사 표현이 서투른 초등학생이나 중학생 등을 대상으로 진행 시, 더 유용하다. 이들의 대변인 격인 부모의 의견을 참고해서 관찰하면 더욱 영양가 높은 결과물을 얻을 수 있다. 물론 성인들 대상으로도 당연히 훌륭한 탐험 도구이지만, 특히 어린 세대를 위한 사업 분야에 종사하고 있다면 관찰은 필수 코스이다.

'젓가락질 잘 해야만 밥 잘 먹나요'라는 가요가 있다. 맞다. 밥 더 잘 먹는다. 특히, 여러 명이 접시 하나를 공유할 때 즉 속도전이 필요한 상황에는 특히 그러하다. 하지만 우리 모두가 그랬듯이 어린아이에게 젓가락질 배우기는 쉽지 않은 학습과목이다. 에디슨 젓가락을 발명한 박병운 대표도 이 사실을 알고 있었다. 그래서 그는 초등학생 조카가 젓가락질을 잘하지 못해서 불편해하다가 결국 포크를 사용하는 모습을 예사롭게 넘기지 않았다. 그러기에 관찰하면서 고민에 고민을 거듭했다. 그러는 가운데 박병운 대표는 아래와 같은 '오호'하는 순간적 통찰력을 얻어낸다.

"철사로 손가락을 끼우는 고리를 만들면 아이들이 편하게 사용할 수 있을 거야!"

이후 그는 어린이집을 돌아다니면서 원장에게 동의를 구한 뒤 유아들의 손을 관찰하기 시작했다. 손가락 길이, 벌렸을 때의 손가락 사이의 거리, 편안한 각도 등을 파악하기 위해 손의 크기를 재고 찰흙으로 모형을 떴다. 중간중간에 시제품을 가지고 아이들을 대상으로 실험도 했다. 결국 그는 이 제품으로 국내는 물론이고 해외 특허까지 획득하여 전 세계에서 승승장구했다.

이의 성공은 '관찰'이 특히 말 못하는 어린 소비자들의 pain point 도출에 탁월함을 지니고 있음을 보여준다.

필자 개인적인 생각으로는 에디슨 젓가락의 성인 버전을 제작해서 외국 관광객이 자주 오는 한식당에 보급하면 어떨까 싶다. 혹은 해외에서도 한식 붐이 한창인데, 수출을 하는 것도 좋을 것 같다. 외국인들이 우리의 자랑인 멋진 한식을 더 편하게, 맛있게, 즐겁게 즐기라는 개인적 바람을 담아서!

24 아이가 사용하는 젓가락에 이렇게 정성스러운 비밀들이 숨겨져 있다니, 놀랍지 않은가. pain point를 Happy Point로 만들기 위한 작은 배려들에 다시 또 놀라게 된다. 얼마나 많은 아이의 젓가락질 행태를 관찰했는지, 그리고 이를 해결하기 위해 어른이 아닌 어린아이의 눈높이에서 해결하고자 했는지를 단번에 알 수 있다. 중지링의 설명을 보라! 가장 편안한 각도가 엄지는 12도, 검지는 15도 중지는 19도라고 한다. 젓가락뿐만이 아니다. 아이가 잡기 편하고, 음식을 끝까지 깨끗하게 먹을 수 있도록 배려한 스푼의 모양, 포크의 홈 처리 부분 등 – 요즘 아이들은 좋겠다. 괜히 부럽기도 하다.

출처 http://www.inpkorea.com

Case 2. 아이스크림 스쿱을 허로 핥아 본 경험

　인간에 대한 따뜻한 공감의 눈으로 이루어지는 '관찰'이 모든 것의 기본임을 강조하는 아이데오는 'Innovate or Die ^(혁신이 아니면 죽음)'를 강조한다. 창조, 혁신이라는 거창해 보이는 목표물의 첫 단추는 소비자들이 어떤 부분을 불편하게 여기는지를 바라보는 것에서 시작한다. 그러니 당신도 이 점을 항상 염두에 두기를 바란다. 아이데오에서 만든 아이스크림 스쿱을 소개한다. 어렸을 때, 커다란 아이스크림 통에서 아이스크림을 덜어낸 행복한 기억이 다들 있을 것 같다. 어쩌면 어른인 지금까지 즐기고 있는지도! 여하튼 작은 아이스크림 스푼으로 그 큰 통에서 아이스크림을 덜어내는 일은 성질 급한 사람에겐 힘든 일다. 다소 커다란 밥숟가락도 마찬가지이다. 아이스크림이 감질나게 떠지기 때문에 꽤 불편하다. 하지만 이에 비하면 아이스크림 스쿱은 그야말로 신세계다. 푹푹 잘 떠지니까. 하지만 옥에 티가 있다. 밥숟가락보다 표면이 크고 둥근 굴곡을 지닌 모양새 때문에 금쪽같은 아이스크림이 많이 묻는다는 사실이다. 그래서 그 스쿱은 금방 물로 씻어 내야 한다. ^{필자}는 어린 시절, 그 자투리 아이스크림이 아까운 마음에 애처로운 눈길을 많이 주었다. 밥주걱보다 표면이 크기 때문에 묻어나는 아이스크림의 양도 많아지는 법이라 더욱더 아쉽다. 그래서 아까운 마음에 스쿱 표면에 묻어 있는 아이스크림을 처리하기 위해 혀를 자주 대어 보았다. 맛있지 않고 얼얼했다. 그런데 아이데오가 만든 아이스크림 스쿱은 조금 다르다. 일반적인 제품은 아이스크림을 떼어 내는 스위치가 있지만, 이 제품은 이 스위치를 없앤 것이다. 대신 금속 부분의 비중을 늘려 열전달이 잘 안 되도록 하여 아이스크림이 눌어붙지 않게 요술을 부렸다. 즉, 미연에 방지한 것이다.

　왜 이런 제품을 만들었을까? 바로 필자가 어린 시절에 한 행동과 관련이 있다. 어린아이가 스쿱으로 아이스크림을 덜고 나서 가장 많이 하는 행동을 관찰했기 때문이다. 바로 '스쿱에 묻어 있는 아이스크림을 혀로 핥기'이다. 아이데오는 표현력이 부족한 그리고 다분히 본능적인 어린아이를 공감하는 마음으로 바라보았다. 그 결과 다른 제품과의 '차별성'을 이뤄낸 것이다. 작은 발견이 주는 힘은 위대하다.

Case 3. 인사이드 아웃의 탄생 스토리를 아는가

인간의 심리를 탁월하게 묘사해 큰 히트를 거둔 영화 〈인사이드 아웃〉은 〈몬스터 주식회사 2001〉, 〈업 2009〉을 연출한 피트 닥터 감독의 세 번째 애니메이션이다. 피트 닥터가 밝힌 영화의 탄생 스토리는 다음과 같다.

"딸이 열한 살이었다. 엉뚱하지만 창의적이고 쾌활한 아이였는데 갑자기 조용해졌다. 우리 딸의 머릿속은 어떤 모습일까 고민하다가 이의 감정을 의인화한 애니메이션을 만들면 어떨까 싶었다. 실사 영화에선 의인화할 수 없는 것을 할 수 있는 것이 애니메이션 아닌가! 5년간 각본을 계속 고쳐 썼다. 영화의 성공은 이의 과정에서 많은 사람이 창의력을 발휘한 결과이다."

감독은 자신의 딸이 내성적인 성격으로 변하는 것을 보고 이 작품의 영감을 얻었다. 물론 작품 구상을 염두에 둔 의도적인 관찰은 아닐 수 있지만, 달라진 딸의 행동을 그냥 스쳐 가지 않은 덕분에 명작을 만들 수 있었다. 딸의 모습을 알아챈 감독은 또래 자녀를 둔 부모들과 많은 이야기를 나누었다고 한다. 미국에서는 아이들이 보통 6학년이 되면 고민이 많아지고 성격이 다소 시니컬하게 변화한다고 한다. 우리의 중2병이 미국에도 있나 보다. 질풍노도의 시기는 글로벌하고 세계는 하나이다. 그는 아이들이 그들 나름의 감정 변화를 겪고 힘들어한다는 사실을 알아냈다. 열심히 연구한 감독은 주인공 소녀 라일리의 나이를 열한 살로 정한다. 본인의 딸이 열한 살이었기 때문이다.

이처럼 가족이나 가까운 주변 사람들의 변화를 놓치지 않고 알아채는 것은 참 중요하다. 특히, 위와 같이 어린이를 대상으로 하는 비즈니스에서 무엇을 해보고 싶은 사람은 이를 반드시 숙지해야 한다. 당신 나름의 촉을 민감하게 세워놓고 살아야 한다. 물론 매일같이 그렇게 살면 조금 피곤하겠지만, 어쩔 수 없다. 기꺼이 감수해야 한다. 그래서 그냥 이를 습관화하라. 승부의 관건은 디테일이다.

디테일은 가까운 곳에서 시작된다.

두 번째 원칙

소비자가 처한 맥락을 이해하는 두 번째 원칙과 관련된 사례이다.

Case. 세계 최대 완구 회사의 순위가 변동된 순간

어린이와 잘 놀아서 바비 인형을 이긴 이야기이다. 바로 레고의 이야기다. 1932년 덴마크의 목수 올래 키르크 크리스티얀센이 조립식 블록 완구를 내놓았는데, 이것이 레고*의 시초이다. 1980년대 후반 레고는 기본 특허가 만료되었다. 그러자 레고와 유사한 블록 완구를 제조하는 업체들이 속속 등장했다. 세계 여러 나라에서. 특히, 1990년대 들어서 더욱 최악이 된다. 소니의 플레이스테이션과 같은 비디오 게임의 등장과 함께 레고의 위상은 추락한다. 계속되는 적자에 허덕이자 많은 금융회사가 적대적 M&A의 대상으로 레고를 지목하기도 했다. 한때 세계 최대의 장난감 회사였던 마텔 ^{이 세상 여자 어린이들의 한때 로망인 바비인형을 만든 회사} 이 레고를 인수할 것이라는 소문도 돌았다. 레고로서는 온통 자존심이 상하는 일뿐이었다. 또 그 와중에 빅데이터 연구를 통해서 다음과 같은 참담한 결과를 접하기도 한다.

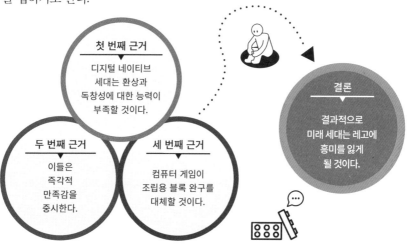

첫 번째 근거
디지털 네이티브 세대는 환상과 독창성에 대한 능력이 부족할 것이다.

두 번째 근거
이들은 즉각적 만족감을 중시한다.

세 번째 근거
컴퓨터 게임이 조립용 블록 완구를 대체할 것이다.

결론
결과적으로 미래 세대는 레고에 흥미를 잃게 될 것이다.

---

* '레고'라는 이름은 덴마크어로 '잘 놀다'라는 뜻을 가진 'LEG GODT'를 줄인 것이다.

아, 그렇다면 빅데이터와 직접적인 관련이 약한 사업은 다 접어야 한다는 말인가. 만약, 필자가 레고의 CEO라면 위의 빅 테이터 결과에 부르르 떨면서 아래와 같은 제안을 했을 것 같다.

"우리 레고도 미래 세대의 성향을 반영하자. 그래서 그들이 좋아하는 충동적, 순간적, 즉각적 특징이 가미된 최고의 디지털화된 블록 게임으로 이 시장을 수성하자. 요즘은 빅데이터 시대다. 모든 빅데이터가 동일한 결론을 내렸으니, 그에 따른 의사결정에 의심할 여지는 거의 없다!"

하지만 레고의 CEO는 격이 달랐다. 레고는 많은 이들이 신뢰하는 빅데이터 결과를 의심한 것이다. 그리고 다시 한번 점검하는 과정을 거치는 것으로 중지를 모은다. 이에 앞에서도 소개한 마틴 린드스트롬에게 SOS 한 것이다. 마틴 린드스트롬과 레고는 책상을 벗어나 현장으로 나갔다. 독일의 중소 도시에 거주하는 열한 살 소년이 사는 한 가정을 방문했다. 소비자에 대한 깊은 이해를 위해서였다. 당연히 이들은 소년의 집에서 인터뷰를 진행하면서 관찰도 병행했다. 그러면서 소년이 좋아하는 것, 싫어하는 것, 성격, 취미생활 등 모든 일상을 하나씩 하나씩 지혜의 현미경을 통해 들여다보았다. 그러면서 소년의 삶에 공감해 나갔다. 이러한 과정을 통해 이 소년이 레고 광이면서 또한 열정적인 '스케이터 보더'라는 사실을 알게 된다. 그들은 소년에게 따뜻하게 질문했다.

"너에게 가장 자랑스러운 물건이 무엇이야?"

소년은 곧바로 한쪽 면이 닳아서 울퉁불퉁해진, 낡은 아디다스 운동화 한 켤레를 가리켰다.

"이 낡은 운동화는 영광스러운 우승컵이자 금메달이에요."

그 운동화는 한쪽 면이 너무 닳아서 직각으로 깎여 있었고, 뒤꿈치에는 큰 홈도 있었다. 너무 여러 번 신어서 밑바닥은 밋밋해져 있었다. 보통의 깔끔한 엄마라면 대번에 아들 몰래, 혹은 강제로라도 내다 버렸음직한 운동화였다. 하지만 소년에게 그 낡은 운동화는 운동화 이상의 것이었다. 바로 그 운동화는 '내가 이 도시에서 최고의 스케이터 보더야'라는 메시지를 전하는 하나의 매개물이자 상징이었던 것이다. 소년에게서, 그리고 소년의 운동화에서 이들은 반짝이는 인사이트를 얻게 되었다. 아이들은 결코 즉각적인 결과만을 추구하지 않는다는 것! 이는 기존 빅데이터 결과에 반하는 결론이었다.

레고 사람들이 얻은 인사이트를 자세히 풀면 다음과 같다.

01 아이들은 어떤 기술을 통달해 최고 수준에 오르면 친구들 사이에서 명성을 얻는 것을 중요하게 생각한다. 그게 어떤 분야이건 상관없이.

그것이 내게 가치 있고 유용하다면 시간이 얼마나 걸리든 상관하지 않는다. 잘할 때까지 끈질기게 매달린다. 즉, 본인이 원하는 구체적 결과를 얻기 위해서 최선을 다한다. **02**

이후 레고사는 빅데이터에 근거한 전략 방향을 수정했다. 그리고 레고사가 간직해 온 브랜드 정체성에 다시 초점을 맞추었다. 그동안 축소했던 블록 크기를 되돌렸고, 또 한편으로는 더 작고 더 정교한 블록을 추가해서 사용 설명서의 난이도를 높였다. 더 큰 노력을 기울여야 조립에 성공하도록 제품 전략을 바꾼 것이다. 이 전략은 결국 성공했다. 그들의 브랜드 본질에 다시 컴백한 것이다. 그 결과, 2014년에는 자신들을 집어삼킬 수 있었던 마텔의 매출을 넘어서게 된다.

이 레고의 사례에서 주는 관찰의 묘미, 즉 관찰의 두 번째 원칙을 정리해 보겠다. 이는 소비자가 살아가는 전후 맥락에 대해 공감이 관찰과 병행되어야 한다는 것이다. 소비자가 살아가고 있는 일상생활에서의 맥락 Context: 정황/상황/전후 사정으로 이해하자 을 이해하는 것은 중요하다. 당신은 소비자이다. 다시 당신으로 빗대어 보자. 당신이 제품을 사용하고 구매할 때를 상기해 보자.

당신은 오로지 그 특정 제품 자체만으로, 이를 구입하고 사용하지 않는다. 즉, 그 제품을 바라보는 당신의 프레임에는 많은 것들이 영향을 주기 마련이다. 예를 들어, 당신이 처한 물리적 환경과 사회적 흐름, 당대를 이끄는 문화 혹은 트렌드, 당신 가정만의 지닌 특유의 역사, 당신만의 성향, 주변 사람과의 관계 등 이 많은 것들이 복합적으로 당신이 제품을 바라보는 시각에 영향을 준다. 그러므로 다양한 상황적 맥락을 고려하면서 관찰해야만 한다.

이는 피상적, 단편적인 생각에서 벗어나게 해준다. 이런 식으로 소비자에게 한 발짝 더 가까이 가라. 그들의 내면세계에 대해 더 깊게 공감하라. 그러면서 바라보고 스킨십하라. 소비자가 처해있는 맥락 속에서, 내 제품과 소비자를 연결하는 쫀쫀한 끈을 찾아야만 한다. 어차피 명품은 한 끗 차이다. 디테일의 힘이 바로 그것이다.

세 번째 원칙

타 문화, 이방인인 소비자를 대상으로 비즈니스를 할 때 유용한 세 번째 원칙과 관련된 사례이다.

Case. 멕시코 주부들은 미국 주부들과 달랐다

멕시코 주부들이 살림살이 고민은 무엇일까. P&G는 신제품 개발에 있어서 관찰 기법을 매우 중요시하는 기업 중의 하나이다. 이들의 관찰은 일회성 행사가 아니다. 아예 소비자와 같이 살면서 소비자를 이해하고 공감하려고 한다. 물론 마음대로 소비자의 집에 쳐들어가는 것은 아니다. 이들의 소비자 친밀 프로그램 (Consumer Closeness Program)즉 '소비자와 함께 살아보기 (Living It)'을 소개한다.

그들은 멕시코 저소득층 타깃을 위한 새로운 섬유 유연제를 개발해야 했다. P&G 본사에 근무하는 그들에게 멕시코인은 일종의 이방인이다. 내 맘도 모르는데, 낯선 문화에서 사는 소비자의 마음을 단지 하루 이틀 동안의 관찰을 통해서 파악할 수 있을까. 쉽지 않은 일이다. 이들은 작정했다. 같이 살아 보는 것으로. 멕시코 소비자들의 집에서 며칠 동안 함께 지냈다. 소비자의 pain point 발굴을 위해서.

그런데 당시 멕시코 씨티는 하루에 몇 시간 동안만 물을 쓸 수 있는 열악한 상황이었다. 게다가 저소득층 가정이다 보니, 이런 물이 얼마나 더 귀했을까? 이들은 살면서 다음의 사실을 깨닫게 된다. 대부분의 저소득층 여성들은 하나같이 빨래에 많은 시간을 투자한다는 것을. 또한 빨래를 조금만 하든 잔뜩 쌓아 놓고 하든 하나같이 섬유 유연제를 사용하고 있는 모습도 함께 발견했다.

자, 문제가 뻔해지지 않은가. 빨래는 많은데, 물은 넉넉하지 않다는 것!

똑똑한 이들은 쉽게 해답을 찾아냈다. 이들에게 필요한 것은 적은 물로도 빨래를 깨끗하게 해주는 제품이다. 이것이 바로 다우니, 싱글 린스 제품의 탄생 배경이다. 이 제품은 기존 멕시코 여성들의 빨래 과정을 줄여주었다. 즉 '세척 – 헹굼 – 또 헹굼 – 유연제 첨가 – 헹굼 – 또 헹굼'의 과정을 ^(6단계) '세척 – 유연제 첨가 – 헹굼 ^(3단계)'으로 끝내 버린 것이다. 당연히 이 제품은 엄청난 판매량을 기록했다.

기존제품 사용시의 빨래과정 6단계

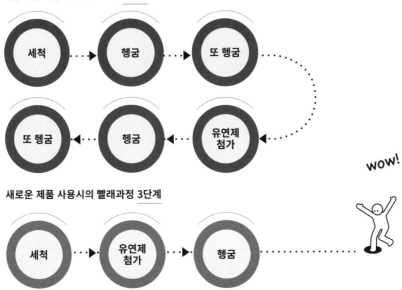

새로운 제품 사용시의 빨래과정 3단계

소비자와 함께 생활함으로써, 진심으로 그들의 불편함을 공감하려는 의지는 인정받기 마련이다. 결국 어느 순간에는. 이처럼 관찰은 나와 다른 문화권에서 생활하는 소비자에 대한 이해가 필요한 경우에도 유용하다. 여기서 문화라는 것은 국가와 같은 물리적 개념을 포함하여 정신적 국경의 개념도 해당된다. 즉 상류층의 문화, 저소득층의 문화, 아웃사이더의 문화, 일종의 약자 Under Dog의 문화, 농어촌의 문화, 한국에 거주하는 이슬람 가정의 문화, 학생들의 문화, 트렌드 세터들의 패션 세계 등 여러 가지 차원이 있을 수 있다. 나와 다른 세계에 존재하는 그들만의 문화적 프레임에서 그들의 모습을 파악하는 데, 관찰은 필수이다. 그런데 관찰이라는 탐험 도구는 소비자와 직접 부대끼면서 느낄 때 더욱 자신의 매력을 뿜낸다. 어느 순간, 당신에게 찰진 통찰력을 가져다줄 것이다.

네 번째 원칙

바디 랭귀지가 진짜 속마음일 수 있다. 네 번째 원칙과 관련된 사례이다.

Case. 화장품 매장 여직원 앞에서 귀가 빨개지는 남성들

귀가 빨갛게 되는 남자들을 위해서 지금 당장 필요한 것은?!

이 문장에서 무엇이 연상되는가.

필자가 모 글로벌 화장품 회사와 일할 때였다. 이 브랜드는 한국에 남성 전용 라인을 출시하기 위해 한국 남성들의 그루밍 연구에 착수했다. 솔직히 지금은 남자들이 별 거리낌 없이 BB크림을 바르고, 눈썹 혹은 손톱을 손질하고, 거상 시술까지도 한다. 아재 소리 듣지 않기 위해서. 하지만 그때는 많은 것들이 쉬쉬하던 때였다. 요즘 젊은 친구들 사이에서는 군대 간 남자친구가 군대에서 사용한 화장품 브랜드를 여자친구에게 추천해 준다고도 한다.

어쨌든 그 당시는 그루밍이 지금처럼 핑크빛 무드가 아닌 때였다. 고가의 화장품을 사는 남성들 자체가 많지 않았고, 그루밍에 관심이 있어도 사회 통념상 당당하게 이를 드러내지 못했다는. 지금으로서는 믿거나 말거나이지만.

한국 남성들의 화장품 구매 공략 포인트를 찾기 위해 다양한 방식을 통해 그들을 이해하려고 했다. 그 가운데 한 가지 방법은 바로 관찰 기법이었다. 이를 위해 사무실 안에 백화점 화장품 매장을 동일하게 구현한 공간을 마련했다. 그리고 당시 그곳에서 근무 중인 판매사원도 참여했다. 이는 바로 쇼핑하는 리얼한 현실을 반영하기 위함이다. 그 다음에는 실제로 남성 화장품 소비자들을 그 쇼핑공간으로 끌어들였다. 그리고 그들을 뒤에서 카메라를 통해 관찰했다. 물론 참가자들의 사전 동의를 구했다. 그런데 말이다. 여기서 전혀 생각하지 못했던 것이 순간 포착되었다. 이 상황극과도 같은 인터뷰에 응한 모든 남성의 '눈'과 '귀'였다. 여직원이 서있는 가상의 화장품 매장에 들어서는 모든 남자가 하나같이 눈을 아래로 떨구는 게 아닌가. 귀까지 빨개지면서! 이 모습을 옆에서 지켜보는 사람으로서는 솔직히 재미있기도 하고 놀랍기도 했다.

이것은 몸으로 말하는 pain point이다. 시선을 떨구고 귀를 붉히는 바디 랭귀지는 뭔가 어색하고 불편하다는 의미가 담긴 제2의 언어인 것이다. 그 언어를 귀담아들은 필자는 회사에 이런 제안을 했다. 재미와 놀라움만 즐기고 끝내지 않았다는 것이다.

"여직원과의 첫 대면을 어색해하는 남성 고객이 매장에 들어오면 우선 화장품 리플렛을 건네주는 게 좋겠어요. 이런 식으로 그들의 서먹함을 우선 달래 주세요. 그래야 편하게 상담을 시작하지요."

남성 고객의 첫 시선을 여직원이 아닌 리플렛으로 돌리는 것이다.

그들의 어색함과 불편함을 자연스럽게 달랠 수 있도록. 더불어 이 제안에는 제2의 의도도 숨어 있었다. 그것은 홍보 효과다. 상대적으로 남자들은, 물론 개인차는 존재하지만, 여자들보다는 설명서나 지도를 더 자세히 보는 편이다. 따라서 그들이 리플렛을 자세히 보면 자연스럽게 제품에 대한 더 깊은 홍보도 가능하니까.

당신이 매장에 설치된 각종 제품의 사용법, 결제 방법, 인테리어에 따른 동선 등에 대한 소비자의 불편 사항을 발굴하고 싶다면 당장 소비자들을 매장으로 데려가라. 그런 다음 그들이 마음대로 매장을 이용할 수 있도록 방목해 두라. 그 모습 하나하나를 매의 눈으로 예리하게 관찰하자. 관찰을 마쳤으면 질문하는 것이다. 왜 그런 행동을 했는지 질문하는 것이다. 생각하지 못했던 많은 것들을 얻을 수 있을 것이다. 이를 많이 경험한 필자가 자신한다. FBI는 몸의 단서가 말보다 정확하다고 주장한다. 필자는 이러한 부류의 책을 읽으면서 연구한 적도 있다.

결국 소비자는 pain point를 입 밖으로 꺼내기도 하지만, 작고 미묘한 표정이나 몸짓으로도 표현한다. 당신은 이를 잡아낼 수 있는 세심함을 지녀야 한다.

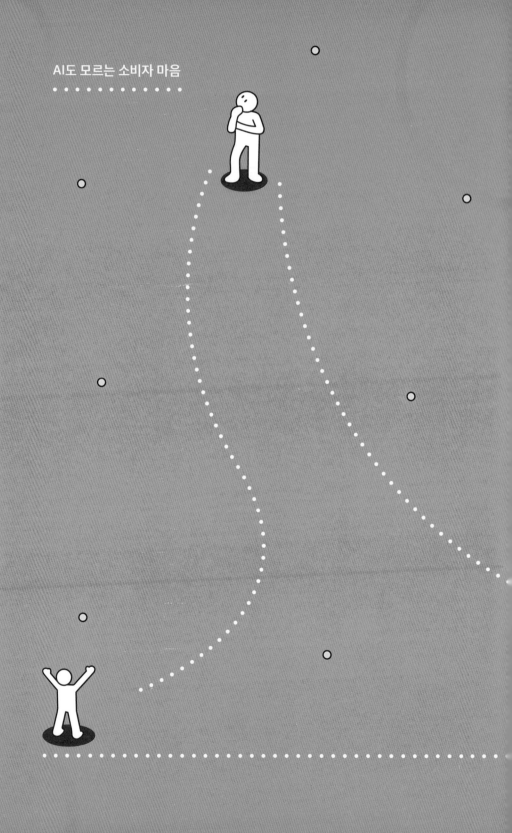

AI도 모르는 소비자 마음

CONSUMER INSIGHT THREE

Ethnography _ 원주민보다 더 이방인일 수 있는 당신의 소비자

ETHNOGRAPHY_
원주민보다 더 이방인일 수 있는 당신의 소비자

**Consumer
Insight**

'관찰'은 나름의 가치와 역사를 지닌 방법론이다. '에스노그라피'라 불리는 연구 방법이 있다. 20세기 초에 문화 인류학자들이 원주민을 관찰하고 연구한 것에서 비롯된 방법론이다.

그 당시 인류학자들은 태평양의 북서해안이나 남태평양 등의 전통사회를 직접 찾아가서 원주민들과 부대끼며 그들의 인간적 본성, 사회적 협력, 일상생활 등을 연구했다.

에스노그라피는 '현장 연구 방법'이라고 할 수 있다. 원주민들과 대화가 가능한 연구자들이 얼마나 되겠는가. 그러다 보니 당연히 대화가 아닌 '관찰'이 중요한 역할을 한 것이다. 이후 마케팅 학자와 문화 인류학자들로 구성된 오디세이 팀 ^(Odyssey Team)이 본격적으로 에스노그라피를 마케팅에 적용하기 시작했다. 1980년대 후반 이후다. 원주민을 연구했던 방법으로 일반인들의 소비 유형, 소비 과정, 소비 의미 등을 연구한 것이다.

이러한 특징으로 인해 에스노그라피는 소비자들이 말로 명확하게 표현하지 못하거나 그들 자신도 미처 몰랐던 pain point를 도출하는 데 있어 나름의 힘이 강하다. 그런데 여기서 중요한 것은 관찰자의 '창의적 해석 능력'이다. 만약, 자신이 관찰한 것에 대해 창의적으로 해석하지 못하면 이는 무용지물이 된다. 우리는 평소에 헤아릴 수 없을 만큼 많은 것들을 보지 않는가. 5가지 감각 기관을 통해서. 하지만 그게 다가 아니지 않음을 이미 경험했을 것이다.

이때 창의적 해석 능력이 뛰어난 사람은 더욱 많은 기회를 보고 해답을 만들어낸다. 이러한 능력은 타고나는 면도 있지만, 노력으로도 어느 정도는 갖출 수 있다. 의식적으로 바라보고, 의식적으로 해석하자. 또 말하지만 습관으로 만들어

라. 답은 분명히 있다.

관찰이라는 탐험 도구를 잘 다루기 위해 연습 한번 해보자. 만약 당신이 신규 세탁기 개발 담당자라고 가정해보자. 당신은 이제 가정집에 와있다. 당신의 관찰을 이렇게 구분해서 진행해 보라.

앞서 설명한 '소비 체인'이라는 탐험 도구가 상기되었으면 한다. 관찰할 때에도 이 도구를 가져와서 각각의 과정을 촘촘하게 쪼개면서 바라보라. 이렇게 각 탐험 도구들은 서로 상호보완의 관계에서 효율적인 사용이 가능하다. 아래 그림처럼

'세탁 전 – 세탁 중 – 세탁 후'로 단계를 크게 구분해 놓고 다시 또 각 단계를 세분화해서 관찰하라. 이런 식으로 접근하다 보면, 새로운 세탁기에 대한 아이디어 발굴은 물론 기존 세탁기와는 다른 축의 일명 Something Different 한 것도 건질 수 있다.

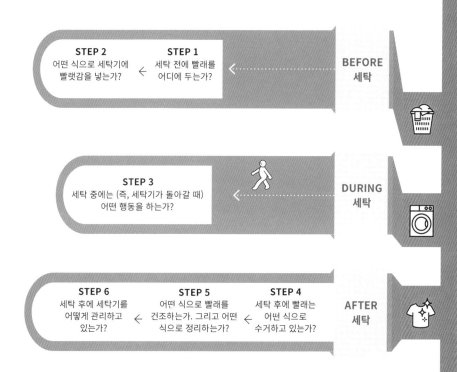

만약 새로운 게임 서비스를 개발하고 싶은가? 그렇다면 책상 앞에서 혼자 게임하지 말고 PC방으로 출동하자. 가서 소비자들이 실제로 어떻게 어떤 모습을 하고 있는지, 옆 사람과 무슨 말을 주고받는지, PC방 주인에게 무엇을 요구하는지 등까지도 관찰하자. 아예 며칠 동안 잠복근무를 해라.

당신이 새로운 식품 아이템을 만들고 싶은가? 그렇다면 주부들이 부엌에서 요리하는 모습을 지켜보자. 여러분의 와이프가, 누나가, 언니가, 동생이, 엄마, 아빠가, 할머니가, 남편이, 가사도우미 아주머니가 냉장고에서 요리 재료를 꺼내서 다듬고, 씻고, 찌고, 끓이고, 데치고, 플레이팅을 하고 먹는 모습을 관찰하자. 설거지 과정까지도! 유쾌한 대화도 양념처럼 치면서.

pain point는 이렇게 5감 ^(感)으로 도출하는 것이다.

그러면서 다시 또 강조한다. 맥락의 중요성을!

소비자는 자신이 생활하고 있는 환경과 절대 분리되지 않는다. 소비자가 제품을 사용하는 환경은 그들 나름의 주관적인 판단 기준에 의해 해당 제품을 사용하는데 반드시 영향을 주기 때문이다. 이 모든 것 – 맥락을 고려해서 총체적 관점에서 이 탐험 도구를 사용하라.

BIG 4.
끼적끼적 두들링 (DOODLING)

'신은 죽었다' 신의 이름으로 '니체, 너 죽었다'
마지막엔 '너네 둘 다 죽었다' 니체도 신도 상관없다. 낙서만 하지 마!
– 화장실 청소 여사님 명언 –

낙서 ^(Doodle)는 뭔가를 끼적거리는 행위이다. 보통은 지루함을 느끼거나 딴생각이 들 때 낙서를 한다. 그래서 낙서를 가리키는 'Doodle'은 17세기에는 '바보', '얼간이'의 뜻으로 불리기도 했다. 아마도 생각 없이 뭔가를 끼적거리는 모습이 스마트해 보이지는 않았던 모양이다. 하지만, 낙서에는 반전 매력이 있다. 1930년대 정신분석학자 프로이트는 낙서를 통해 사람의 심리를 분석할 수 있다고도 했다. 대부분의 사람은 아무 생각 없이 끼적거린 것을 남에게 선뜻 보여주지는 않는다. 이는 본인의 내면을 남들에게 들키지 않으려는 심리와 일맥상통하는 면이 있다. 바로 이 부분이다. 소비자는 자신의 내면을 보여주는 데 익숙하지 않은 경우가 많다. 그래서 당신과 나는 다양한 도구를 사용해야 한다. 낙서라는 탐험 도구는 바로 이러한 점에서 소비자의 내면을 깊게 바라볼 수 있는 또 하나의 도구가 될 수 있다. 수니 브라운 ^(Sunni Brown)은 낙서의 전략적 가치를 알리는데 힘써온 사람이다. 2011년 패스트 컴퍼니 ^{(Fast Company)*}가 창조적 사업가 중의 한 명으로 선정한 그녀는 우리 문화가 언어적 정보 ^(Verbal Communication)에만 너무 집중해 왔다고 지적한다. 그래서 낙서의 가치를 제대로 찾지 못하고 있다고. 나아가 그녀는 낙서에 대한 새로운 정의와 가치를 내세웠다. 낙서란 인간의 사고를 돕기 위한 하나의 도구라는 것이다. TED에서 Doodling 강연으로도 명성을 얻은 그녀는, 낙서하는 집단이 그렇지 않은 집단보다 심층적인 정보에 대한 집중력이 29%나 높다고 주장했다.

* 혁신 기술, 윤리적 경제학, 리더십, 디자인 중심의 기사를 다루는 세계적인 진보적 비즈니스 미디어 그룹

1. 낙서하는 얼간이 (VS) 낙서하는 지식인

수니 브라운은 학습자가 훌륭한 판단을 내리기 위해서는 보기, 듣기, 읽기, 쓰기의 4개의 분야 중 2개 이상이 함께 어우러져야 한다고 주장한다. 또한 이 4개의 분야 중에서 적어도 한 개 분야와 인간 스스로가 체험한 감성과 어우러지는 것이 필요하다고 한다. 그런데 두들링은 이 모든 것을 동시다발적으로 작용하게 해준다면서 이의 장점을 내세웠다. 결국은 이 또한 '시각적 언어'의 중요성이 내포된 것으로 보면 된다.

수니 브라운과 낙서와의 인연을 들여다보면서 이에 대한 그녀의 주장을 좀 더 자세히 이해해보자. 그녀는 성장하면서 주로 공책의 가장자리에 낙서했다고 한다. 어른이 된 그녀는 샌프란시스코에 위치한 The Grove라는 컨설팅 회사에서 일하면서, 생각을 정리하는 방법으로 간단히 적용할 수 있는 시각적 언어를 배우게 된다. 그리고 2008년 그녀는 자신의 창의적인 컨셉을 지향하는 컨설팅 회사를 시작한다. 이때 그녀는 생각의 정리 방법에 적용할 수 있는 '시각적 언어'를 낙서라는 단어를 사용해 설명하면서 이를 '인식의 행위'로 지칭했다. 낙서는 인간의 정신이 산만한 상태로부터 '집중 모드'라는 차분한 행위를 이끌어 주는 도구라는 것이다. 또한 한순간에 신체와 신경에 변화를 주기 위한 도구로도 사용될 수 있다고 주장했다.

위의 내용을 근거로 종합한 필자의 주장은 이러하다.

낙서라는 시각적 언어를 여러분이 발견한 pain point들이 좀 더 선명하게 드러나도록 도와주는 도우미로 활용하라는 것이다. 그림 솜씨가 없다고 무서워하지 말자. 낙서가 어디 잘 그려야 낙서인가? 그냥 마음 가는 대로 그리면 된다. 의미 없이 끼적거려도 좋다. 그러다 보면 어느 순간 의미 있는 것으로 변화될 수 있다. 아주 엉망으로 그린 낙서도 언젠가는 중요한 무엇인가를 알려 줄 수 있을 것이다.

그런데 이번 이야기들은 기존에 소개한 탐험 도구들과는 달리 약간 다른 시각에서 이해하는 것이 필요하다. 왜냐하면 pain point를 발굴하는 과정에서 갑자기 소비자에게 '낙서 한번 해보세요' 해서 시켜보고 그 결과물을 스스로 해석하라는 주장은 아니기 때문이다.

이는 현실적으로 볼 때, 매우 현실적이지 않다. 그래서 지금부터의 사례는 바로 당신의 사무실에서 한번 시도해 볼 만한 것들을 먼저 소개한다. 매번 이를 따르지는 못해도 TFT ^(Task Force Team)가 구성될 때만이라도 시도해 보자. 좋은 힌트가 당신의 머리를 스치고 지날 것이다.

25 하나의 멋진 작품 같은 이 사진들을 보라. 처음에는 하얀 캔버스에서 시작되었을 것이다. 맨 처음에
    한 점을 긋는 그 누구는 마음이 떨렸을 수 도 있고, 과연 결과가 나올까 하면서 의심했을 수도 있을
    듯 하다. 필자도 일명 Creative Workshop을 꽤 진행해 보았기에 이 과정의 처음과 마무리가 상상
    이 된다. 집단 지성의 힘은 이렇게 이미지와 조우할 때, 상상하지 못한 큰 힘을 발휘할 수 있다. 시간
    이 되시는 분은 Sunni Brown의 TED강의도 꼭한번 들어 보길 바란다. 그녀의 창의적 발상에 당신
    이 얻어가는 인사이트도 클 것이다.

    출처: http://sunnibrown.com/meeting-facilitation/

2. 두들링으로 꾸며진 창의적 공간

Case 1. 세계적 건축가 렌조 피아노가 설계한 구글의 숨겨진 공간

먼저 구글이다. 구글 사무실이 직원들의 편의를 위해 여러 부대시설 예를 들어, 피트니스 클럽, 댄스 스튜디오, 카페, 마사지실 등을 고급 리조트 수준으로 구비하고 있다는 것은 매우 유명하다. 런던 중심가 코벤트 가든 근처에 자리한 구글 런던 슈퍼 본부는 세계적인 건축가 렌조 피아노 (Renzo Piano)가 설계한 센트럴 세인트 자일스 (Central St. Giles)빌딩 내에 자리하고 있다. 이곳에도 직원들이 텃밭을 가꿀 수 있는 옥상 정원, 시원한 바람을 맞으며 의견을 나눌 수 있는 야외 회의장, 자전거 출·퇴근자를 위해 용품을 깨끗하게 말릴 수 있는 '바이크 드라이 (Bike Dry)' 등이 갖춰져 있다.

한마디로 런던 슈퍼 본부는 모두가 부러워하는 꿈의 사무실 공간이다. 그런데 이곳에는 지금 나열한 것들 외에도 독특한 무엇이 있다. 바로 낙서판이다. 일의 능률을 높이고자 언제든지 쓰고 지울 수 있는 낙서판을 층별마다 설치했는데, 직원들은 누구라도 아이디어가 떠오르면 낙서판에 그것을 기록할 수 있다. 다른 직원들은 그 밑으로 '댓글'을 달 수도 있다.

구글이 이런 놀이터 같은 사무실을 지향하는 이유는 단순하다. 더욱 창의적인 업무 수행 도모를 위해서다.

pain point 발굴은 창의성과 병행될 때, 그 빛을 더 발한다고 이미 언급했다. 나 혼자만이 하는 '나 홀로 낙서'가 아니다. 굴비 엮듯이 낙서에 낙서가 꼬리를 물 수 있도록 회사 차원에서 마련한 공간이다. 이러한 낙서로 가득한 도면에서 세상 놀랄 일의 시초가 나왔을 것 같지 않은가!

Case 2. Facebook의 또 다른 Face

페이스북의 사무실 벽은 남들과 다르다. 이 회사도 구글과 동일하다. 사무실 한쪽 벽을 개조해서 칠판으로 바꿨다고 한다. 직원들이 오다가다 좋은 아이디어가 떠오를 때마다 그때그때 기록으로 남겨놓을 수 있도록. 직원들은 이 칠판에 만화를 그리기도 하고, 도표를 만들기도 하고, 쪽지를 붙여 놓기도 한다. 자기 생각을 정리하고 또 동료와 교류하면서 새로운 그 무엇을 향한 발자국을 찍어 가는 것이다.

소비자의 pain point 찾아가는 것은 절대 단번에 되지 않는다. 예상보다 긴 여정일 수도 있다. 긴 여정을 잘 보내기 위해 낙서를 활용해 보자. 회사 내에서는 팀별로 낙서판을 만들어 놓고 팀원끼리 교류하는 것도 좋은 방안이다. 여기 소개한 사례들 정도라면, 낙서로 돈을 벌 수 있다는 주장에 수긍이 가지 않는가? 창의력을 높이려면 두들링하라는 말에 솔깃하지 않은가? 여하튼 당장 당신의 사무실에 혹은 집에 작은 화이트보드를 만들어 보자. 여러 가지 목적으로 활용할 수 있을 것이다. 동료들과 힘을 모아도 좋다. 사무실 한가운데 혹은 구석에 다른 사람들과 언뜻언뜻 떠오르는 이미지를 서로 쓱쓱 그려가면서 의견을 발전시켜 보자. 편하게, 글을 쓴다고 생각하지 말고. 글을 쓴다고 생각하면, 문법이니 철자법이니 이런 틀 안에 갇히는 우를 범할 수 있다. 그냥 낙서를 하자. 부담 없이. pain point 탐험을 위해 굳이 예술가가 될 필요는 없으니까. 그냥 쓱쓱 그려보자.

Case 3. IT 기업의 디자인 협업 공간

아예 별도의 '낙서 룸'을 만든 기업도 있다. Ctrix System Inc.은 첨단기기에 익숙한 직원들이 손으로 자기 생각을 표현할 수 있도록 '디자인 협업 룸 ^(Design Collaboration Workspace)'를 만들었다. 누구나 이 방에 들어가서 자기 생각을 그림으로 그릴 수 있다고 한다. 칠판, 사인펜, 낙서장은 물론이고 3차원적 아이디어 구현을 위한 스티로폼이나 막대 기구 등이 마련되어 있다. 이 공간에는 직원들이 아이디어 컨셉 도출을 위해 서로 롤 플레이 ^(Role Play)하면서 연기할 수 있는 모자, 안경 등의 소품이 구비되어 있다고 한다. 가끔은 자산의 자화상을 스케치하기도 하고, 느슨한 회의를 진행하면서 직원들 간의 효과적인 협업을 자극하는 것이다. 손으로 써가면서 혹은 그려가면서 만들어 내는 시각의 힘을 간과하지 않는 것이다.

Case 4. D·school ^(Institute of Design at Stanford)에서의 만지작거리기

미국 실리콘밸리는 세계 벤처 산업의 중심이다. 이의 핵심에는 스탠퍼드 대학이 있다. 이 대학은 실리콘밸리 태동기의 대표 기업이라고 할 수 있는 휴렛 패커드가 구상된 곳이며, 구글 창업자 두 사람이 박사 학위 논문을 쓰다가 만나 검색 알고리즘*을 발명한 곳이기도 하다. 구글 직원 가운데 5%는 스탠퍼드 대학 출신이며, 이 대학 졸업생들은 약 6만 9,000개의 회사를 창업했다. 대단하지 않은가! 구글 외 야후, EA, 인스타그램, 시스코, 넷플릭스, 링크드인, 이베이, 페이팔, 유다시티, 코세라, 실리콘 그래픽스, 판도라 등의 창업주는 모두 스탠퍼드 대학 출신이다. 또한 갭이나 트레이더 조, 나이키 같은 IT 기술 분야 외의 기업 창업주들도 스탠퍼드 대학을 나왔다. 이에 한 시설을 소개하고자 한다. 바로 D·school ^(Institute of Design at Stanford)로 이곳의 학생이면 누구나 등록할 수 있는 곳이다. 이에 소속된 학생의 배경은 MBA에서 물리학 박사, 학부생까지 다양하다고 한다.

이곳에는 프로토타입 룸이 있는데 이 방의 중앙에는 큰 테이블과 함께 톱이나 못, 드릴이 벽에 걸려 있다. 스탠퍼드의 천재들은 아이디어를 글 혹은 이미지로 정리하는 것 외에도 실제 손으로 만질 수 있는 입체적, 물리적 형태로도 구현을 하는 것이다.

---

* 초창기 구글의 시범 검색 엔진은 'google.stanford.edu'라는 주소였는데, 이로 인해 스탠퍼드 대학은 훗날 구글 검색 알고리즘에 대한 권리금 형식으로 3억여 달러의 수익을 올린다.

자고로 머릿속에 있는 것과 이의 실체는 매우 큰 차이를 보이는바, 이의 갭을 줄여나가면서 더욱 현실화하는 작업을 실행하는 것이다. 위와 같은 사례들이 의미하는 것이 무엇일까! 혼자서하든, 협업하든, 전문가의 손을 빌리던, 끼적끼적하는 낙서가 우리 내면에 존재하는 창의적 생각을 끄집어내고 숙성시키는데 기여를 한다는 점이다.

앞에서 살짝 언급했듯이, 이는 기존의 도구들과 달리 소비자를 대상으로 직접 무엇을 행하지는 않는다. 마케터인 탐험가들이 pain point 도출하는 과정에서 자신의 생각을 정리하는 도구로 보는 것이 더 적합하다.

3. 캔버스에 채우는 STORY TELLING

Case. 스타보다 더 빛나는 아이들이 입은 가운

어린아이가 병원에서 장기간 치료를 받아야 한다면 어떨까. 그 아이가 느끼는 감정, 그리고 부모가 느끼는 감정을 상상해 보라. 고통이라는 단어가 말 그대로 고스란히 느껴진다. 이에 Starlight Children's Foundation은 다음에 착안한다. 즉, 낡고 불편한 병원 가운을 입어야 하는 것은 어린이들의 고통을 더욱 악화시킨다. 그래서 그들은 어린이를 위한 특별한 가운을 마련한다.

이 가운은 일반적인 병원에서 입는 스트라이프 모양의 가운과 완전히 다르다. 우주비행사, 의사, 카우보이 외의 다양한 캐릭터가 가운 전면에 있다. 마치 가운이라는 캔버스에 어린이를 위한 동심의 낙서를 한 것처럼 보인다. 이런 가운을 입은 아이들은 즐겁고 재미있어 한다. 이들이 추구하는 가치를 한번에 알 수 있다.

이들의 이야기를 들어보자.

"Starlight Gowns™은 매력 없고 불편하며 당혹스러운 병원 의류를 질 좋고 편안하며 밝은 색의 가운으로 대체함으로써 아이들을 슈퍼스타처럼 느끼게 합니다. 이 가운들을 통해 아이들을 조금이라도 자신의 고통을 치유하고 아이들만이 가질 수 있는 천진난만한 정체성을 되찾게 되는 것이지요."

Starlight Children's Foundation은 가운 디자인 경연대회를 개최한다. 얼마 전에도 미국 전역의 어린이, 가족, 병원, 학교 및 지지자들 6,000명 이상이 이에 동참했다고 한다. 참가자들은 자신들의 예술 작품이 전국의 병원에서 3만 개의 별빛 가운에 전시되기를 희망하며 참여했다. 공개 투표는 Starlight.org에서 진행되었다. 파트너사와 함께 전국 800여개 어린이 병원과 기타 의료시설로 구성된 스타라이트의 네트워크에서 이에 당첨된 디자인 3만 개의 가운을 어린이들에게 제공했다고 한다. 정말 참신하고 멋지다. 또 따뜻한 마음으로 pain point를 감싸준 것이 느껴진다.

Starlight Children's Foundation Reveals Finalists For Design-a-Gown Contest

VOTE FOR YOUR FAVORITE GOWN DESIGN

26 단순히 좋다 예쁘다는 단어로는 이들의 진정성을 다 표현하지 못할 것 같다. 이 환자복을 어린아이들이 입고 행복해하는 모습을 상상해 보라. 가장 궁극의 예술이 아닐까! '환자복의 변신'이라는 Concept도 놀랍지만, 이를 Contest를 통해서 많은 이들의 관여도를 높인 것 또한 멋지다. 좋은 구두가 당신을 좋은 곳으로 데려가듯이 이 따뜻한 정성의 가운은 어린아이들을 행복한 감정으로 보듬어 줄 것이다. 아주 분명히! 이렇게 pain point를 달래주는 분야는 모든 영역에서 가능하다. 그리고, 더불어 이미지가 주는 힘을 다시 한번 되새김질하자.

출처: https://www.mommyinlosangeles.com/withkids/2018/3/21/ lb2twejhzbwq6oauw7o1zigqkj0mag

진짜 해보는 만화로 PAIN POINT 도출하기

Exercise 1. 뭉게뭉게 Bubble Drawing

이번에는 기존에 소개한 탐험 도구 Big 5와 동일한 유형으로 돌아가려고 한다. 즉, 두들링을 직접 소비자에게 해 보면서 pain point를 도출하는 것이다.

이의 이해를 위해서 낙서를 약간만 비틀어 보겠다. 즉, 만화에 나오는 한 컷을 그대로 사용하는 것이다. 만화에서 볼 수 있는 재미있고 유쾌한 상황 혹은 특정 상황을 소비자가 처한 그것으로 만들어 버리는 것, 바로 버블 드로잉 (Bubble Drawing)이다.

이는 전문적으로는 투사 기법의 하나로 분류된다. 투사는 내 이야기를 마치 남의 이야기처럼 간접적으로 표현할 때 유용하다. 다소 민감한 이슈, 자신의 민낯 혹은 실체가 다 드러나서 내 본심을 솔직하게 말하고 싶지 않을 때가 있지 않는가. 가끔 내 생각을 거침없이 과감히 이야기하면 마치 발가벗은 것처럼 민망해지지 않은가. 이럴 경우에는 의도적으로 피하게 된다. 그러니 버블 드로잉을 사용할 때는 '당신의 지인은 어떻게 생각할 것 같아요?', '이 만화에 출연한 인물들은 어떤 대화를 나눌 것 같아요?' 하면서 우회적으로 접근하면 효과적이다.

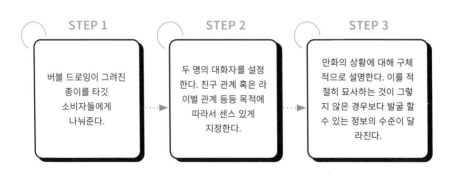

STEP 1

버블 드로잉이 그려진 종이를 타깃 소비자들에게 나눠준다.

STEP 2

두 명의 대화자를 설정한다. 친구 관계 혹은 라이벌 관계 등등 목적에 따라서 센스 있게 지정한다.

STEP 3

만화의 상황에 대해 구체적으로 설명한다. 이를 적절히 묘사하는 것이 그렇지 않은 경우보다 발굴 할 수 있는 정보의 수준이 달라진다.

예를 들어 보자. 다음의 가상 시나리오 설정을 통해 이해를 더 돕고자 한다.

정말 맛없는 우유를 사고 있네.

아이고, 돈 아깝다고 또 싼 것을 사고있네.

A우유는 아직 인식이 좋지않아.

A우유는 광고도 잘 안하고, 지명도도 없고.

남편이 돈 못 버나 보지.

A우유 Non User 층의 속마음

카트에 담고 가려니, 쪽 팔리네.

A우유말고 나도 딴 것으로 바꿔볼까?

A우유는 양이 적어서 ml당 계산하면 비싼 편이야

A우유 User 층의 속마음

위의 버블 드로잉은 필자가 직접 진행한 사례를 각색한 내용이다.

A우유 회사는 시장에서 시장 점유율 ^(Market Share)이 그다지 좋지 않았다. 가장 큰 이유는 브랜드 파워가 없었기 때문이다. 그 대신 착한 가격으로 일정 수준의 점유율을 유지하는 수준이었다. A우유 회사는 왜 소비자들이 자사 브랜드를 잘 사지 않는지를 알고 싶었다. 그런데 이러한 유형은 질문 혹은 관찰을 통해 도출되기 힘든 편이다. 그런데도 소비자의 진짜 마음을 알고 싶었다.

하지만 A우유 브랜드를 즐겨 먹는 소비자들이 A우유 브랜드보다 비싸고 소위 이미지가 좋은 다른 우유를 즐겨 먹는 사람들 면전에서 자신이 즐겨 먹는 A우유에 대한 속마음을 솔직히 표현하지는 않는다. 왜?! 그냥 그게 인간의 본성이다. 내가 남보다 못나 보이기 싫은 마음이다. 이럴 때, 마치 상황극을 하는 것처럼 버블 드로잉은 사용하는 것이다.

이와 같은 결론이 도출되었다.

A우유 비사용층은 A우유에 대해 '저가', '맛 없는 우유'라는 인식이 지배적.

심지어 A우유 사용자도 A브랜드에 대한 부정적 인식이 팽배함.

앞의 사례를 힌트 삼아서 당신에게 필요한 것을 나름 창작하길 바란다.

가상 시나리오에 따른 버블 드로잉 이미지를 각색하는 것이다. 이는 결국 당신이 속해 있는 제품군이 사용되는 다양한 TPO ^(Time Place Occasion)를 제시하고 그 TPO 속에서 살아가는 소비자를 이해하는 방법이다.

다시 또 연습이다. 아래의 버블 드로잉을 주고 소비자에게 말풍선을 채워 달라고 하라. 만화에서 하나의 스토리 컷을 따서 이용해도 된다. 당신의 상황을 잘 대변해주는 컷은 반드시 있을 것이다. 없으면 직접 만들면 된다. 뭐가 어렵다고 시도하지 않을 것인가.

예시) 당신이 궁금한
소비자가 처한 상황

"당신은 저 여성이 식료품을 고르면서 어떤 생각을 할 것 같은가요?"

라고 소비자에게 질문하라. 혹은 말풍선을 채워 보라고 부탁하라. 소비자의 속마음을 알 수 있을 것이다. 또 여기서 pain point를 느닷없이 만날 수 있을 것이다.

이번에는 말풍선 ^(Dialogue Balloon)이다. 아래와 같이 말풍선을 제시하고 브랜드
끼리 대화를 나누게 한다.

그 다음에 '둘이서 어떤 대화를 할 것 같아? 네 맘대로 꾸며봐!'라고 부탁한다.

이는 각 브랜드의 장단점 및 경쟁적 관계 수준, 상대적인 강점과 약점 등을 파
악하는 데 유용하다. 브랜드 자체를 의인화하는 것이다. 말풍선을 통해서 브랜
드끼리 하고 싶은 말을 주고 받는 것처럼 설정하면 된다. 당신은 둘이 대화할 때,
^{셋 이상이 모여서 대화할 때보다} 더 깊이 있는 대화를 나누지 않는가. 그러므로 말풍선에
나오는 브랜드의 수는 2개가 좋다. 이러면서 여러 브랜드끼리 로테이션해서 활용
해 보라.

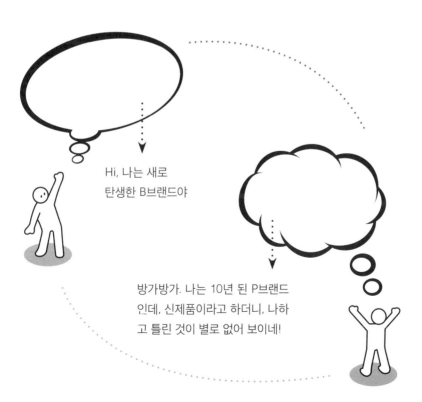

AI도 모르는 소비자 마음

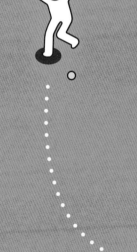

CONSUMER
INSIGHT
FOUR

1. PROTOTYPE _ 더 깊게 알아보기

만화가 손으로 끼적거리는 것이기에 이의 연장 선상에서 Prototype을 소개한다. 앞서 소개한 D·school ^(Institute of Design at Stanford)와 연결해서 이해하면 좋다.

실제로 Prototype을 만들어라. 당신의 여건과 상황이 된다면 반드시 병행해 보라. 당신의 실수 가능성을 줄여주는 방안이다. 이를 위해 다음과 같은 상황을 설정하고자 한다. 소비자의 pain point가 어느 정도 도출되고 해결방안이 완벽하지는 않지만, 어느 정도 머릿속에 있다고 하자. 우선 하얀 캔버스 같은 것을 준비하자. 그 종이에 당신이 구상 중인 신제품 서비스/사업 등과 관련된 모든 내용을 쪼개어 가면서 하나씩 하나씩 차근차근 기술해 보자. 만약 사진 혹은 이미지가 있다면 같이 포함해서 작업하라. 당신이 직접 이미지를 혹은 만화를 그려도 좋다.

이를 전문적 용어로 **Paper Prototype** ^(페이퍼 프로토타입) **혹은 Photo Prototype** ^(사진 프로토타입)이라고 한다. 당신이 예술가일 필요가 없기에 멋진 디자인이 필요한 것은 아니다. 당신이 여태까지 작업한 내용을 이해할 수 있는 수준의 기초적인 스케치만 있어도 충분하다. 이에 제품 사용과 관련된 구체적인 장면을 사진이든 만화이든 아무것이나 이용해서 각 단계별로 스토리보드를 만들어도 된다. 이미지 하단에는 자세한 설명 문구를 담아도 좋다. 혹은 당신이 구현하고자 하는 것을 동영상으로 만들어도 된다. 정답은 없다. 당신이 하고 싶은 대로 혹은 할 수 있는 수준에서 하면 된다. 특히 서비스 진행 절차 등을 표현할 경우에 유용하다.

다음으로 여력이 된다면 목업 ^(Mock-Up)즉 실제 제품과 동일한 크기의 모형을 제작하는 것도 좋다. 제작 비용을 감당할 수 있다면. 이러한 것들은 실제 완전한 상태의 제품이 아니라 일종의 베타 버전이다. 이 **베타 버전을 프로토타입** ^(Prototype)**이라고 부른다.** 원래 Prototype은 콘셉트 평가와 병행하는데, 이 책에서는 이와 관련된 전문적인 내용은 다루지 않는다.

최근은 디지털 프로토타입으로 디지털 기반의 전문 소프트웨어를 활용해 프로토타입을 제작하기도 한다. Power Mockup, Oven, Sketch, Axure, Framer 등의 있으니 당신의 상황에 따라서 적절히 선택하라.

이런 작업 단계 즉 그려보고 스케치하고 손으로 만드는 작업을 해보라. 이는 향후 예상되는 결함을 파악할 수 있는 기회와 함께 그동안 발굴하지 못한 다른 차원의 pain point를 발견할 수 있도록 도와준다. 돌다리도 두들기라고 하는 차원으로 끊임없는 업그레이드 포인트를 포착하기 위함이다. 물론 꼭 이렇게 해야 한다는 법은 없다. **당신 나름대로 생각하는 다른 프로토타입을 시도해도 괜찮다.**

필자의 지론은 이렇다.

당신이 얻고자 하는 에센스를 정확히 정하자. 그리고 세상에 돌아다니는 다양한 방법을 당신에게 필요한 방향으로, 당신 스스로 그 도구들을 발전시키면 된다. 이 본질만 기억하자.

Consumer
Insight
②

린스타트업 ^{Lean Start Up} * 은 소비자로부터 배우고 소비자에게 최종 혜택 ^(End-Benefit)을 제공하지 못하는 낭비 요소를 줄이는 창업 방식이다. 이의 요지는 매우 심플하다. 바로 소비자가 필요로 하는 실용 가능한 최소한의 기능을 갖춘 제품을 빠르게 만들어서 검증하는 것이다. 여기서 '**실용 가능한 최소한의 기능을 지닌 제품**'을 MVP ^(Minimum Viable Product) 라고 한다. 지나치게 완벽한 제품을 만들겠다는 의욕과 열정도 좋다. 하지만 아무리 완벽한 제품/서비스라도 이것이 시장에서 성공할지 그렇지 않을지는 신도 모른다. 그러므로 단순한 초기 아이디어를 바탕으로 MVP를 만들고 소비자의 반응 및 이에 따른 데이터를 측정한 다음에, 소비자와 시장 환경으로부터 배운 결과를 다시 반영하는 사이클을 반복하는 것이 좋다. 여기서 MVP의 개념이 바로 Prototype과 통한다. 아마존에서 12억 달러 ^{한화 가치 1조억이 넘는다} 를 주고 인수한 **Delivering Happiness의 자포스** ^(Zappos)를 창업한 토니 셰이 ^(Tony Hsieh) 는 어렸을 때부터 뭔가를 창조하는 것을 좋아했다. 그는 1999년 온라인 상거래가 흔하지 않은 상황에서 특히나 신어보고 사는 것이 당연한 것으로 여겨진 신발을 인터넷으로 팔아도 될지 말지 앞이 깜깜했다. 이때 그는 시간을 끌지 않는다. 바로 Prototype으로 승부를 본 것이다. **간단한 MVP를 만들었다. 그리고 이를 직접 검증하는 현실적이며 똑똑한 선택을 한다.** 근처 신발 가게의 양해를 구하고 신발 사진을 촬영해서 며칠 만에 뚝딱거리면서 만든 판매 사이트에 신발 사진을 업데이트한 후 주문을 받는다. 그런데 주문이 정말로 들어온 것이다. 자포스는 바로 이렇게 탄생한 것이다. 그리고 이들은 이처럼 완벽하지 않은 Prototype을 점차로 개선해 나간다. 가격 인하에 따른 주문량 변동 및 반품 대응 방안 이들의 돌아가신 어머니의 신발을 환불해주고 소비자와 공감을 이룬 스토리는 매우 유명하지 않은가 이 외에 'Zappos Lab'도 운영한다. 이곳에서는 당장 제품을 많이 판매하는 기술을 연구하지 않는다. 소비자가 제품을 쉽게 쇼핑할 수 있는 기술을 연구한다. 보다 미래 지향적이다. 아마도 이곳에서도 수많은 Prototype이 존재할 것이다.

실리콘 밸리의 어느 엔지니어는 이렇게 말한다.

"난 먼저 나쁜 아이디어로 Prototype을 만들고, 그다음엔 그걸 던져 버립니다. 쓸데없는 짓처럼 보이나요? 절대 그렇지 않습니다. 일단, Prototype을 만들어 보면, 더 빨리 내버려야 할 점이 무엇인지 알게 되고, 또 어떤 것들이 제대로 돌아가지 않는지 또 어떤 것들이 새로운 것인지를 발견할 수 있어요. Prototype은 창조와 발전의 원천, 좋은 생각이 떠오르지 않을 때, 아주 유용한 방법이에요. 먼저 아무 생각 없이 이를 만들어 보세요."

과거보다는 실패가 통용되는 Vibe가 조성되어 있다. 하지만 실패하는 임원을 혹은 직원을 예쁘다고 할 최고경영자는 드물 것이다. 실패하더라도 문제가 되지 않게! 실패가 곧 큰 타격으로 이어지지 않게! 도와주는 것이 Prototype이다.

---

* 린 스타트업은 Idea ▶ Build ▶ Product ▶ Measure ▶ Data ▶ Learn에 걸친 '배움'의 피드백 사이클을 중시한다. 특히, 이 사이클의 단계별 활동을 완벽하게 하는 것보다, 사이클을 여러 번 돌려 소비자에게 더 많이 배우는 것을 목표로 한다. 이를 통해 스타트업 및 신제품 론칭과 관련된 초기의 낭비 요소를 최소화하는 효율성을 강조하는 것이다.

BIG 5.
이미지와 협업한 은유

은유는 모든 것을 흔들어 섞어버리고
그 과정에서 셰익스피어의 예술적 영감에서부터
과학적 발견에 이르기까지 모든 것을 준다.
– James Geary –

"무의식중에 잠겨 있어 수면으로 올라오기 힘든 깊디깊은 것이 소비자의 내면이다. 이를 탐험하기 위해서는 기존의 접근 방식과는 다른 것도 필요하다. 이는 은유와 이미지를 활용하여 도출될 수 있다."

하버드대 경영대학원의 마케팅 교수인 잘트먼 (Zaltman)의 말이다. 잘트먼 교수는 Z–MET (Zaltman Metaphor Elicitation Technique), 즉 '잘트먼식 은유 추출 기법*'을 제안한 인간의 마음, 뇌, 행동을 전문적으로 연구하는 분이다. 계속 언급하지만, pain point 자체는 수면 위로 잘 올라오지 않는 특성을 보였다. 소비자들이 자신을 둘러싼 불편을 깨닫지 못한 상태로 살아가는 경우가 대부분이기 때문이다. 이를 감안 시, Z–MET은 매력적인 탐험 도구가 된다. 그런데 문제는 Z–MET 방법론이 일반인이 활용하기에는 절차가 복잡하고 어렵다는 것이다. 하지만 걱정 NONONO! 그래서 필자는 이의 에센스만 추려서 pain point와 연결하고자 한다. 더욱 쉽게 보다 효율적으로. 우선 Z–MET을 이해하려면 '은유'라는 탐험가의 도구에 대해서 알아야 한다. 은유는 그 자체만으로도 생각하는 힘을 길러준다고 한다. 필자 생각에는 뇌에 새로운 회로를 생성해 준다는 느낌이다.

---

* Zaltman 교수님과 그 동료들이 제안한 것. 조사 방법으로는 최초로 미국 상무부의 특허를 얻은 방법론으로 (No. 5436380) 신경생물학, 인지심리학, 언어학, 예술치료 등의 다양한 학문 분야의 연구성과에 기반하여 개발된 기법이다. Zaltman 교수님은 하버드 대학의 학제 연구 센터인 마음/뇌/행동 연구소의 소장이다.

1. 끝을 알 수 없는 삽질

'은유'를 만나기 전에 불편한 진실 하나만 먼저 보자

여러분은 이런 생각을 자주 할 것이다.

'이것을 소비자가 진짜 불편해할까? 내가 생각하는 해결 방안은 소비자가 진짜 원하는 것일까?'

당신의 고민은 맞을 수도 있고 아닐 수도 있다. 그리고 이런 고민은 당연히 해야 한다. 그리고 당신이 고민한 내용은 그리고 고민을 해결한 결과가 충분하지 않을 수도 있다. 만족하면 그것으로 그냥 그렇고 그런 결과물이 나올 뿐이다. 만약 당신이 '이 정도로 충분해' 하면서 고민을 중단했다면 아래의 이미지를 꼭 상기하기를 바란다. 당신이 완벽하게 이해했다고 자부하는 것들이 '그저 뾰족하게 나와 있는 돌산의 일각' 일수 있다는 점을. pain point를 탐험하는 것은 저렇게 깊고 깊은 곳에 숨겨진 무엇인가를 파 내려가는 일이다.

앞서 언급한 Zaltman 교수는 이렇게 이야기한다.

"소비자의 95%의 인지 과정은 우리가 지각하지 못하는 저 밑에 깔린 심층 의식 차원 ^(땅 밑에 있는 돌기둥)에서 이루어진다. 그리하여 우리는 고작 5% ^(땅 위로 솟은 돌기둥의 머리)의 인지 과정만을 붙들고 있을 수 있다. 그러므로 더 깊은 고차원적 의식을 이해해야 한다."

그렇다면 이 95%를 제대로 탐험하기 위해서 먼저 '은유'를 이해하자

---

27 당신이 삽을 들고 돌산을 판다고 하자. 당신 눈에는 실선까지만 파면 될 것 같지만, 실제는 저렇게 깊이 더 파내려 가야 한다. 이게 끝을 알 수 없는 소비자 마음이다.

2. 은유의 힘

아리스토텔레스는 이미 인정했다

아리스토텔레스는 약 2,200년 전부터 '은유'의 가치를 중요시했다. 그는 이렇게 말했다.

"일상적인 말은 우리가 이미 알고 있는 것만을 전달할 뿐이다. 그러기에 신선한 내용을 가장 잘 이해할 방법은 은유밖에 없다."

은유란 유비 $^{(類比)}$, 즉 말하고자 하는 것과 다른 것을 비교하여 동일시하는 것이다. 이의 공식은 다행스럽게도 매우 간단하다. **'X는 Y'이다. 결국 은유는 생각의 방식이다.** 생각의 방식을 전환한다고 해서 지레 주눅들 필요는 없다. 게다가이 공식은 우리가 존재하는 어느 곳에나 적용되니까. 아리스토텔레스뿐 아니다. 미국 태생으로 TIME 지의 전 편집자이며, 런던에서 작가로 활동하는 제임스 기어리 $^{(James\ Geary)}$라는 인물이 있다. 그가 2009년 TED 강연에서 한 '은유적으로 말하기 $^{(Metaphorically\ Speaking)}$'는 꽤 유명하다. 그는 오바마 대통령의 정치적 수사에서부터 주택 거품까지, 평소 사람들이 하는 일반적인 대화부터 상업광고까지 포함해서, 우리가 매일 겪는 경험들이 은유에 의해 주조된다고 주장한다. 예를 들어 우리는 1분에 약 6개의 은유를 말한다는 것이다. 우리 자신도 모르게 이미 적극적으로 활용하고 있다. 기어리는 은유적 사고가 자기 자신을 포함하여 남을 이해하고, 의사소통하고, 배우고, 발견하고, 발명하는 데에 필수적이라고 한다. 약간 생소해 보이는 '은유'가 사실은 우리 주변에 항상 비밀스럽게 존재하며, 은유는 또한 말솜씨이기 이전에 생각의 방식이라고 강조한다.

여기서 필자는 '생각의 방식'을 핵심으로 꼽는다. pain point를 발굴하기 위한 탐험의 여정에서 생각의 방식을 바꾸는 연습을 멈춰 서는 안된다. 부지런히 연습하면 된다. 그러면 남들이 못 보는 것을 알아챌 확률이 높아진다. 당연하다.

그리고 여기에 상상력이라는 양념을 뿌려 가보자.

Case 1. 필름은 결국 무엇을 담는 그릇이다

코닥의 필름은 그릇이었다. 상상되는가. 코닥 $^{(Kodak)}$은 모두가 알 것이다. 1888년 최초로 카메라를 발명한 회사이다. 1970년대, 당시 코닥의 연구진은 필름의 단가를 낮추는 프로젝트를 진행 중이었다.

한편, 필름의 일반적인 '정의'는 다음과 같다. 필름은 '빛에 노출되면 표면에 변화가 일어나 영상이 포착되는 화학물질'이다. 연구진은 처음에는 이와 같은 업 $^{(業)}$이 지닌 정의에 충실하였다. 즉, '화학물질'에 집중해서 실마리를 풀어나가고자 했다. 그러나 답은 찾지 못하고 시간만 보내게 된다. 얼마나 초조하겠는가. 이에 연구진은 필름에 대한 業의 정의에만 충실하기만 하면 세상에 존재하는 모든 물질 중에서 필름 단가를 낮출 방법이 없다는 것을 깨닫게 된다. 난항을 겪던 중, 스티븐 사손이라는 연구원 한 명이 조금 엉뚱하지만, 다음과 같은 의견을 제시했다.

"결국 필름이라는 것도 무언가를 담는 그릇이 아닐까요?"

'필름 X=그릇 Y'이라는 은유로 접근한 것이다.

은유를 이용하여 이전과는 다른 관점에서 필름을 본 것이다. 기존에 통상적으로 생각해 왔던 '業의 정의'에서 탈피한 것이다. 그리고 은유를 활용하여 '필름'과 '그릇'을 만나게 한 것이다. 한 연구원의 다소 말장난 같은 접근은 기존과는 다른 새로운 프레임을 자극했다. 이들은 '필름이 그릇이므로 이러한 범주에 포함될 수 있는 다른 대안'들을 상상하기 시작했다. 그러면서 당시 유행한 '이 세상의 모든 소리를 담는 그릇인 카세트테이프'와 연결했다.

이 연결은 또 새로운 생각을 자극한다. 아래처럼.

"그렇다면 왜 렌즈로부터 나온 이미지가 필름으로만 가야 하지? 같은 그릇이니까 카세트테이프로 갈 수도 있지 않을까?"

이는 영상을 바로 입히는 아날로그 방식 대신 디지털로 변환시켜 보자는 생각으로 발전했다.

이윽고 연구진의 의견은 '디지털'로 좁혀졌다. 그 결과 코닥의 엔지니어들은 카세트테이프를 필름 대용으로 사용하는 디지털카메라를 만들어 낸다. 업계의 성공 신화 창출이다. 평소에 무심코 지나쳤던 은유를 신제품 개발의 실마리로 자연스럽게 활용한 결과였다.

28 모든 '최초'라는 것이 반드시 '성공'으로 연결되는 것은 아닐 수 있다. 하지만, 스티브 사손이 신제품을 개발하기 위해서 발상의 전환을 한 그 자체에서, 우리가 배울 수 있는 영감은 반드시 존재한다. 우선 사이즈가 너무 커서, 우리가 지금 일컫는 '똑딱이' 카메라와는 거리감이 있다. 그렇지만 인류 최초의 컴퓨터도 그 사이즈 측면에서 어마어마했다고 하지 않는가. 이러한 시작이 우리에게 더욱 발전할 기회를 주는 것이다

Case 2. Retro 소시지의 변신은 무죄

어릴 적 도시락 반찬 1위 아이템 – 울퉁불퉁 짤막짤막 길쭉길쭉한 일명 프랑크 소시지가 기억나는가. 요즘도 가끔 식당에서 보면 반가운 아이템이다. 러시아에 기반을 둔 브랜드 에이전시인 '지킬 앤드 하이드 (Jekyll and Hyde)'는 '은유'를 활용해 재미있는 프로모션을 진행했다. 이들은 '소시지'와 '풍선'이 유사하게 생긴 점에서 착안하여 다양한 동물 풍선 모양의 소시지 제품을 프로모션용으로 제작했다. 소비자들이 기존 소시지의 일률적인 크기, 형태에 느낀 '익숙한 싫증'을 위트 있게 치유해준 것이다. 은유를 활용해서.

여기서 당신이 주목해야 할 점은 '싫증'이다. 이는 소비자들이 잘 표현하지 않는다. 굳이 표현하는 것이 귀찮기도 하니까. 소비자들은 항상 새로운 것을 좋아한다. 세상에 얼마나 많은 신제품이 나타났다가 사라지는가. 이런 면에서 '싫증'을 pain point의 확장 버전으로 간주하자. 더욱 광의의 pain point라고 할 수 있다.

은유의 가치와 역할에 대해 이해했는가. 고생하셨다. 이제부터는 간단하다. 은유에 '이미지'라는 소도구를 얹기만 하면 된다. 솔직히 은유만으로 충분하다. 이미지는 은유라는 생각의 방식을 도와주는 친구이기 때문이다.

그런데 다음의 방법을 소개하는 이유는 단순하다. 은유라는 '새로운 생각의 방식'에 '이미지'를 얹으면 편하니까 이용하는 것뿐이다.

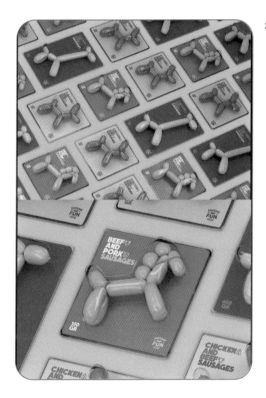

29 많은 이들의 지닌 소시지 모양에 대한 통념이 깨질 것 같다. 도무지 소시지 같아 보이지 않다. 기발하다. 예쁘다. 특히, 어린이를 둔 주부들의 눈길을 사로잡을 것 같다. 기린, 말, 강아지 등 형태도 너무 다양하다. 형태만큼 맛도 다양해 보인다. 소고기와 돼지고기의 만남 & 닭고기와 소고기와의 만남 등등. 이 정도의 제품 디자인이라면, 필자는 그냥 선물로 누군가에게 살짝 줄 것 같다. 마치 소시지가 아닌 것처럼 하면서 말이다.
출처: https://www.packaging oftheworld.com/2018/ 08/sausage-fun.html

3. 은유와 이미지의 협업

이제부터는 Z–MET과 관련된 흥미로운 사례를 소개할 예정이다. 서두에서 Z–MET이 은유와 이미지의 결합이라고 이미 언급했다. 부연하자면 '이미지를 이용해서, 소비자들이 표현하지 않는 깊숙한 내면을 이해한다. 그런데 결국 이미지는 은유를 도와주는 도구이다' 라는 것이다. 이 시각으로 다음의 사례들을 가볍게 보면 된다.

Case 1. 명상하는 코카콜라

콜라 하면 어떤 느낌이 떠오르는가? 이의 광고를 머릿속에서 파노라마처럼 되돌려보자. 아마도 '해변에서의 즐거움', '갈증 해소', '에너지 충전', '빨강 산타 할아버지의 행복' 등 전반적으로 활기찬 느낌이다. 코카콜라에 대한 일반적이자 전형적인 이미지다.

그런데 어느 소비자가 Z–MET을 통해 '많은 사람이 붐비는 축구 경기장에서 명상하고 있는 불교 수도자와 코카콜라를 결합한 이미지'를 만들었다. 멋지지 않은가. 반전 매력이다. 소비자 깊은 내면에는 코카콜라에 대한 '고요함', '쓸쓸함', '정신 이완'이라는 감성이 도사리고 있었다. 이를 'Two Drinks in One'이라 표현한다. 말 그대로 하나의 음료에 두 가지 의미가 나란히 살고 있다는 뜻이다. 이를 보고 코카콜라 경영진들은 아차 했다고 한다.

"우리는 여태까지 코카콜라의 절반만 마케팅하고 있었구나!"

실제로 우리는 시끌벅적한 패스트푸드 점에서도 콜라를 먹지만, 혼자만의 공간에서 공부하면서 조용히 홀짝거리기도 한다. 콜라의 이 '차분한 이 느낌'은 95%의 무의식에 숨겨져 있었다.

pain point 발굴에도 유사한 원리가 적용될 것이다. 우리가 발굴한 불편한 점은 코카콜라가 지닌 활기찬 이미지에만 국한될 수 있는 것이다. 어릴 때 배운

표어 '꺼진 불도 다시 보자!'를 상기하자. 코카콜라 경영진의 반성과 같은 '우리는 여태까지 소비자의 절반만 이해하고 있었구나' 하면서 '아차' 하는 우를 미연에 방지하자.

30 가끔은 생각하지 못한 뜻밖의 조화가 우리를 띵하게 만들 때가 있는 법이다. 'Red' 가 주는
    느낌처럼 즐겁고 밝고 열정적인 '콜라'와 생각하지도 못했던 정적인 '명상'과 만나다니! 그
    런데 그 조우에 대해서 공감을 하게 된다. 아 맞아, 그런 경우도 있지 하면서. 그런데 이런
    생각은 그냥 하기 힘들다. 그렇기 때문에 다양한 탐험 도구의 힘을 빌려서 내 생각의 범위
    를 넓혀가는 것이 중요하다. 그곳에서 남과 다른 차별화 포인트를 얻을 수 있는 것이다.

Case 2. 스타킹 이중성 = 여성의 이중심리

듀폰 (Dupont)*은 미국의 유명한 화학 회사이다. 여자 중에 평생 스타킹을 한 번도 신지 않는 여자는 몇이나 될까? 여자들에게 스타킹은 필수품이다. 그런데 솔직히 오래 신고 있으면 절대 편하지 않다. 많은 여자들이 공감할 것이다. 그 옛날 여자들도 그랬다. 그런데도 스타킹은 날개 돋친 듯 팔려나갔다.

잘 나가는 회사는 뭐가 달라도 다른 법! 잘 나가는 회사 듀폰은 이런 궁금증이 생겼다.

---

* 이 회사는 1927년부터 비밀리에 새로운 합성섬유 개발에 착수해서 1939년에 나일론 (Nylon)을 만들었다.
나일론으로 처음 만든 제품은 칫솔이었다. 이후에 낙하산 재료, 여성들의 스타킹도 만들었다.

'여자들이 싫어하는데도 스타킹은 왜 잘 팔리는 거야?' 매출이 좋으면 그냥 '와, 좋아!' 하고 끝내도 될 텐데. 이 영리한 듀폰사는 여성들의 아이러니해 보이는 이중적인 잠재적 니즈가 알고 싶었다. 이에 20명의 여성 소비자를 대상으로 Z-MET을 실시한다. 그 결과 여성 소비자들의 팬티스타킹에 대한 아래와 같은 은유를 발견한다.

'나무에 매달린 스틸 밴드', '꼬인 전화기 코드', '땅에 떨어진 아이스크림' 등과 같은 불쾌한 감정과 함께 '고급 승용차', '꽃병에 평화롭게 꽂혀 있는 꽃', '실크 드레스' 등의 유쾌한 이미지가 공존하고 있음을 발견했다. 듀폰은 이를 '이성에게 섹시하게, 우아하게 어필하고 싶어하는 마음'이 스타킹에 투영되고 있는 것으로 해석한다. 이후 기존의 광고 패턴에서 탈피했다. 직장여성을 슈퍼우먼으로 표현하던 콘셉트에서 벗어나, 섹시하고 고혹적인 이미지를 포함한 것이다. 그 시도는 상당한 성과를 거두었다. 불편함 속에 잠재된 '섹시 어필링 (Sexy Appealing)'이라는 여자들의 이중적 심리를 포착해서 그녀들의 본능을 자극한 것이다. 해당 프로젝트를 담당한 글렌다 그린 (Glenda Green)은 이렇게 말했다.

"다른 방법으로는 결코 얻지 못할 강렬함, 질감, 깊이를 발견했어요. 특히, 성적 이슈들도 포함해서요. 또한, 양말에 대한 애증의 태도보다도 더 복잡한 무엇인가를 발견할 기회가 되었지요."

감이 잡혀가는가. '이미지'와 '은유'를 연결해서 소비자 내면의 깊은 곳을 알아내는 것. 그리고 그 결과가 가져다 준 힘에 대해서!

Z–MET 흉내내기

Z–MET은 원래 10단계의 개별 인터뷰 과정을 거친다. 솔직히 전문가가 아닌 이상 이를 흉내내는 것조차 다소 버거울 수 있다. 그래서 필자는 이의 핵심만을 추출하여 당신이 실제로 쉽고 효율적으로 활용할 수 있는 가이드를 주고자 한다. 아래 정도만 따라 해도 충분하다.

실제 이해를 위해 아래와 같이 가상의 프로젝트를 세팅하겠다.

프로젝트명: 밀레니얼 세대의 모바일 폰 사용과 관련된 pain point 도출

step

**신규 핸드폰의
예상 소비자 타깃을 선정하라**

1

–

예상 소비자 타깃을 선정할 때, 아래의 내용을 참고하라.

성별/나이/거주 지역/경제적 소득/직업 등의 사회적 지위와 같은 인구 통계적 구분 기준은 필수이다. 가능하다면 핸드폰에 관한 관심의 정도를 상/중/하 정도로 구분해도 좋다. 관여도가 높으면 좋은 의견을 많이 줄 가능성이 커지기 때문이다.

–

인터뷰 대상의 수는 20인 정도가 Best이다. 이 정도면 통계적으로도 일반화가 가능하다. 불가능하다면 적어도 10인은 해보라. 샘플수가 많을수록 더욱 확신할 수 있는 결과가 보장된다.

step

타깃 소비자에게 사전 과제를 제시하라.
수행 기간은 최소 3~4일 정도는 주자.
그들의 생각이 여물 수 있는 기간을 주는 것이다

2

—

'핸드폰 하면 연상되는 이미지를 인터넷, 잡지, 광고물, 유튜브, Pinterest 등에서 5-10장 정도 준비해 주세요. 그 이미지는 자연, 사람 (유명인, 연예인, 일반인 등등), 패션 아이템, 광고의 Copy, 건축물, 자연, 인공적 산물 등 무엇이든 상관이 없습니다. 긍정적 이미지 혹은 부정적 이미지, 중립적 이미지 모두 해당합니다.' 라는 식으로 과제를 주면 된다.

이 작업이 무엇을 의미하는지 눈치챘는가. 소비자가 고르는 이미지들은 이미 그들이 '은유'의 과정을 거치고 있음을 말한다.

—

필자가 대학생들을 대상으로 편의점 자체 브랜드 (Private Brand)에 대한 프로젝트를 수행한 적이 있다. 그런데 말이다. 파릇파릇한 신입생 1학년 남학생이 위의 과제의 내용을 제대로 이해하지 못했다. '편의점 PB' 하면 생각나는 이미지가 무엇이냐는 과제에 다음의 것만 준비해 온 것이다. 현재 편의점에서 판매되는 PB 제품 여러 수십 개를 게다가 예쁘게 컬러 출력해서 준비해 왔었다. 예를 들어, 수박우유, 스누피 우유, 멜론 우유 등이다. 그 학생이 너무 귀엽기도 했지만, 순간적으로 당황했다.

그러므로 만약 당신이 '미키 마우스'를 주제로 삼았다면 '미키 마우스'와 '미니 마우스'의 이미지를 가져오지는 마세요, 라고 정확히 지시하자. '미키 마우스 그 자체의 이미지'와 '미키 마우스를 생각했을 때 떠오르는 이미지' 이 2가지는 분명히 다르기 때문이다. 그러지 않으면 당신의 온갖 종류의 미키 & 미니 마우스 이미지에 쌓여서 예쁜 비명을 지를 수도 있다.

step 3

소비자가 선택한 이미지를 그들과 함께
보면서 Why와 관련된 질문을 계속하자.
당신의 궁금증이 풀릴 때까지

—

'핸드폰 하면 왜 이런 이미지가 생각이 났는지요? 이 이미지는 핸드폰을 사용하는 당신의 일상과 어떤 연관이 있는지요? 이 이미지는 어떤 상황 ^(혹은 느낌 등의 감정 상태)을 묘사한 것인가요? 제가 요청한 주제와 어떤 상관이 있다고 생각하는지 말씀해 주세요' 등으로 이래저래 질문을 굴리고 말려 보는 것이다.

—

처음에는 가볍게 말을 트는 정도로 시작하자. 그런 다음 소비자가 응답하는 내용에서 당신의 귀에 마음에 꽂히는 단어 혹은 느낌을 잡아내라. 이후 그 주요 포인트별로 Why를 이용해서 일종의 캐묻기 ^(Probing)을 하는 것이다. 앞서 소개한 Why 질문법과 일맥상통하는 대화의 룰이다.

여기서 5Why를 이용해도 좋다. 열린 질문법을 사용하는 것도 당연하다.

–

기본적 분류 기준은 부정적 ^(VS) 긍정적적 이미지의 축이다. 부정적 이미지는 소비자가 현재 가지고 있는 pain point로 연결될 확률이 매우 높다. 그런 다음 부정적 이미지에 한해서 어떤 것들이 해결되면 그러한 부정적 이미지가 사라지거나 약해질 것 같은지를 질문해 보자. 이는 pain point ⇨ Happy Point이다.

–

만약, 당신이 조금 더 깊게 파고 들어가고 싶다면 이런 시도도 해보라. 긍정적 ^(vs) 부정적인 이미지 간의 단순한 분류를 넘어서는 것이다. 긍정적인 이미지 ^(혹은 부정적 이미지) 들도 다시 또 다양한 축으로 구분될 수 있다. 그러므로 소비자가 가져온 이미지들을 보다 세심하게 – 유사한 것끼리 구분해 보라. 다양한 범주로 구분이 될 것이다. 그 다음에는 그 범주를 대표할 수 있는 일종의 Key Word를 만들어 보라. 그러는 가운에 각 범주를 구분할 수 있는 대표적이며 중심이 되는 이미지 혹은 핵심 단어를 확보할 수 있다. 여기서 소비자가 어떤 것들을 상대적으로 더 중요하게 인식하고 있는지 혹은 그들 생각의 핵심을 파악할 수 있을 것이다. 이는 당신이 혼자서 해도 된다. 혹은 함께 일하는 동료와 또는 당신 앞에 있는 소비자와 함께해도 무방하다. 결국은 하기만 하면 된다.

–

이미지를 매개체로 삼아서 소비자 잠재의식 속의 pain point에 조금 더 깊게 다가가는 것이다. 이를 통해서 당신의 제품 ^(사업, 서비스 등 포함)에 대한 소비자 인식을 심층적으로 이해하면 된다. 이를 토대로 그들이 살아서 생활하는 당신 業에 대한 그림을 다시 새롭게 그려 나가라. 생생하게 그들을 이해할 수 있을 것이다. 이를 사업 전략 수립의 기본 자료로 활용하면 된다.

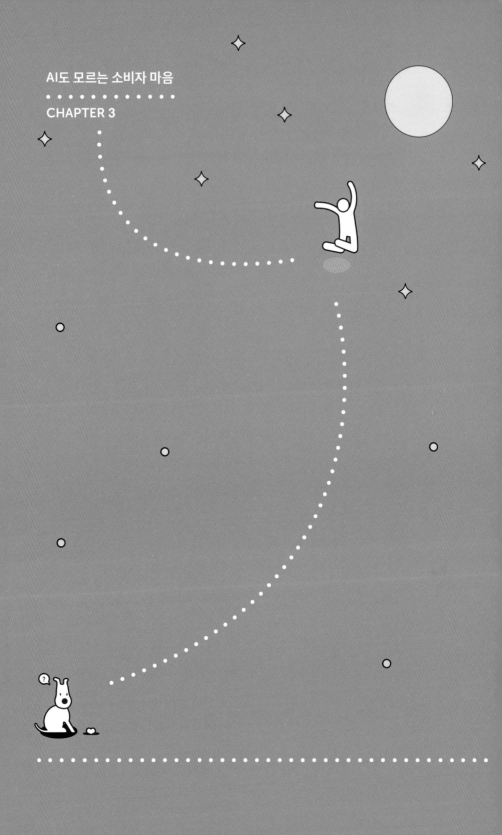

AI도 모르는 소비자 마음

CHAPTER 3

탐험 도구를
더 잘 다룰 수 있는
연마기술 10

탐험 도구 BIG 5를
더 잘 사용할 수 있는 탐험 도구 연마기술 10가지

동일한 악기라도 이를 연주하는 사람에 따라서 그 악기를 통해서 나오는 음악이라는 최종 산물은 달라진다. 탐험 도구 또한 그 탐험가가 어떤 바탕을 지니고 있는가에 따라서 이의 활용 수준에는 차이가 있을 것이다. 소비자를 잘 어루만지는 마케팅 전략가가 되기 위해 갖춰야 하는 것들의 진수를 모아보았다. 소비자를 탐험해 가는 도중에 조난을 당할 수도 있고, 암흑 속에서 길을 잃을 수도 있다. 극단적으로는 원주민 마을에서는 식인종을 볼 수도 있다. 일한다는 것은 때로는 탐험가가 겪을 수 있는 오지에서의 배고픔, 극한의 추위와 더위, 동물의 울부짖음에 비유될 수 있을 것이다. 이 때문에 힘들고 포기하고 싶은 순간도 생긴다. 하지만 당신 곁에 좋은 GPS가 혹은 든든한 지원군이 있다고 상상해 보라. 피할 수 없는 이 힘듦을 좀 더 빨리 헤쳐나갈 수 있을 것이다. 이는 그 탐험가가 얼마나 단련된 사람인가에 의해 좌우될 수도 있다. 필자가 단련한 나름의 노하우를 전수하기 위한 챕터가 바로 이에 해당된다. 이는 결국 소비자의 pain point를 다루는 탐험 도구를 더 잘 사용할 수 있도록 도와주는 가이드가 될 것이다.

탐험가는 일상에서의 미세한 발견을 통해 본인의 생각이 바뀌는 흐름을 인식해야 한다. Stick의 저자인 칩히스와 댄히스 형제는 우리가 소소하게 생각하는 것들을 쉽게 지나쳐가지 말자고 하면서 순간 중심적 사고를 강조했다. 순간을 포착하는 습관의 중요성도 함께! 소비자의 pain point를 발굴하기 위해서는 매일의 그 여정을 그들과 함께 하는 습관을 들여야 한다. 그러면서 순간순간의 단면을 파악해야 한다. 그들이 생활하면서 당신에게 주는 찰나의 순간을 파악하기 위한 준비와 훈련은 어느 정도 필요하다. 결국 이를 통해 소비자와 그들을 둘러싸고 있는 주변을 자신만의 프레임으로 해석하는 힘을 키우는 것이다. 이번의 내용은 지그재그로 마음이 끌리는 대로, 선택해서 봐도 무방하다.

One

우리의 뇌를 말랑거리게 만드는 유연미

Two

우리 생활에서 소비자의 pain point를 즐기는 노련미

Three

매일 꾸준히 기본기 연마법

10가지 탐험도구
연마법

1 탐험도구를 유연하게
만지는 연마법 4

2 탐험도구를 노련하게
만지는 연마법 4

3 매일 꾸준히 해야하는
기본기 연마법 2

탐험 도구 사용의 유연미 연마법 4가지

첫 번째 기술
미스터 쓴소리와 찰흙

전략을 사전에 모두 계획해 놓을 수는 없다. 현실적으로 어느 정도 앞을 내다보면서 상황에 따라서 적절히 대처해 나가야 한다. 명확하게 의도하기보다는 행동 하나하나가 모이고, 이때마다 학습하는 과정을 통해서 전략의 일관성이나 패턴이 형성되는 것이다.

Henry Mintzberg

유연하게 삽시다. 때로는 찰흙처럼 조몰락거려 보아요.

당신의 손가락으로 마치 찰흙을 만지듯, 조몰락조몰락하는 것이 전략이다. 'Craft Strategy' 필자가 좋아하는 HBR Article에 나오는 내용이다. 완벽 (Perfect)한 것보다 완성 (Done)하는 것이 더 낫다. 그리고 상황에 따라서 영리하고 재치 있는 융통성을 발휘하라! 바로 Craft Strategy의 핵심이다. 이는 헨리 민츠버그 (Henry Mintzberg)*가 제안했다. 영국 '이코노미스트'지 (誌)는 이분을 이렇게 묘사한다. 평생 현직에 몸담고 경영자들을 향해 끊임없이 비판하고 훈계하는 구루 (Guru) – '미스터 쓴소리'라고.

이분은 전략을 바로 찰흙 (Clay)으로 은유한다. 찰흙은 어떤가. 본질 자체가 유연하다. 그래서 완전히 굳기 전까지는 내가 원하는 형태로 만들 수 있다. '불확실만이 확실'한 세상에서 예기치 못한 변화에 유연하게 대응하면서, 이에 적절한 전략을 수립하자는 것이다. 물론 유연함에 지나치게 의존해서 일관성을 상실하는 것과는 전혀 다른 축을 의미한다.

이 세상의 모든 것을 미리 계획할 수 없다. 그러기에 당신이 당면한 상황에 맞는 유연한 실행이 더욱 중요하다. 치밀한 'Plan–Do–See'가 아닌 우발적으로 계획하고 실천하는 '창발적 전략' (Emergent Strategy)이 더욱 필요한 시대가 아닌가. 당

---

* 2008년 '세계 경영 대가 (大家) 20인' (미국 '월스트리트 저널')에 뽑히고 '가장 영향력 있는 세계 50대 경영 사상가' (영국 '파이낸셜타임스')로 뽑히신 분 중의 한 분임.

신도 이미 경험하지 않았는가. 의도적으로 치밀하게 계획한 전략이 현실에 딱 맞아 떨어지지 않는다는 것을. 때로는 예기치 못한 상황에 따른 수정을 통해 수립된 일종의 '창발적 전략'이 더욱 빛을 발한다는 것을 말이다. 당신에게는 '계획과 우발'이라는 두 가지 모두가 필요하다. 왜냐면, 앞을 내다보는 계획이 전혀 없다면 사소하고 간단한 행동이라도 시작하기 어렵기 때문이다. 하지만 행동하지 않으면 아무리 거창한 계획도 소용이 없다. 또한 잘 세운 계획은 행동을 효과적으로 끌어낼 수 있어야 한다. 경험을 통해 계획은 전략적으로 보완될 수 있어야 한다. 미스터 쓴소리는 이렇게 표현한다.

"①계획 ②우발이라는 두 개의 다리로 걷는 것이 전략 수립의 핵심이다. 전통적인 전략에서는 우리는 생각하고 행동하고 무엇인가를 고안하고 실행하는 것이 중요했다. 하지만 Craft Strategy에서는 새로운 패턴이 형성될 때까지 하나의 아이디어는 다른 아이디어로 이어진다. 변화하는 현실에 대응하고 그때 그때 익힌 경험을 통해서 원래의 계획을 수정하면서 전략을 점진적으로 발전시켜 나가야 한다. 이것이 바로 스마트한 전략가들이 하는 것이다"

Case 1. 계륵이 닭이 되다

헨리 민츠 버그 교수는 '창발적 전략'을 일본의 혼다 사례를 통해서 설명한다. '혼다'는 미국 오토바이 시장에서 급성장하기 시작했다. 이를 경계하고 해당 시장을 수성하기 위해 서구 강자들이 혼다의 성공 요인을 분석했다. 이에 BCG는 다음과 같은 요지의 분석 보고서를 제출하기도 했다.

"일본 기업은 국내 생산량을 바탕으로 규모의 경제를 활용, 낮은 가격으로 중산층 소비자들에게 소형 오토바이를 판매하기 위해 미국에서 새로운 오토바이 시장을 공격함."

이 분석의 핵심은 혼다가 의도된 계획 (Intended Strategy)를 구사해서 성공했다는 것이다. 즉, 시장 진입 초기부터 중산층 타깃을 공략하기로 작정했다는 분석이다. 하지만 매켄지의 경영 전략 연구가인 리처드 파스케일 (Richard Pascale)은 위의 가설에 의문을 품었다.

파스케일은 혼다 담당자와 인터뷰를 진행했다. 그 결과 BCG의 분석과는 다른 결론을 얻었다. 원래 혼다는 미국 시장에 처음 진출할 때 대형 오토바이 시장만이 존재한다고 가설을 설정하고 대형 오토바이 판매에만 집중했다. 그러나 심히 안타깝게도 혼다의 오토바이는 고속도로를 질주하기에는 성능이 모자랐다. 잦은 고장만 냈다. 혼다의 대형 오토바이는 골칫거리로 전락했다. 이런 경우 '성능을 개선해 진출한 시장에서 버티기'가 일반적인 의사결정일 수 있다. 물론 기술 개선이라는 것이 하루아침에 이루어질 만큼 간단한 문제는 아니지만.

이때 미국 사무소에서 근무하던 한 직원은 근거리 외출용으로 타고 다니던 50CC 소형 오토바이에 우연히 주목했다. 필자가 그를 만나보지는 못했지만, 그는 아마 이런 생각을 하지 않았을까 짐작된다. 아, 어느 세월에 대형 오토바이의 성능을 개선하나? 그동안 먹고 살 대책도 없고. 소형 오토바이로 시장을 노크해볼까?

이렇게 우연히 혼다는 소형 오토바이로 눈을 돌렸다. 그 결과 이는 미국에서 경이로운 히트 상품이 된다. 애초 계획한 것이 아니다. 그들은 미지의 아메리카 대륙에서 실패를 경험하고 배우고 깨닫고 시도했다. 대신 어떤 한가지에 앵커링되어 하던 것만을 고집하지 않았다. 자신들이 처한 상황에 맞춰서 현명하게 변화했다. 결국 이러한 마인드와 태도가 혼다에 승리를 가져다준 것이다.

당신은 pain point를 탐험하다 예상치 못한 (Emergent)상황을 마치 팝업 (Pop-Up)창을 보는 것처럼 경험하게 될 것이다. 이럴 때는 선택해야 한다. 완벽하다고 믿었던 기존의 계획만을 고수할 것인가, 혹은 위기 상황에 유연하게 대처하는 기지를 발휘할 것인가?

Case 2. 당신의 주방을 공개할 준비가 되었는가

골리앗처럼 큰 기업보다는 다윗처럼 작은 기업이 유연한 대처에 더 능동적일 수 있다. 아무래도 큰 기업보다는 체계가 아직까지는 덜 확고할 가능성이 높고, 몸집도 작아 민첩성을 발휘할 수 있기 때문이다.

다음은 그 유명한 다윗처럼 영리한 기업의 이야기다. 시작할 당시, 작은 기업인 와비파커는 중간 유통단계를 없애고 95달러라고 하는 합리적 가격정책을 통해 즉 '앳 홈 트라이 온 (At-Home-Try-On)' *으로 성공한 스타트업이다. 와비파커는 〈보그〉, 〈GQ〉에 소개되면서 더 주가를 올린다. 2010년, 론칭 48시간 만에 주문이 2천 건이나 들어오는 경사도 맞는다. 그런데 이 기쁨도 잠시만 누리게 되는 것일까. 재고 물량이 동이 나 버린 것이다.

아, 이런 호기가 어디 흔한가. 하지만 온라인 서비스에 미처 '품절 기능'을 넣지 못해 폭발하는 주문을 소화하지 못하게 된다. 그들은 고객 한명 한명에게 일일이 전화를 걸고 이메일을 보내서 상황을 설명하며 양해를 구한다. 그러자 이게 또 웬일인가? 소비자들은 불만을 표하기보다는 예상하지 못한 반응을 보인다. '굳이 집으로 배달하지 마세요, 제가 직접 매장으로 가서 살게요. 쇼룸이 어디죠?'라는 반응을 보인 것이다. 그런데 소비자들이 모르는 게 한 가지 있다. 세상에! 론칭한지 얼마 되지 않은 스타트업 회사가 쇼룸을 가지고 있을 턱이 있겠는가? 예기치 못한 우발적 상황에 와비파커의 대응은 재치 만발이다. 그들은 '우리는 쇼룸이 없어요'라고 하지 않았다. 매출을 올릴 기회를 놓치지 않은 것이다. 대신 이렇게 응대한다. '소비자 여러분을 초대합니다.'

쇼룸도 없으면서 어디로 초대한다는 말일까? 초대 장소는 창업자의 아파트였다. 그는 자신의 아파트에 조악하지만 작은 쇼룸을 마련하고 놀러 오라고 한 것이다. 그것도 부엌 식탁에 안경을 전시해 놓고. 언뜻 보기엔 어설퍼 보일 수 있다.

---

* 앳 홈 트라이 온은 집으로 배달된 안경을 소비자가 직접 써 볼 수 있는, 참신한 유통 방식이다. 소비자는 온라인으로 5개의 안경을 주문한 뒤 안경이 도착하면 착용해 보고 마음에 드는 안경을 선택할 수 있다

하지만, 소비자들은 이 깜찍한 재기 발랄함에 무척 즐거워했다. ^{당신도 남의 집에 정식} ^{으로 초대받으면 약간 설레지 않던가} 더구나 부엌 식탁에 마련한 간이 쇼룸이라니. 이는 브랜드에 대한 친근함을 선사해 주었다.

이에 와비파커는 온라인 기업이더라도 오프라인 매장의 중요성을 깨닫는다. 하지만 사업 초기라 오프라인 매장을 열기에는 자본이 부족했다. 지금이야 첼시 등에 단독 매장도 있고, 대형 쇼핑몰에 Shop in Shop으로도 입점하여 있지만, 그 시절 오프라인 매장은 그림의 떡이었다. 그렇다고 이들은 목 좋은 곳에 매장을 오픈할 만한 매출이 오를 때까지 기다렸을까? 오! 당연히 아니다. 이 브랜드는 이동식 매장을 오픈한다. 스쿨버스를 개조한 쇼룸 버스를 뉴욕 등의 대도시에서 운영한 것이다.

Case 3. 스타트업 기업들에게 많이 회자되는 피벗 ^(Pivot)도 결국은 Clay의 속성이다

스타트업 업계에서 많이 언급되는 용어가 바로 '피벗' ^(Pivot)이다. 이는 원래 유지했던 비즈니스 모델이나 경영 전략의 방향을 틀어서 이전과 다른 제품이나 서비스를 창조해내는 개념이다. 상황 판단을 잘 하는 것이다. 즉, 기존 비즈니스의 장단점을 분석해서 안 되는 것은 안 되는 것임을 빨리 알아채는 것이다. 괜히 매몰 비용 ^(Sunk Cost) 생각해서 미련하게 붙들고 있지 말자는 것이다. 세상의 흐름을 잘 파악해서 이에 맞게 더 좋은 방향으로 틀어 버리는 것이다. ^{다시 말하지만, 혼동하지 말아야 한다. 정} ^{체성이나 업의 주체감을 상실한 채, 이래저래 휘둘리면서 비즈니스 모델을 확확 바꾸라는 것과는 다른 것임을.}

유튜브는 어린 세대뿐 아니라, 최근은 할머니 세대에게도 대세이다. ^{박막례 할머} ^{니를 보라.} 이러한 유튜브도 한차례 Pivoting 된 과거가 있다. 이는 원래 '영상 데이트 사이트'였다. 영상 데이트 플랫폼으로 비즈니스를 시작했지만, '동영상 공유 플랫폼 비즈니스'에서 더 많은 가능성을 본 것이다. 성공적인 피보팅이다.

그렇다면 당신은 자칭 '한 번도 사용해 본 적 없는 소비자는 있어도, 한 번만 사용해 본 소비자는 없다'는 말을 들어 본 적이 있는 가. 바로 슬랙 ^(Slack)이다. 이는 IT 기업과 스타트업들에 사랑받는 일종의 기업 전용 메신저 서비스이다. 이의 스토리는 다음과 같다. 스튜어드 버터필드 ^(Stewart Butterfield)는 사진 공유 서비스인 플릭커 ^(Flickr)를 만들고, 이를 야후 ^(Yahoo!)에 매각한 것으로 유명해진다. 이후 그는 게임사를 설립해 글릿치 ^(Glitch)라는 게임 개발에 착수한다. 게임 개발을 하면서, 여기저기 흩어져 있는 개발자들 간의 원격 협업을 위해 내부 메신저 서비스를 만들게 된다. 기존에 출시된 프로그램은 그들의 양에 차지 않았기 때문이다. 그래서 인스턴트 메시지 기능, 개발한 코드 전달, 자료 공유 등에 최적화된 애플리케이션을 만든다. 이를 내부 커뮤니케이션 도구로 활용하기 시작한다. 그런데 참으로 아이러니한 일이 발생한다. 그들의 원래 사업 목표였던 글릿치 ^(Glitch)는 시장에서 찬서리를 맞게 된다. 투자금 190억원 중에서 60억원 정도만 남은 참담한 상황이 도래한 것이다. 이에 직원은 다른 직장을 알아보기 위해서 이력서를 쓰는 등, 참담한 일들의 연속이라고 할까. 그러나 죽으라는 법은 없다. 자신들이 내부 커뮤니케이션 용도로 사용한 슬랙을 상품화하기로 한 것이다. 내부자들끼리 이용할 때는 슬랙은 이름조차 없는 무명의 메신저였는데 말이다. 슬랙은 '느슨한, 늘어진'이라는 의미로, 빨리빨리 문화에 익숙한 현대인들에게 좀 더 '느슨한' 여유를 가지자는 것을 내포한다고 한다. 브랜드명조차 말랑말랑하지 않나! 찰흙의 속성을 닮은 듯 하다. 나름 이 업계에서 잔뼈가 굵은 그들은 자신들의 전략을 유연하게, 찰흙처럼 Pivoting 한 것이다. 그리고 성공한다.

불확실한 것만이 확실한, 한 치 앞을 모르는 비즈니스 세계에 살고 있는 당신이 택해야 하는 것은 분명하다. 당신의 계획과 실행을 변화무쌍한 세상에 맞춰가면서 부드러운 Clay를 문지르듯 Pivoting 하라. 하지만 변치 않는 고유의 원칙을 무시하거나 가볍게 여기지는 말자. 그렇다면 Pivoting 하느냐 마느냐의 기준은 무엇이 되어야 할까. 필자 생각에는 '당신이 만들고 싶은 것과 소비자가 원하는 것은 다르다'것을 기준으로 삼을 것을 권한다.

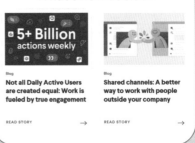

31 Stewart Butterfield, CEO and Co-Founder
    Slack의 창업자는 NY Times와의 인터뷰에서
    공감 능력의 힘을 강조한다. 만약, 누군가가 공감
    능력이 없다면 사람들에게 피드백을 제공하기가
    어렵고, 이는 무엇을 개선하는 데 있어, 도움을
    주기 어렵다는 것을 의미한다고 하면서. 철학 전
    공자답다. 첨단 IT 회사도 결국에는 누군가와의
    공감 능력을 강조하는 것을 보면, 당신이 성공하
    기 위해서 누구와 공감해야 하는 가는 더욱 분명
    해진다. 바로 소비자이다.

32 기술은 끊임없이 진보하기 마련이다. Slack 또한, 자
    신이 만든 최초 버전에 이어 지속적으로 업그레이드
    된 기술을 추가하고 있다.

33 세계 각국에 있는 Slack의 오피스 전경이다.
    저런 공간에서는 앉아만 있어도 창의력이 '뿜뿜' 터져 나올 것 같다.
    출처: https://brandfolder.com/slack/people-and-offices

두 번째 기술
악마와 친해지는
오픈 마인드

나쁜 피드백에 신경을 쓰고,
그와 같은 피드백을
친구들로부터 받을 수 있도록 노력해라.
정말 큰 도움이 될 것이다.
Elon Musk

당신에겐 악마가 있는가.

pain point 도출시의 처음부터 끝까지 잊지 말아야 할 것은 악마의 변호인과 친하게 지내는 것이다. '악마의 변호인'이란 어떤 사안의 결함을 찾기 위해 일부러 반대 의견을 내는 사람을 말한다. 의도적으로 선의의 비판을 가하면서 열띤 논의가 이뤄지도록 유도하는 역할을 한다.

악마의 변호인은 모두가 찬성할 때 반대의 목소리를 내는 비판자를 자처한다. 그러면서 다른 대안이 있는지를 모색한다. 다수 의견에 맞서 반론을 펴면서 조직 내부의 의사결정이 일방적으로 흘러가는 것을 막는 것이다. 악마의 변호인의 활약은 결국은 합리적인 결론을 도출하는 데 도움을 준다. 이는 중세 가톨릭 교회가 성인 (聖人)을 추대할 때 후보자의 결함을 찾아내는 '악마의 변호인 (Devil's Advocate)'을 임명한 것에서 유래한다.

나와 다른 관점을 지닌 악마의 변호인은 내가 보지 못한 것을 깨닫게 해줄 수 있다. 유사한 배경과 경험을 지닌 사람들에 의해 형성되는 집단 사고로 매몰될 수 있음을 방지할 수 있다. 이를 통해 다양한 의견이 주는 시너지를 도모할 수 있다.

결국 남의 관점 (혹은 나의 관점)에 나의 관점 (혹은 남의 관점)이라는 벽돌을 블록처럼 쌓아가는 것이다. 더 튼튼한 생각의 완성을 위해서.

Case 1. 첨단 기술의 뒤에는 문화 인류학자의 터치가

악마와 친해져라.

유명한 글로벌 기업은 아예 팀원을 구성할 때부터 악마의 변호인의 장점을 활용한다. 인텔^(Intel Corporation)에는 '문화 인류학자'가 인텔 상호작용 및 경험 연구소 소장으로 있다. 'IT 기업에 웬 문화 인류학자?'라는 생각이 들 수도 있다. 그 주인공은 바로 제너비브 벨[*]이라는 사람으로 인텔의 첨단 기술의 뒤에는 문화 인류학자의 터치가 있었다. 인텔의 이 연구소에서는 문화인류학을 전공한 그녀 외, 사회 과학자, 디자이너, 인간 공학자, 컴퓨터 과학자들이 협업한다. 이를 통해 다양한 시각으로 첨단 기술에 접근하는 것이다.

최근 출시되는 첨단 기술 제품들은 단순히 기술력에만 의존한 상품이 아니다. 이를 사용하는 '인간'에 대한 깊은 통찰이 반영된 제품이다. 이렇게 다양한 배경을 지닌 여러 연구자들 간의 협업을 통해, 기술 편향적 사고로 치우칠 수 있음을 미연에 방지하는 것이라고 할까. 이를 통해 소비자의 리얼한 욕구가 반영된 기술 탄생이 가능한 것이다.

당신 회사에 혹은 당신 팀에 반드시 전문가만을 '악마의 변호인'으로 두어야 한다는 것은 아니다. 이런 악마의 변호인단을 다양한 배경을 지닌 사람으로 구성해보자. 당신 브랜드의 소비자를 포함해도 물론 좋다.

Case 2. 벤츠 이노베이션 스튜디오의 어메이징한 특허 취득

이번에는 슈투트가르트에 있는 '메르세데스-벤츠 이노베이션 스튜디오'로 가보겠다. 이 스튜디오의 운영방식은 컴퓨터업체인 IBM의 아이디어 회의 '이노베이션 잼'에서 착안한 것이다. 이노베이션 잼은 임직원 15만 명이 자유롭게 참여

---

* 그녀는 2010년 패스트 컴퍼니 (Fast Company)가 선정한 '100명의 가장 창의적인 경영인' 중 한 명이며, 소비자 전자제품 혁신과 관련한 다수의 특허를 보유하고 있다.

하는 아이디어 회의이다. 일종의 크리에이티브 워크숍 ^(Creative Workshop)의 형태로, 일반 소비자, 철학자, 사회학자, 심리학자 등 다양한 분야의 사람들과 함께 아이디어를 발굴하는 것이다.

알다시피 벤츠는 독일 회사다. 위계질서가 강하고, 부서별 독립성 또한 강하다고 한다. 이는 보편적인 독일 기업문화의 한 단면이다. 벤츠는 이러한 전형적 기업문화에서 탈피하기 위해 위와 같은 새로운 운영 방식을 도입했다. 창의적인 연구개발 문화 조성을 자극하기 위해서다.

그 효과를 증명하듯, 이노베이션 스튜디오 운영 이후 2009년에만 2,000개 이상의 신규 특허를 등록한다. 이는 독일 자동차 산업 분야에서 특허 취득 1위로 연결된다. 요즘 핫한 전기차 분야 관련 특허만 600여 개라니. 벤츠의 관계자들은 이렇게 말한다.

"우리는 혁신기술 개발 측면에서 미국 실리콘밸리의 IT 업체를 경쟁상대로 삼는다. 다른 자동차 브랜드가 아니다. 또한 사일로 효과 ^(Silo Effect)를 유발할 수 있는 기업문화의 단점을 극복해야 했다. 이렇게 다양한 배경을 지닌 사람들과의 상호작용은 우리가 원하는 발전을 도와준다."

단순히 내 의견에 반대를 표명하는 것이 아니다. 당신의 확증 편향에서 벗어날 수 있는 다양한 사람들의 생각이 바로 '악마의 변호인'인 것이다.

악마의 변호인을 다루는 유연한 Tip 한가지를 방출하겠다. 필자가 크리에이티브 워크숍을 진행한 경험을 돌아보면, 정말 사람들의 의견은 다양하다. 당신의 상상을 초월할 만큼. 그 다양한 의견 속에서 나 자신이 어떤 기준으로 이를 판단해야 할까 하는 의문이 동반된다. 그래서 아마 당신도 이 다양한 의견들 틈에서 이런 걱정을 할 수 있다. '사공이 많아서 배가 산으로 가면 어쩌지?' 하면서. 때로는 무엇이 맞는지 의심할 것이다. 이럴 때는 핑퐁 하듯 당신 앞에 있는 악마와 의견을 주고받아라. ^{서로의 의견에 존중을 표하는 기본 룰은 반드시 지키면서.}

예를 들어, 다음과 같이 해보라.

"당신은 그것에 대해 왜 그렇게 생각하나요? 그렇게 생각하는 근거는?"

"그 부분에서는 다른 각도의 해석이 필요하지 않을까요? 제가 생각하는 관점은 이렇습니다. 당신의 생각에 대해서, 이런 해석이 더 적합할 것 같네요. 그 이유는 바로 이것이죠."

이러면서 내 생각에도, 남의 생각에도 악마의 변호인 마인드로 임해 보라. 나의 의견과 다른 남들의 의견도 악마처럼 바라보자. 때로는 다양한 생각들을 이중 잣대로 바라보아야 한다. 마음의 열어 타인의 의견을 수용하자. 이러는 가운데 당신은 어떤 '경향성'을 발견하게 된다. 분명히. 그 경향성은 어느 정도 선에서 '의견 일치'가 형성되는 일종의 시그널이다. 만장일치적 혹은 다수결적 의견 합의가 반드시 훌륭한 결과를 가져다주지 않는다. 악마의 변호인을 '견제'와 '균형'의 돛대로 활용하라. 한 방향으로 흘러가는 위험을 미연에 방지해 주고, 그러는 가운데 미처 생각하지 못한 새로운 통찰력을 발굴하기 위해서.

Case 3. 당신이 만약 '꼰대 세대'인가요.
그렇다면 젊은 직원은 최고의 파트너가 될 수 있습니다.

최근 젊은 직원이 멘토가 되어 경영진에게 코칭하고 조언하는 '리버스 멘토링'이 대두되고 있다. 이들 통해서 경영진과 밀레니얼 세대 간의 갭을 줄여서 소위 꼰대 문화의 일종인 경직된 조직문화를 혁신하고, IT기술에 능통한 젊은 세대와의 소통을 통해 이들의 동향을 신속하게 파악하는 것이다. IBM, 마이크로소프트와 같은 IT 기업뿐 아니라, 엄마 세대의 영원불멸 아이템이라고 불리는 '갈색 병의 에스티 로더', 깜찍한 브랜드 리뉴얼을 통해 '다시 한번 왕좌에 오른 구찌'도 이러한 리버스 멘토링을 적극적으로 활용하고 있다. 예를 들어, 에스티로더는 임원과 젊은 직원을 연결해 밀레니얼 세대의 취향을 학습시킨다고 한다. 이들 두 세대는 인기 있는 매장을 함께 방문해 시장 트렌드를 탐색한다. 또한, 외부 젊은 컨설턴트와 경영진을 매칭해 시장 변화 및 마케팅 전략에 대해 주기적으로 논의하고 조언을 듣는 것이다.

여기서 주목할 만한 것은 구찌의 그림자위원회 ^(Shadow Board)이다. 이들이 경청한 '악마의 변호사'의 조언은 매출로 그 힘을 증명했으니 말이다. 브랜드 구찌는 2019년 매출 96억3000만 유로를 달성했다. 2014년 매출 35억 유로에서 3배 가까이 증가한 수준이다. 라이벌 프라다는 같은 기간 매출이 10% 이상 줄은 바, 이에 대해 파트리치오 베르텔리 ^(Patrizio Bertelli) 프라다 CEO는 부진의 이유를 디지털 채널 및 인플루언서에 대한 의존도가 높은 신세대 소비자 라이프스타일을 제대로 이해하지 못한 것으로 지적했다. 반면, 구찌는 매출 절반가량을 35세 이하 소비자인 밀레니얼 세대에서 획득, 100년 전통을 지닌 고령 기업이 소위 회춘에 성공했다. 이에는 35세 이하 밀레니얼 세대에 속하는 직원들로만 구성된 '그림자 위원회'의 덕이 크다. 임원들이 젊은 직원들에게 무조건 지시하는 대신, 신입 사원들의 의견을 듣는 자리이다. CEO는 임원 회의가 끝난 후, 같은 주제를 들고 바로 '그림자 위원회'로 향한다. 여기서 경영진들과는 전혀 다른 포인트의 의견을 듣고 새로운 관점으로 브랜드 내의 중요한 결정을 내린다. 예를 들어, 생명윤리와 동물복지를 중시하는 젊은 세대 가치관을 반영해 2018년 컬렉션부터는 모피 의류를 인조가죽을 사용한 에코 퍼 (Eco Fur) 제품으로 대체했다. 또 온라인 전용 상품 개발 및 SNS를 활용한 활발한 소통을 통해 젊은 소비자의 니즈에 부합하기 위한 시도를 이어 나가고 있다.

필립 코틀러가 이야기하는 마케팅 4.0 내부 마케팅의 실현을 통해 매출도 쭉쭉 키우고! 멋지고 부럽다. 중요한 것은 이러한 시스템을 통해서 젊은 직원들은 임원들의 고급스러운 경험, 유서 깊은 구찌 하우스의 전통을 흡수한다. 양 세대가 브랜드 성장을 끊임없이 키우고 있다.

영화 〈인턴〉에서도 '앤 해서웨이'가 '로버트 드 니로'가 필요했듯이. 앤 헤서웨이에게는 로버트 드 니로가 악마의 변호사일 수 있을 것이다. 만약 당신이 X세대, 베이비 부머 세대 혹은 나는 인정하고 싶지 않지만 꼰대 지수가 높은 임원이라면, 당장 가장 가까이에서 만나는 당신 회사의 젊은 세대의 의견을 악마의 변호사로 채용하라.

세 번째 기술
쇼생크 탈출

결국에는 성공하리라는 믿음을 잃지 않는
동시에 눈앞에 닥친 현실 속의 가장 냉혹한
사실들을 직시해야 한다
James B. Stock Dale

90cm×275cm의 독방에 갇힌다면 당신은 어떤 마음을 가질 것 같은가. 한때를 휩쓸었던 책, 제임스 C. 콜린스의《Good to Great》에 소개된 내용이다. 제임스 스톡데일이라는 미군 장교가 베트남 전쟁 시, 그 혹독한 포로 생활에서 살아남은 일종의 비법이다. 그는 8년간의 베트남 하노이 포로수용소에서 최악의 환경을 극복하고 생환된 전쟁 영웅이다. 스톡데일은 그 좁고 답답한 독방에 감금되어 심한 고문에 시달렸다. 그와 함께 포로수용소에 있던 많은 사람은 꿈에 그리던 가족의 품으로 돌아가지 못한 채, 상심해서 죽고 말았다. 그러나 스톡데일은 살아남았다. 그가 귀환하자 사람들이 물었다.

"당신은 살아남았다. 그렇다면 포로수용소 생활을 견뎌내지 못하고 죽은 사람들은 어떤 사람들이었나요?"

이에 스톡데일이 답했다.

"그들은 낙관론자였습니다. 그들은 아무런 근거 없이 예를 들어, 이번 크리스마스에는 석방돼서 가족을 볼 수 있을 거야 하고 철석같이 믿었습니다. 그러나 고대하던 크리스마스가 되었으나 석방되지 못합니다. 그들은 상심했지만, 다시 앞날을 낙관했습니다. 돌아오는 부활절에는 꼭 석방될 거야 하면서요. 그렇게 막연한 희망으로 하루를 연명했습니다."

뒷이야기는 다음과 같다. 이런 식으로 부활절 혹은 크리스마스 때 석방될 수 있다는 희망의 도돌이표만 그렸다. 아쉽게도 감옥 생활이라는 현실만 도돌이표처럼 제자리로 되돌아왔다. 포로들은 막연한 희망에 자신의 에너지를 쏟아부었다. 그리고 끝내 좌절을 이겨내지 못하고 생을 다하고 만다. 이런 가운데 스톡데일은 8년을 견디어 냈다. 그는 살아남지 못한 사람들처럼 낙관주의자가 아니라 비관주의자여서 생존했을까?

스톡데일의 생존 비결은 이러하다. 그는 자신이 꼭 살아서 포로수용소를 떠나 가족의 품으로 돌아간다는 믿음이 확고했다. 이는 다른 포로들처럼 낙관주의자의 자세이다. 하지만 가슴 한편에는 이런 생각도 늘 품었다.

"현재로선 어떤 석방의 기미도 보이지 않으니, 석방이 되지 않으리라는 가정하에 수용소 생활에 철저히 적응해야 해."

그는 낙관과 비관의 간극을 이해하고 절묘하게 줄타기를 했다. 이점이 바로 삶과 죽음의 한 끗 차이를 만들어 냈다. 즉, 스톡데일은 최악의 경우를 대비한 것이다. 그는 마침내는 이긴다는 믿음을 바탕에 깔아 놓고, 가혹한 현실을 직시하는 자신만의 트레이닝을 했다고 한다. 즉, 한쪽에 치우치지 않고 일종의 이중적 태도를 견지한 것이 그의 생존 포인트였다. 그는 낙관주의자처럼 보이는 현실주의자였다.

스톡데일 패러독스 $^{(Stockdale\ Paradox)}$라는 말이 바로 위의 이야기다. 이는 '최종 승리에 대한 흔들림 없는 믿음을 가지고 냉혹한 현실을 이겨내는 이중성'을 의미한다. 당신은 낙관주의자에 가까운가, 비관주의자에 가까운가? 아니면 중용의 유형인가? 또한 어느 유형을 추구하고 싶은가.

"양 끝에 서서 중심을 세울 수 있는 비관주의자가 승리할 수 있습니다."

이 말을 실제 마케팅 환경에 적용해 보겠다.

Case 1. 당신의 성공은 20% 안에 있을 것 같은가, 80% 안에 있을 것 같은가

신제품의 성공 확률은 얼마일까? 산업군에 따라서 다소간 차이는 있겠지만 일반적으로 성공 확률은 20% 내외라고 한다. 바꿔 말하면 실패 확률이 80%라는 이야기이다. 여기서도 그 유명한 80대 20의 법칙이 유효한 것 같다. 어떤 연구에 의하면 품목에 따라서 62~94% 범위에 있지만 결국 평균적으로는 80%라고 한다.

당신은 현재 구상 중인 프로젝트나 사업의 결과에 대해 긍정적인 신념을 지녀야 한다. 이것은 기본이다. 그러나 동시에 실패를 할 수 있다는 즉, 이론적 확률에 근거한 '불편한 진실'도 직시해야 한다. 이 불행이 나에게만 오지 말라는 법이 없기 때문이다. 그래서 냉혹하게 눈 앞에 있는 현실을 직시해야 한다. 이는 이른바 '근거 없는 자신감'에 빠지는 것을 방지해 줄 것이다. 인간은 확증편향 혹은 매몰 비용의 오류로 인해 내가 하는 것은 반드시 성공할 것이라는 늪에 빠질 수 있다. 자연스러운 인간의 심리적 본성이다. 그래서 나를 혹은 남을 탓할 수도 없다. 내가 빠지고 싶어서 빠지는 것도 아니다. 하다 보면 자연스럽게 나타날 수 있는 현상이다. 인간 본연이 지닌 일종의 나약성에 의한 것이기도 하다.

또 하나의 연구 결과가 있다. 신제품을 출시 시 제품 개발 프로젝트의 전 과정을 꼼꼼히 돌아보고, 이를 통해 시사점을 다시 한번 점검하는 기업의 경우, 성공률은 상승한다고 한다. 30~50% 정도까지. 물론 이도 만족스러운 성공률은 아니겠지만. 우리는 모두 쉽지 않은 일에 도전하고 있다. 자신을 토닥토닥해주자. 때로는 이 힘든 과정 중에 타인에게 인정을 받으면 어깨도 으쓱해보자.

제2의 복안 ^(Second Best)를 늘 준비해두자. 우리의 현실이다. 불확실성만이 확실한 현실에 대응하기 위해서는 그 수밖에 없다. 대부분의 전쟁은 언젠가는 끝난다는 것을 역사가 보여주었다. 하지만 불확실성이 언제 끝나느냐 하는 것은 오직 신만이 알 것이다. 우리는 전쟁보다 더한 경쟁의 시대에서 살고 있다.

Case 2. 성공하는 자들의 성향

세계 최고의 경영대학 중의 하나인 와튼스쿨에서 31세의 젊은 나이에 종신 교수가 된 유명한 조직 심리학자가 있다. Adam Grant는 그의 저서 오리지널스 ^(Originals)에서 와비파커의 성공에 대해 이러한 분석을 한다. 와비파커가 사업 초기에 투자 요청을 했다. 그는 이렇게 조언했다고 한다. 창업해야 한다면 학교를 중퇴하라고. 너희는 학교와 창업이라는 두 마리 토끼를 병행하려고 하는데 그것은 아니다. 왜냐하면, 오직 사업에만 몰입을 해도 성공이 보장되지 않을 것인데, 어떻게 학교를 그만두지 않을 수 있냐고. 그러면서 창업에 몰입하지 않는 너희에게는 나는 투자하지 않겠다. 그것은 위험한 도박이라면서 반문했다고 한다. ^{이 교수는 후에 와비파커가 요청한, 당시 투자하지 못한 자신의 선택에 대해 많은 반성을 했다고 한다. 와비파커는 완전히 패러다임을 교체하면서 성공했으니 말이다.}

원래 자고로 어른 말씀은 듣는 것이 좋은데, 와비파커는 이의 조언을 따르지 않았다. 이유는 간단하다. 이 창업의 성공 여부를 몰랐기 때문이다. 그래서 그들은 어찌하든 투잡, 인턴쉽, 대학원 생활을 병행하면서 사업을 진행하였다. 안전막을 친 것이다.

이 이야기는 결국 실패에 대한 '만약의 경우'를 대비한 것을 의미한다. 젊고 유능한 머리를 믿고 무조건 저돌적으로 밀어붙이기만 한 것이 아니다. 위험 회피라는 보호막을 만들어 놓은 것이다. 즉 위험을 무릅쓰는 것이 아니라 영리하게 회피하는 것을 마련한 다음에, 자신들이 하고 싶은 일들을 차근차근 실행한 것이다. 도전에 수반될 수 있는 위험을 철저히 계산하여 최소화하는 것이다.

만약 실패하면, 학생이 학교라는 보호처에는 가야 하지 않았겠는가. 이는 마치 스톡데일 장군이 올해 크리스마스에도 이 끔찍한 감옥을 나가지 못할 수 있다는 위험에 대비한 것과 유사한 맥락이다. 마음에 대한 위기관리를 한 스톡데일 장군처럼 실제로 성공한 CEO들은 표면적으로 대담해 보여도 속으로 바라보면 우유부단하고 회의로 가득 찬 성향이 많다고 한다.

위험에 전략적으로 대비하라. 넋 놓고 마음 놓지 마라.

네 번째 기술
절벽에서 살아남겠는가, 추락할 것인가

그간 우리에게 가장 큰 손해를 끼친 말은 바로 '지금껏 항상 그렇게 해 왔어'라는 말이다.
The most damaging phrase in the language is: 'It's always been done that way.'
Grace Hopper

'이카루스'는 그리스 신화에 등장하는 인물이다. 그는 아버지 '다이달로스'와 함께 밀랍으로 붙인 날개를 펄럭이며 하늘로 날아오른다. 아버지는 아들에게 너무 높이 날면 태양의 뜨거운 기운이 밀랍을 녹일 수 있다고 주의를 준다. 그러나 난생처음 비행을 맛본 이카루스는 흥분한 나머지 아버지의 주의를 잊어버린다. 그리하여 한없이 높이 날아오른다. 태양에 너무 가깝게! 결국 밀랍이 태양열에 녹아내려 날개는 떨어져 나가고, 이카루스는 바다에 추락하여 목숨을 잃는다.

이 이야기는 일시적인 성공에 취한 기업인이 자기도취에 빠지고, 그리하여 결국은 회사를 망쳐 놓는 경우를 일컬을 때 많이 인용된다. 즉, 태양 ^(=성공)에 도달한다고 들뜬 마음으로 지내서는 안 된다는 것도 포함해서.

유사한 선상에서 '레밍'의 이야기를 하겠다. 레밍은 스칸디나비아반도에 많이 서식하는 일명 '나그네쥐'라고 불리는 동물이다. 이들에게는 집단 자살을 하는 기이한 습성이 있다고 한다. 이에 대해 어떤 생물학자들은 레밍이 개체 수를 조절하기 위해 집단 자살을 한다고 분석했다. 즉, 레밍은 빠르게 번식하는 특징이 있는바 스스로 자신들의 수가 너무 많다고 느껴서 집단 자살을 한다는 것이다. 이번에는 또 다른 분석이다. 레밍은 개체 수가 많아지면 다른 서식지를 찾아 이동하는 습성이 있다. 그런데 과거와 달리 현재는 지각변동에 의해 대륙이 갈라지고, 예전에 하나로 붙어 있던 지역들 사이에 절벽이 생겼다.

즉, 환경의 변화가 온 것이다. 하지만 이러한 변화에도 불구하고 레밍의 유전자 속에는 과거의 이동 경로를 알려주는 지도가 그대로 남아있다는 것이다. 그래서 변화된 지형을 고려하지 않고 과거의 그 지도를 따라 계속 자신들의 길을 가고 만다. 이러한 레밍의 고지식한 행동이 집단 죽음으로 직행하는 결과를 초래했다. 솔직히 레밍과 직접 인터뷰를 한 것은 아니기에 무엇하나 정확하다고 하기는 어렵다.

이카루스의 신화와 나그네쥐의 슬픈 이야기에서 느껴지는 각자의 교훈이 있을 것이다. 필자의 경험을 통해 이의 본질을 결국 이렇게 분석하고자 한다.

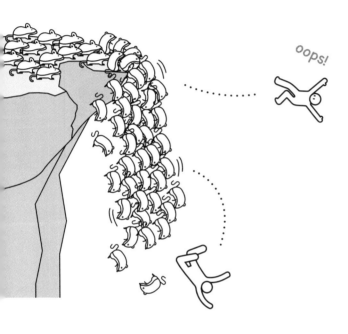

"사람들이 초래하는 대부분의 비극은 올바른 결정이 자신의 머릿속에 있다고 생각하고 그것에 집착하는 것이다"고 누군가 말하지 않았는가. 그렇다. 우리는 누구도 자신을 객관적으로 볼 수 없다는 것을 깨달아야 한다. 우리는 자신을 객관적으로 보기 위해 노력하지만 모든 사람이 이를 잘할 수는 없지 않을까. 우리에게는 자신을 제대로 보지 못하는 사각지대 (Blind Spot)가 있다. 나에 대해 모두는 그 자체로 주관적인 관점을 지닐 수밖에 없다. 자신에 대한 불편한 진실을 깨닫자. 우리는 약점이 많은 인간이다. 이에 속상해하지 말고, 내가 무엇을 못 하는지 알고 이에 대응해야만 한다. 이가 당신에게 더 많은 것을 가져다줄 것이다.

Case.1 이 선물은 남자친구가 나에게 헤어지자고 하는 이야기예요

일반적으로 이성 사이에서는 선물의 수준이 사랑의 수준을 표현한다고도 한다. 꽤 오래전 이야기다. 아주 잘 나가는 브랜드가 소위 쫄딱 망해가는 위기의 시절이었다. 필자는 이 브랜드 소생을 위한 브랜드 재활성화 ^(Brand Revitalization)프로젝트를 담당하게 되었다. 소비자들이 이 브랜드에 대한 생각을 이렇게 표현했다.

"만약 남자 친구가 나에게 그 브랜드를 선물하는 것은 나랑 헤어지자는 의미예요." 이는 완전 극한의 표현이다. 이의 근원에는 여러 가지 것들이 유기적으로 맞물려 있었는데, 당시 해당 브랜드의 다소 유치해 보이는 ^{여기서 유치하다는 것은 소비자의 표현이다} 브랜드 심볼도 한몫했다. 이러한 민망하고 적나라한 결과가 공유된 이후의 일이다. 이 브랜드의 담당자가 요청을 해왔다. 소비자가 치를 떤 바로 그 심볼이 그려진 제품을 소비자에게 보여주고, 이에 대한 생각을 확인해 달라고. 이러한 요청 자체가 문제는 절대 아니다. 요청하는 그 담당자의 태도에 '우리 소비자는 이 브랜드 심볼을 여전히 좋아할 거야. 왜냐하면 과거에도 우리 브랜드는 이 심볼이 있어도 많이 팔렸거든.' 하는 자신만의 확신이 문제라면 문제였다.

그때 필자는 속으로 조금 놀랐다. 사랑하는 연인 사이에서 헤어지자고 하는 것은 울고 싶은 일인데. 저렇게까지 표현하는 여대생의 이야기를 들었는데. 물론 과거에는 Top이었지만, 이제는 아닌데 아직도 저 생각의 프레임에서 벗어나지를 못하는구나. 그러면서, '아, 내부의 주관적 시각과 외부의 객관적 시각에는 이런 온도 차가 있구나!'와 함께 동시에 이카루스 패러독스가 머릿속을 스쳐 지나갔다. 과거의 성공 요소에 흡족한 나머지 그것이 실패 요소로 뒤바뀌는 그 찰나를 인정하고 이해하지 못하는 것이다. 바로 한때의 성공 요인이 현재는 실패라는 이름으로 부메랑처럼 왔음을 깨닫기 싫어함이 느껴졌다. 과거의 성공 요인에 사로잡힌 것이다. 그래서 그것이 실패 요소로 반전됨을 눈치채지 못하는 것이다. 알아도 모른 척하고 싶기도 할 것이다. 예상외의 현실적 충격이 컸을 테니까. 이들은 해당 프로젝트 이후, 성공적인 브랜드 재활성화를 달성했다.

Case 2. '내가 은행처럼 보이니, 아니야, 나는 소매업체야!'
業의 재정의를 통해 새롭게 살아난, 소매업의 가면을 쓴 은행 이야기

2005년 캐나다의 Toronto-Dominion Bank가 Banknorth의 지분 51%를 인수하면서 시작한 TD Bank와 이가 인수한 Commerce Bancorp의 사례를 '하던 대로 하면 망하지만 변신하면 성공하는' 이야기와 연결하고자 한다.

'America's Most Convenient Bank'라는 슬로건의 Commerce Bancorp!

이들은 당시 대형 경쟁사가 넘쳐나는 시점에서 차별화된 경쟁력 확보를 위해 業의 정의 자체를 탈바꿈한다. 즉, 고객들이 높은 금리만큼 양질의 서비스와 편리함도 중요시한다는 판단하에 패스트푸드 레스토랑의 개념을 은행 지점에 도입한 것이다. 이에 은행 지점을 'Store', 직원을 'Retailer'라고 부르기 시작한다.

아마 그 분야 최고의 선수 ^(Top Tier Player)가 아닌 이상, 전형적인 금융의 본질에만 매달린다면 당장 절벽으로 내몰릴 수 있다는 위기감을 감지했을 것이다. 그래서 이들은 자동차에서 내리지 않고 은행 업무를 보는 'Drive-Thru', '계좌개설과 동시에 ATM 카드를 즉시 발급하는 서비스', '당좌대월 수수료가 무료인 데빗카드' 등 차별화된 소비자 혜택을 제공하기 시작한다. 이뿐만이 아니다. 일요일에도 지점을 열고 평일 운영 시간을 오후 8시까지 연장했다. 또 창구업무와 후선업무 간의 차이로 오후 6시 이후 거래는 당일에 처리되지 않는 pain point를 해결하는 시스템인 24시간 365일 운영되는 콜센터, 고객이 편하게 집에 있는 저녁 시간에 실시하는 해피콜 등도 진행한다.

이러는 가운데, 누군가가 Commerce Bancorp의 창업자에게 이렇게 질문한다.

"어떻게 은행인데, 일요일에도 직원들이 출근할 수 있느냐?"고.

이에 버논 힐 2세는 "Walmart는 24시간 영업을 합니다"라고 당연하다는 듯이 반응한다. 아주 속과 겉이 똑같다. 무늬만이 아닌 뼛속같이 은행이 아닌 일반 소매업의 영혼까지 추구한 것이다.

이들은 'Penny Arcade' Penny 라는 캐릭터를 활용한 동전 계수기 를 통한 어린아이들의 흥미 유발을 비롯하여, 'Summer Reading Program' 등을 통해 어린이 대상 금융 교육도 시행한다. 어린이들이 흥미를 지니고 향후 평생 고객이 될 수 있는 기반을 구축한 것이다. 미래의 고객까지 확보하는 '다 계획이 있는 영민함'을 보인 것이다. 봉준호 감독의 '기생충'이 이미 여기에 있었다.

여기까지가 다가 아니다.

이들은 단순히 소비자 대상의 마케팅 전략뿐 아니라, 직원들의 업무 수행 방식도 새로운 業에 정렬시켜 버린다. 내부 마케팅의 일환으로 직원의 사기를 높이기 위해 'WOW! Department'를 신설, 성과가 우수한 직원들에게 코스튬 플레이팀을 보내는 깜짝 이벤트를 진행한다. 또한 은행 상품 프로그램을 홍보하기 위해 뉴욕 타임스퀘어에서의 대규모 플래시 몹 (Flash Mob) 전개, 전체 3만여 명의 고객과 2만여 명의 직원들에게 20달러가 들어 있는 녹색 봉투를 제공하는 이벤트, Automated Thanking Machine의 설치 이 앞에 서면 기기가 인사를 건네고, 꽃다발 등 특별한 선물과 감사하다는 말을 전하며 고객에게 기쁨과 감동을 전한다. 등, 프로모션 스타일 또한 일반 리테일의 그것과 흡사하다. 고객 대상의 Fun, 직원 대상의 Fun을 통해 기업 내외부의 브랜드 정체성 확립도 추구했다.

물론 위와 같이 리테일화하는 가운데 자신 업의 본질도 잊지 않는다. 일별로 고객의 은행 추천 여부를 모니터링하는 프로그램인 'Customer Wow Index'를 통해 자신의 본문인 금융업의 본질에도 충실하게 임한다. 이들은 경쟁이 치열한 금융환경에서 소매금융의 기본에 집중하면서 타 은행과의 차별화를 추구한 것이다. 솔직히 전 세계적으로 금리 경쟁이 격화되고는 있지만 소비자 입장에서 은행간의 뚜렷한 차별성은 없지 않은가. 이들은 절벽 앞에서 '소매업'의 개념을 '은행업'에 차용하여 고객 만족, 재미 및 편의성이 가미된 자신들만의 블루오션을 창출했다. 다른 경쟁사 은행들이 가져가는 일반적인 핵심 역량의 프레임 속에서 머물지 않았다. 레밍의 쥐처럼 앞줄에 있는 친구 쥐의 발자국을 따라가지 않은 것이다.

Case 3. 쇠퇴의 징조를 감지, 핵심 역량을 탈바꿈하여, 코로나19 시대에서 승승장구하는 후지 (Fuji)

코닥은 디지털카메라 및 스마트 폰 보급으로 인해 2012년에 결국 파산했다. 이는 너무 유명한 전설이다. 반면, 경쟁 기업인 후지 필름 ^(Fuji Film)은 어떠한가. 이들은 '변하지 않으면 망한다'라는 절박함으로 혁신에 성공한다. 필름 사업에서 철수하면서 후지는 사진 필름 공장, 현상소, 특약점 등의 업무를 단순화, 집약화하는 가운데 자사의 기술력을 철저히 분석한다. 그래서 짜~잔하고 변신한다. 필름 사업을 통해 축적한 핵심 기술을 기반으로 화장품 및 제약 업체로 탈바꿈한 것이다. 즉 필름 생산의 주원료인 콜라겐과 사진 변색 방지에 사용하던 항산화 성분인 아스타크산틴을 활용해 피부 재생과 노화 방지 화장품 사업으로 진출한다. 필름 사업에서 화장품 사업으로 변신한 것도 WOW인데, 이들은 여기에서 그치지 않는다. 필름 제조를 통해 확보한 자사 고유의 화학합성 핵심 기술을 바탕으로 항인플루엔자 의약품 개발에 주력해 에볼라 바이러스 치료제 개발에도 성공한다.

이뿐만이 아니다.

이들의 민첩함은 위기의 팬데믹 시대에도 통한다. 코로나19 치료에 효과가 있는 신종플루 치료 약으로 알려진 '아비간'을 일본 정부의 요청에 따라서 최대 7배 증산에 나섰다. 이를 위해 후지필름 와코준야쿠가 약 11억3200만 원을 투입, 기존 생산설비를 개조해 의약품 중간재 생산능력을 확충하는데, 이는 1개월에 30만 명분에 해당하는 아비간 제조를 가능하게 해준다. 이가 의미하는 것이 무엇인가. 일본 내수용에 그치지 않고 전 세계를 향해 뻗어 나간다는 것이다. 많은 이들이 겪는 어둠의 터널에서 이들에겐 화창한 봄날의 꽃내음이 느껴진다. 어메이징에 어메이징을 거듭한다.

한 영역에서 성공한 기업일수록 혁신은 구호일 뿐 실천하지 못하는 사례가 많다. 이제는 파도타기를 즐기듯 일상적인 혁신이 필요하다. 마이클 포터가 이야기한 지속적 경쟁 우위는 더 이상 없다. 지금 하는 일을 더 잘하는 것으로는 불충분하다. 당신의 업에서 유효기간이 지난 것이 무엇인지 잽싸게 감지하고 현실을 인정하고 변화를 솔선해서 시도하지 않으면 안된다.

피곤한 사회가 이미 시작된 것이다. 변화에 능숙하게 적응하는 것만이 지속적인 경쟁우위가 되는 아이러니한 세상에 당신과 나는 살고 있다. 경영과 마케팅에서 단어 그대로의 '지속가능한' (Sustainable)이라는 단어는 호랑이 할아버지가 담배 피우던 시절에만 통용되는 것으로 판결나는 것이 아닐까! 우리에겐 일시적 경쟁 우위만 남았다. 피곤해 질 수 밖에 없다. 왜냐하면 우리는 끊임없이 새로움을 획득하고 변화해야만 하기 때문이다. 변화의 시대에 민첩하게 적응해 나가야 한다. 이를 통해 안정성을 확보하고 그 안정성 위에서 다시 당신의 몸과 머리를 민첩하게 움직여야 한다. 힘들지만 즐겨보자.

탐험 도구 사용의
노련미 연마법 4가지

첫 번째 기술
AI를 이기는 유추

발견은 모든 사람이 보는
것을 '보고' 아무도 생각하지
않는 것을 '생각하는'
것으로 이루어져 있다.
Albert Szent-Gyorgyi

다음은 '유추'의 사전적 의미이다.

둘 혹은 그 이상의 현상들 사이에서 '기능적 유사성'이나 '일치하는 내적 관련성'을 알아내는 것. 좀 쉽게 말하면 복잡한 것들 속에서 유사한 것을 뽑는 일이다. 유추는 우리가 지니고 있는 기존 지식 세계에서 한 단계 점프하여 새로운 통찰의 세계에 다다를 수 있도록 도와준다.

개념이 알쏭달쏭한가? 그렇다면 헬렌 켈러와 유추를 연결하겠다. 청각과 시각 장애를 동시에 앓았던 그녀는 오로지 감촉, 맛, 냄새만으로 이 세상을 이해한 인물이다. 그녀의 5감은 이렇게 구분될 것이다. 즉, 보고 들을 수 없었던 것 (vs) '맛', '냄새', '느낌'을 통해 알 수 있는 것으로 양분화된다. 이 중 한 축은 본인 능력 밖이고 한가지는 본인이 할 수 있는 범주의 것이다. 헬렌 켈러는 이 2가지 사이를 왔다갔다 하면서 끝없는 연상을 했다고 한다. 이를 통해 수많은 유사성을 끌어냈다는 것이다. 자신이 실제로 지각할 수 없는 광범위한 정보를 '유추'를 통해 습득한 것이다.

헬렌 켈러가 한 표현을 통해 그녀의 유추 작업을 다시 이해해 보자.

"나는 관찰한다. 나는 느낀다. 나는 상상한다. 나는 셀 수 없을 만큼 다양한 인상과 경험, 개념을 결합한다. 이 가공의 재료를 가지고 내 머릿속에 하나의 이미지를 만들어낸다. 세계의 안과 밖 사이에는 영원히 마르지 않는, 닮은 것들로 가득 찬 바다가 있지 않은가. 내가 손에 들고 있는 꽃의 신선함과 내가 맛 본 갓 딴 사과의 신선함은 닮았다. 나는 이러한 유사성을 이용해서 색에 대한 개념을 확장한다. 내가 표면의 떨림과 맛과 냄새의 특질에서 끌어낸 유사성은 일반인들이 보고 듣고 만져서 찾아낸 유사성과 같은 것이다. 이 사실이 나를 견디게 했고, 눈과 손 사이에 놓인 간극에 다리를 놓아주었다."

솔직히 수많은 방법을 다 동원해도 소비자의 많은 것들을 이해하기는 힘들다. 그 때문에 당신은 pain point를 도출하면서 연습해야 한다. 그것은 '완전히 이해하기 힘든 소비자의 세계 (=헬렌 켈러가 직접 보고 듣지 못하는 것)'와 '우리가 확보한 자료 (=헬렌 켈러가 느낄 수 있는 맛, 냄새, 느낌)' 사이에서 유사성과 관련성을 찾아내는 것이다. 이를 통해 당신은 한 단계 더 깊은 통찰의 세계로 여행할 수 있다.

모든 사물과 생물은 겉보기에는 달라 보인다. 하지만 그 안에는 반드시 유사한 면이 똬리를 틀고 있다. 서로 달라 보이는 것들 속에서 유사함을 뽑아내는 길을 만들어라. 당신의 뇌에.

Case 1. 비타민 C의 발견

건강한 몸에서 건강한 생각이 나오기 마련이니, 잠깐 비타민 한 알 섭취하자.

전 인류의 건강보조제인 비타민 C를 발견한, 헝가리의 생화학자 알베르트 스젠트기 요르기 (Albert Szent–Gyorgyo)의 이야기다. 기요르기는 평소 자신을 어린아이처럼 즐겁게 만들어준다는 면에서 '컬러'에 관심이 많았다. 이에 그는 바나나의 껍질이 갈변하는 이유에 대해 호기심을 품는다. 호기심은 관찰을 불러왔다. 관찰 끝에 그는 식물 속에 있는 '폴리페놀'이라는 화합물이 산소와 작용하면 일종의 딱지인 갈색 혹은 검은색 물질을 만들어낸다는 것을 규명했다. 이것이 비타민 C 탄생의 실마리이다. 다음은 알베르트 스젠트 기요르기의 설명이다.

"식물은 두 종류가 있다. 상하면 검게 변하는 것과 상해도 색의 변화가 일어나지 않는 것의 두 가지 유형이다. 혹시 상해도 색이 변하지 않는 식물이 있다면 이는 그 식물 안에 당과 같은 화합물인 비타민 C가 있기 때문이다. 식물이 지닌 비타민 C는 폴리페놀이 산소와 작용해서 산화되는 것을 막아준다. 그래서 과일의 겉이 상했을 때, 바나나처럼 색이 변하는가 혹은 오렌지처럼 변하지 않는가를 단순히 보는 것만으로도 과일의 비타민 C 함량을 추측할 수 있는 것이다."

기요르기는 이와 같은 유추 작업을 활용해, 인류의 건강에 크게 기여하는 시발점을 마련했다. 현저한 업적은 특정 수준의 단계를 뛰어넘어야만 이룰 수 있다. 관찰이 관찰만으로 끝나면 그것은 아무런 힘이 없다. 하지만 관찰이 자신만의 통찰력과 결합하면, 반드시 답이 나온다.

인간만이 할 줄 아는 생각하는 힘을 활용해야 한다.

유연하게!

AI시대에도 '유추'하는 인간은 끝까지 살아 남을 수 있을 것이다.

Case 2. 디지털 기술도 결국에는 인간의 생각에 그 빛을 발한다.

한때 뉴스에서 유명인들의 단체 카카오톡 방, 휴대폰 복원 등을 통해서 범죄를 입증하는 것이 꽤 회자되었다. 이에는 '디지털 포렌식'이 존재한다. 스마트폰, PC, 서버 등 디지털기기에 저장된 사건과 관련된 전자정보를 추출하여 분석한 후, 문서화하여 수사기관이나 법정에 제출하는 제반의 절차를 의미한다. 그런데 이는 단순히 데이터를 복구하는 서비스가 아니라는 점에 주목해야 한다. 디지털 포렌식은 관련된 전자정보를 수집한 후, 이를 분석하고 관련 디지털 증거를 통해 사건을 재구성하는 것이 그 본질이다.

사이버 포렌식의 전문가인 김대형, 이정남 교수가 한 잡지에서 인터뷰한 내용을 보자. 한 교수의 이혼소송 중 부인이 실종, 바닷가에서 시신으로 발견되었다. 시신이 큰 가방 속에 든 채로. 경찰은 남편을 의심했다. 그런데 심증은 있는데 물증이 없었다. 결국 디지털 포렌식으로 카카오톡 데이터를 복구하면서 이런 메시지를 찾았다.

'마음 굳게 먹어라'.

물론 어떻게 해석하느냐에 따라 범죄의 물증이 될 수도 혹은 지나가는 단순한 대화일 수도 있는 말이다. 하지만 경찰은 이를 토대로 남편의 내연녀를 밝혀냈고, 남편은 살해 혐의를 인정했다. 결국 사이버 공간상에 남겨진 흔적을 토대로 인간이 유추한 결과가 이룬 성과이다.

디지털 포렌식이라는 과학 문명의 산물도 마치 셜록 홈스처럼 몇몇 단서들을 통해 그 이상의 것을 상상하고 유추하는 능력이 없다면 아무런 가치가 없는 것이다.

Case 3. MIT 공대생과 와인 코르크 그리고 바늘

Greg Lambrecht는 MIT 공대에서 물리학과 공학을 전공한 수제자로 제약회사인 화이자에서도 근무한 경험이 있는 의료계 종사자였다. 그의 아내가 두 번째 아이를 임신했을 때, 와인 애호가인 그는 소소한 생활 속에서의 pain point에 부딪히게 된다. 와인 코르크를 따고 남은 와인은 아무리 보관을 잘해도 일주일이 넘으면 산화되는 것이 작은 속상함이다. 아마도 와이프와의 와인 타임을 즐겼을 텐데, 임신으로 인해 한 병을 한 번에 다 마실 수는 없고, 딱 한 잔만이라도 먹고 싶은 그 마음일 것이다. 그는 이를 해결하고 싶었다.

때마침 당시에 그는 초미세 바늘을 사용하는 소아 화학 요법 장치를 만들었다. 이를 기반으로 초미세 바늘을 이용해서 코르크를 따지 않고, 이가 통과할 수준의 아주 작은 구멍을 통해서 와인을 따르는 방법을 고안한다. 즉, 가스 분사 바늘을 사용하여 코르크 씰을 깨지 않고 병에서 와인을 펌프질하는 것이다. 와인 병에서 코르크를 제거하여 공기에 노출되면 즉시 산화가 진행되는데, 이를 방지한 것이다. 이러한 코르크를 제거하지 않고 와인을 부을 수 있는 Coravin은 2014년 에디슨 어워드에서 금메달을 획득하기도 한다. Coravin이 설립되기까지는 8년의 세월이 걸렸으며 첫 번째 제품이 출시되기까지 2년이 더 걸렸다고 한다.

34 Without Pulling the Cork - 매우 명확한 제품 Concept이다.

Coravin을 사면, 필자가 기존에 사용한 와인을 오픈하고 보관하는데 사용한 2가지 아이템이 사라진다. 바로 Alessi의 Anna G 와인 오프너와 진공 펌프식 와인 세이버. 대신 Coravin의 가격도 만만하지는 않아서 조금은 망설이고 있다. 언젠가는 꼭 살 것 같다.

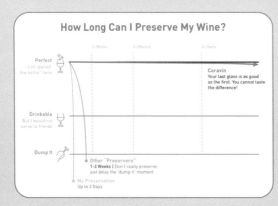

35 저 긴긴 붉은 화살표를 보라! Coravin을 사용하면 얼마나 와인을 처음 그 모습처럼 유지할 수 있는지를 보여준다. Perfect & Drinkable & Dump it – 3단계의 비교를 통해서.

36 제품 라인업도 매우 디테일하다. 4가지 모델별로 각각이 지닌 기능이 명확하다.

Coravin은 창업자가 생활에서 느낀 소소한 pain point에 공감하는 소비자는 물론 B2B 대상으로도 제품을 판매한다. Model Eleven은 레스토랑이나 와인바에서 아주 제격일 듯하다. 남은 와인을 Keeping 하는 고객과 하우스 와인 보관할 때에도 아주 유용유용해 보인다!

출처: https://www.coravin.com/

의학과 와인 – 얼핏봐도 자세히 봐도 서로 관계없는 산업군이다.

"혁신을 이룩하기 위해서는 서로 관련되지 않은 광범위한 산업 분야 혹은 기능들 간의 유사성을 끌어내는 유추 능력이 필요하다. 혁신은 새로운 것을 세상에 내놓는 것이 아니다. 이는 어떤 것 하나가 어떤 목적으로 발명되었든 간에, 이를 내가 처한 상황에 이를 유용하게 적용하는 것이다. 백지에서 훌륭한 아이디어를 찾기는 힘들다. 당신의 상상력을 다른 어딘가에서 전달받는 것이 필요하다."

다시 한번, 인사이트를 얻는 7가지 방법의 하나인 '유추'를 곱씹어 보자.

'Where to Look for Insight!'

두 번째 기술
CONNECTING THE DOTS

> 창조라는 것은 여러 가지 요소를 하나로 연결하는 것이다. 창조적인 사람에게 어떻게 그렇게 창의적이라고 물어보면, 대답하지 못할 것이다. 왜냐면 그들은 실제로 무엇을 한 것이 아니라 단지 무언가를 본 것이기 때문이다.
>
> **Steve Jobs**

Connecting the Dots.

무엇이 안 풀릴 때는 이것저것 연결해서 생각해 보라. 게리 클라인 $^{(Gary\ Klein)}$ 박사는 40년 넘게 '사람이 어떻게 사고하는지'를 연구해온 인지 과학자이다. 그는 통찰이 빛났던 역사적 사례 120건을 신문과 책, 인터뷰를 통해 수집하고 이의 과학적 발견, 발명, 경영의 사례를 연구한 것으로 유명하다.

그는 자신의 연구를 통해 통찰이 촉발된 계기를 다섯 가지로 범주화한다. 바로 ①연결 ②우연의 일치 ③호기심 ④모순 ⑤창의적 절망이다. 그는 이 중에서 흔하지만 가장 중요한 통찰 전략으로 '연결'을 강조했다. 즉, 다양한 생각과 아이디어를 '연결 $^{(Connecting)}$'하여 새로운 방식을 만들어 내보라는 것이다. 그는 이렇게 조언한다.

"언뜻 보기에 상관없어 보이는 다양한 아이디어를 조합하면 기존 방식과 다른 혁신을 얻는다. 이를 위해 우연적인 관련성을 증가시키라".

새로운 것이 필요한 순간과 자신이 원하는 대로 잘 풀리지 않는 경우는 자주 올 수 있다. 이럴 때는 이것저것 연결해 보자.

Case 1. 컨테이너 전문가가 만든 우리집 수영장

필자는 수영장 딸린 집이 소원이다. 어릴 적 마당에 있었던 조그마한 공기를 넣어 만든 풀 아니고. 그런데 이 소원을 조금 더 쉽게 도와줄 수 있는 회사를 발견했다. 집에 수영장을 만들어 주는 회사. 2017년에 시작된 모드풀 $^{(Modpool)}$이다.

이의 창업자는 캐나다 건설회사에서 컨테이너를 조립, 개조하는 일을 하던 인물이다. 아내와 캘리포니아 여행을 갔다가 수영장 있는 집에 대한 열망이 생겼다고 한다. 그리고 그 열망을 자신이 종사한 분야인 '컨테이너'와 연결했다. 컨테이너를 개조해서 만든 수영장을 소비자의 집 뒷마당까지 배달하는 사업을 시작한 것이다. 소비자가 홈페이지에 구비된 다양한 수영장 유형을 리뷰한 뒤 주문을 하면, 6~8주 후에 배송해준다고 한다. 캐나다 사람들은 한국 사람보다 더 업그레이드된 숨겨진 '배달의 민족'이었던 걸까? 밥과 일상품이 아닌 수영장을 배달해 준다고 하니, 또 어메이징해진다.

필자는 이 사업의 핵심이 편리성이라고 본다. 직관적으로 볼 때, 수영장이 있으려면 우선 마당을 파헤쳐야 할 듯하다. 그런데 이 회사는 아니다. 힘들게 이를 파헤칠 필요가 없다. 주문만 하면 '컨테이너 수영장'을 크레인으로 움직여 설치해 준다. 설치 뒤엔 전기와 가스를 연결해서 물만 채우면 끝이다. 정말 쉽지 않은가. 게다가 이 수영장에는 지붕이 있어서 장마가 와도 상관이 없다. 수영장 딸린 펜션 사장들이 고민하는 것은 지붕이 없는 수영장에는 비수기에 개구리가 그렇게 들끓는다고 한다. 소비자의 자잘한 pain point도 배려한 것이다. 수질 관리를 위한 자외선 살균 시스템, 투명 아크릴 창문도 있다. 앱으로 온도 조절이 가능하고, 물방울 마사지를 할 수 있는 스파숍으로도 변신할 수 있고, LED 조명으로 다양한 분위기도 연출할 수 있다니. 수영을 좋아하는 필자 입장에서는 그저 부러울 따름이다.

이사할 때 가져갈 수 있도록 '이동성'까지 갖췄다고 하니, 정말 사랑받을 수밖에 없을 듯하다. 컨테이너 수영장은 스페인, 영국, 스위스, 뉴질랜드로도 판로가 확장되어, 창업 반년 만에 약 50억 원의 매출을 올렸다고 한다. 아마 이 회사 대표는 수영장이 딸린 집을 여러 채 샀을 듯하다.

컨테이너 수영장은 게리 클라인이 표현한 대로 언뜻 보기에 상관없는 존재들의 연결이다. 게다가 자신의 직업, 가족과의 여행을 통해 떠올린 우연적 관련성을 연결하여 새로운 사업 서비스를 탄생시킨 것이다.

37 컨테이너로 만든 수영장의 외관이다. 솔직히, '컨테이너'라는 단어가 주는
어감은 거친 편이다. 그래서 처음에 컨테이너로 만든 수영장이라는 것을
상상했을 때는 그냥 그랬다. 아이디어가 참 훌륭하다는 정도에 그쳤다고
나 할까. 하지만, 이 실제 상황을 보시라. 주변의 경관과 어울리게 꾸며 놓
으니, 그야말로 환상이다. 이 회사 관계자들은 단순히 Connecting the
Dots만을 잘하는 것이 아니라, 실제 실행도 그만큼 멋지게 해냄을 보여
주고 있다. 아이디어 콘셉트는 좋은데, 아이디어가 실행 단계에서 빛을
못 보는 경우도 꽤 접했다. 창업 반년 만에 50억 원의 매출을 이룬 것이
우연이 아님을 보여준다. 아이디어는 우연처럼 창업자의 머리에서 떠올
랐을 수 있지만.
출처: https://www.instagram.com/modpools_official/

Case 2. AI와 여성의 아름다움

오랜 전통성을 자랑하는 소비재 기업 P&G도 새로운 스타트업의 공격을 받고 있다. 이들은 스타트업을 지원하는 엑셀레이팅 프로그램을 통해 이러한 도전을 방어하고 있다고 한다. P&G는 개별 브랜드 전략을 사용하는 것으로 매우 유명한 기업이다. 유명한 SKⅡ 외 올레이 ^(OLAY)도 그들의 개별 브랜드 중 하나이다.

<small>10년 정도 전에 국내에서도 올레이가 판매되었다. 개인적으로 제품력이 좋아서 종종 이용했는데, 요즘은 보기가 힘들어서 아쉽다.</small>

P&G는 직원 1~2명과 외부 창업가들이 팀을 구성하여 엑셀레이팅 프로그램을 운영한다. 지금부터 말하고자 하는 OLAY의 AI 시뮬레이션 서비스도 이를 통해 탄생한다. 이는 소비자가 앱으로 얼굴을 스캔하면 노화 및 건조 등의 피부 상태를 분석하고 해결방안을 제안하는 것이다. 아마 P&G가 자체적으로 AI 관련 기술을 키우기는 생각보다는 쉽지 않을 수 있다.

그렇기 때문에 외부 창업가와 손을 잡아서 자사의 약점을 극복한 것이다. 나에게 없는 것은 타인의 힘을 빌려 즉, 지렛대 효과 ^(Leverage Effect)를 통해 경쟁에서 생존한 것이다. P&G는 탄탄대로만 걸을 것 같았다. 하지만 이 회사도 2000년 초에 날마다 주가가 폭락하는 등 그룹 전체가 휘청거렸던 때가 있었다. 이에 2002년 CEO로 취임한 앨런 조지 라플리 ^(A.G. Lafley)는 오픈 이노베이션을 강조하면서 이에 대응한다.

'우리가 얻는 이노베이션 중 50%는 회사 외부에서 가져오겠다.'라는 선언을 한 것이다. 그리고 'Connect ^(연결) + Develop ^(개발)'이라는 프로그램을 운영, 외부의 아이디어를 내부로 연결하는 작업을 활성화했다. 'Connecting the Dots'는 이렇게 '내부'라는 점과 '외부'라는 점을 연결하는 발상도 포함한다.

고인이 된 스티브 잡스는 강조했다. '자신의 과거 행적을 모두 점처럼 모아 미래에 태어날 새로운 것으로 연결하라'고.

Case 3. 세상 Fresh 한 것과 지하철 자판기

세상 Fresh 하여야 할 것과 어울려 보이지 않는 기계의 만남을 통해 점과 점을 연결해 보자. 바로 지하철 자판기를 통해 샐러드를 파는 회사이다. 자판기에 대한 당신의 통념은 어떤가. 필자의 통념은 이러하다. 인스턴트, 가공품, 건강하지는 않지만 편하게 먹을 수 있는 것들로 구비된 상자이다. 그렇다면 바쁜 현대인의 식사에는 어떤 통념이 있는가. 직장인들이 출출할 때 손쉽게 찾는 햄버거, 컵라면 등의 한 끼 거리는 건강해 보이지는 않는다.

이 두 가지의 일반적 통념을 깨고, 세상 산뜻한 것과 연결한 스타트업이 있다. 바로 Fresh Bowl이다. 이 회사는 뉴욕의 웨스트 빌리지에서 앤콜리 ^(Ancolie)라는 카페를 운영한 클로이 비코트 ^(Chloe Vichot)와 그녀의 샐러드를 좋아했던 재커리 로리스 ^(Zachary Lawless)라는 기업가가 조인하여 탄생한다. 이들은 임대료가 비싼 맨해튼에서 높은 가격 _{임대료가 높으면 당연히 소비자 가격은 상승한다.} 그리고 직장인들에게 접근성이 좋지 않은 샐러드에 대한 pain point를 해결하기 위해 '자판기'라는 발상을 전개한다.

2018년 11월 뉴욕 소호의 WeWork West에서 그들의 첫 번째 Fresh Bowl 자동판매기를 출시했다. 물론 이들이 자동판매기만으로 유통을 한정시킨 것은 아니다. 그러나 특별히 관련이 없어 보이는 것들과의 연결을 시도한 것에 주목할 필요는 있다.

'Farm-to-Desk 농장에서 직장의 사무실로'. 당신이 바쁜 아침 혹은 나른한 오후에 자판기를 통해 샐러드, 아사히 볼, 기타 건강식의 신선함을 누릴 수 있다고 상상해 보라. 여기에 그치지 않는다. 샐러드를 먹은 후 유리병을 기계에 반납 시 2달러의 할인이 기다린다. 소비자는 다소 저렴하게, 그리고 환경 보호에 동참할 수 있는 신선함도 동시에 취하게 되는 것이다.

38 자판기에 전시된 샐러드이다. 유리병 안에 빼곡히 들어 있는 초록 & 주황 & 노랑 & 갈색 컬러의 조화도 예뻐 보인다. 은근히 가성비도 좋아 보인다. 왜냐하면, 병 안에 꽉 찼으니까. 소비자들은 이렇게 직관적일 수 있다는 점을 잊지 말았으면 한다. 저 정도면 길 가면서 먹어도 외관상 흉해 보이지도 않는다. 타인에게 '나 자기 관리 하는 사람이야'라는 것도 은밀하게 어필하는 맛도 있어 보인다. 일반적으로 우리가 생각하는 자판기에서 판매하는 아이템에 대한 통념을 저버린 것이다. 저렇게 생생하게 살아 숨 쉬는 것도 자판기에서 판매되다니.

Menu Item	Ingredients	Vegan/Vegetarian	Dairy	Gluten	Nuts	Sugar Free	Calories	Protein (g)	Carbs (g)	Fiber (g)	Total Sugar (g)	Total Fat (g)	Fat (g)	Cholesterol (mg)	Calcium (mg)	Iron (mg)	Sodium (mg)	Vitamin A (IU)	Vitamin C (mg)
Southwest Bowl	Ingredients: Gem lettuce, black beans, corn, red peppers | Dressing: cashews, cilantro, jalapeno, lemon juice, olive oil, canola oil, coconut milk, salt (contains cashews)	Vegan	No	No	Yes	Yes	519.3	19.3	56.1	18.3	4.1	26.9	4.0	0.0	93.2	5.8	94.4	4,409.0	54.6
Southwest Bowl with Chicken	Ingredients: Chicken, black beans, corn, red peppers, baby romaine | Dressing: cilantro and jalapeno dressing	Protein	No	No	Yes	Yes	634.7	37.5	56.1	18.3	4.1	31.1	5.1	55.5	102.6	6.6	86.5	4,438.0	54.6
The Frenchie Bowl	Ingredients: Gem lettuce French lentils, carrots, goat cheese, walnuts, shallots | Dressing: red wine, Dijon mustard, olive oil, salt and pepper	Vegetarian	Yes	No	Yes	Yes	547.3	19.4	43.3	17.7	6.4	35.3	4.4	0.0	95.9	7.5	539.0	6,188.0	8.9
The Frenchie Bowl with Chicken	Ingredients: Chicken, French lentils, shallots, carrots, goat cheese, walnuts, baby romaine | Dressing: red wine, Dijon mustard, olive oil, salt and pepper	Protein	Yes	No	Yes	Yes	662.7	37.6	43.3	17.7	6.4	39.5	5.6	55.5	105.3	8.2	591.1	6,217.0	8.9
Miso Rainbow Bowl	Ingredients: Gem lettuce, red cabbage, edamame, turmeric infused quinoa, carrots | Dressing: Miso paste, rice vinegar, sesame oil, canola oil, salt and pepper	Vegan	No	No	No	Yes	471.0	14.8	33.1	10.1	7.0	32.4	3.7	0.0	121.6	4.1	687.3	6,144.0	26.2
Miso Rainbow Bowl with Egg	Ingredients: Hard boiled egg, red cabbage, turmeric infused quinoa, carrots, baby romaine, edamame and eggs | Dressing: Miso paste, rice vinegar, sesame oil, canola oil, salt and pepper	Vegetarian	No	No	No	Yes	542.5	21.1	35.5	10.1	7.2	37.2	5.2	186.0	149.6	5.0	758.3	6,414.0	26.2
Miso Rainbow Bowl with Chicken	Ingredients: Chicken, red cabbage, turmeric infused quinoa, carrots, baby romaine, edamame and chicken | Dressing: Miso paste, rice vinegar, sesame oil, canola oil, salt and pepper	Protein	No	No	No	Yes	586.4	33.0	33.1	10.1	7.0	36.8	4.8	55.5	138.9	4.8	739.4	6,173.0	26.2
Cashew Pesto Pasta	Ingredients: fusilli pasta, homemade pesto, tomatoes, mozzarella | Pesto: olive oil, basil, parmesean cheese, cashews, salt	Vegetarian	Yes	Yes	Yes	No	561.0	19.1	46.8	1.8	3.7	32.3	8.7	30.6	263.6	2.8	379.2	555.8	13.1
Cage Free Eggs	Ingredients: Local cage free egg	Vegetarian	No	No	No	Yes	143.0	12.6	0.7	0.0	0.4	9.5	3.1	372.0	56.0	1.8	142.0	540.0	0.0
Banana Nut Oats	Ingredients: GF oats, chia seeds, flax seeds, banana, walnuts, cinnamon, unsweetened almond milk, dried cranberries	Vegan	No	No	Yes	Yes	417.4	11.1	47.1	10.8	11.3	24.7	2.3	0.0	281.3	3.0	52.6	7.7	4.6
Granola Parfait	Ingredients: Organic whole milk yogurt, local honey, homemade nut free and gluten free granola | Granola mix: GF oats, pumpkin seeds, non GMO canola oil, local honey, flax seeds, chia seeds and dried cranberries	Vegetarian	Yes	No	No	No	426.3	12.5	49.4	6.6	29.5	20.6	5.2	22.1	271.8	2.3	84.5	3.1	1.2
Matcha Chia Pudding	Ingredients: Coconut sugar, coconut milk, chia seeds, ceremonial matcha les, unsweet-ened coconut shreds, pumpkin seeds	Vegan	No	No	No	Yes	346.7	8.8	37.4	12.1	19.9	20.0	6.9	0.0	207.1	4.3	115.4	17.2	0.8
Choco Protein Bites	Ingredients: Almonds, dates, unsweetened cocoa powder, vanilla extract, salt, unsweet-ened coconut	Vegan	No	No	Yes	Yes	311.4	9.3	29.7	8.4	17.4	20.8	3.9	0.0	130.1	2.3	50.0	2.5	0.2

FRESH
BOWL

39 저 회사의 홈페이지에 제시된 영양성분 표이다. 이 정도면 우리가 매일 먹는 영양제 케이스의 뒷면에 부착된 정보의 수준과 맞먹는다. 이들은 그들의 본질에 최선을 다하고 있는 것이다. 샐러드 = 건강식 이니까, 당연히 영양성분에 대한 정보도 자세하게 !

출처: https://www.instagram.com/myfreshbowl/

Case 4. 버스와 치과의 조우

당신은 치과 하면 어떤 것이 생각나는가. 개인적으로 평생 교정을 2번이나 했다. 고등학교 때 한번, 성인이 되어서 또 한번. 몇십 년 만에 우연히 백화점에서 조우한 고등학교 동창은 이렇게 말했다. '야, 넌 평생 교정만 하니?' 치과에 대해서는 좋은 기억이 드물다. 치과 원장님께는 죄송하지만. 비싸고 아프고 정기적 방문이 귀찮고. 특히, 직장인 환자들이 가장 크게 느끼는 pain point는 무엇일까. 맞다. 바로 시간이다.

이에 이 치과병원은 이질적으로 여겨지는 것들을 연결한다. 바로 치과 병원과 버스의 조합이다. 즉, B2B 모델로 기업과 제휴를 맺은 다음에 해당 회사 주차장으로 치과 병원 버스가 방문하는 것이다. 환자들은 온라인에서 예약하고 정해진 시간에 버스에 타서 진료를 받으면 된다. 회사 주차장에 주차된 버스에.

이는 2017년 탄생한 헨리 더 덴티스트 (Henry the Dentists)이다. 캠핑카를 개조했다. 이 안에 일반 병원과 동일한 전문의, 치위생사, 정기검진은 물론이고 스케일링, 미백, 충치 치료, X레이 촬영, 보철 씌우기, 치열 본뜨기 등의 모든 것이 구비되어 있다. 괜히 무엇 하나가 누락되었나 혹은 비전문적인가를 의심할 필요가 없다. 버스 외에도 회사의 빈 사무실을 이용한 팝업 치과 (Dental Pop-Ups)의 유형으로도 운영한다. 회의실에서 회의만 하라는 것이 헌법에 나와 있지 않다. 회의실은 매번 회의할 인원으로만 항상 붐비지도 않는다. 이를 이용한 것이다. 최근 이동식 편의점도 등장하는데, 이러한 시대적 흐름에 부합한 연결이 아닌가 싶다.

40 이들의 Brand Identity는 명확하게 보여 주는 2가지의 문구가 인상적이다.

Experience the Next Generation of Dentistry 그리고 Everyone should have easy access to great dental care! 이 정도의 시설이라면 일반적인 병원에서 치료받는 것이 아니라는 불안감에서 오는 pain point도 아주 쉽게 해결해 주지 않을까. 이 뿐 아니다. 야쿠르트 아줌마는 전통카트를 탑재하고 모바일 앱을 이용해서 O2O를 연계하고 있다. 내 앞으로 찾아오는 서비스는 꽤 매력적이다. 생각해 보라. 우리도 이런 경험이 있지 않을까. 어렸을 때, 과일 등을 판매하는 트럭을 자주 접했다. '기동력 (Mobility)'이 좋다는 것은 소비자들의 불편함을 해소해 주는 본질적 속성이다. Mobility라는 본질은 과거나 현재나 미래에도 존재할 것이다. 대신 이를 시대가 원하는 방향으로 수정하고 세련되게 포장하는 것만은 계속 변할 것이다.

출처: https://henrythedentist.com/

세 번째 기술
ANCHORING & REVERSE
(벗어나고 뒤집기)

젊은이는 규칙을 알지만,
노인은 예외를 안다.
The young man knows the rules,
but the old man knows the exceptions.
Oliver Wendell Holmes, Sr.

개미 작가가 내는 상상력 퀴즈 – 잠시 풀고 가자.

베르나르 베르베르의 《상상력 사전》에 나오는 퀴즈이다. 그림에 9개의 점이 나란히 나란히 배열되어 있다. 이 9개의 점을 펜을 떼지 않고 4개의 직선으로 연결하려면 어떻게 하면 될까?

정답은! 베르나르 베르베르에 의하면 이 해답을 찾아내는 사람이 드물다고 한다. 우리의 정신이 그림의 영역 안에 갇히기 때문이다. 즉, 대부분 저 9개의 점이 위치한 경계선 안에서 답을 찾으려 한다는 것이다. 하지만 정답을 보라. 그림의 영역을 벗어나 있다. 퀴즈에는 그림에 제시된 박스의 영역 안에서 해결하라는 지시문이 결코 없다. 그런데도 사람들은 대부분 그 안에 갇힌다. 이가 시사하는 점은 무엇일까. 당신이 어떤 체계를 온전히 이해하기 위해서는 정해진 틀 안에서 벗어나야 한다는 것이다.

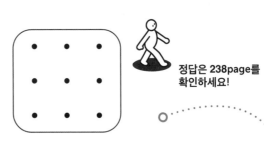

정답은 238page를
확인하세요!

---

* 심리학자이면서 행동 경제학의 창시자인 대니얼 카너먼 (Daniel Kahneman)과 심리학자 아모스 트버스키 (Amos Tversky)는 실험을 통해 이를 증명했다. 실험 참가자들에게 1~100까지 쓰인, 룰렛 같은 행운의 바퀴를 돌리게 한다. 그 다음에는 유엔에 가입한 아프리카 국가는 몇 퍼센트가 될지 질문한다. 이 생소한 질문을 받고 실험 참가자들은 뭐라고 대답했을까? 실험에 참여한 대부분의 사람이 행운의 바퀴를 돌려 우연히 나온 숫자와 가까운 수치를 이야기했다. 질문과 아무 관련 없이 우연히 접한 숫자가 참가자들의 사고방식에 영향을 준 것이다

그래서 우리는 '당신 마음에 당신만의 닻을 내리지 말라'는 것을 명심해야 한다. 즉, 이와 유사한 선상에서, 우리 인간이 지닌 본연의 심리적 기질이 한 가지 있다. 바로 앵커링 효과 (Anchoring Effect)*이다. 앵커 (Anchor)는 '닻'이 라는 뜻이다. 앵커링 효과는 배가 항구에 닻을 내려 정박하는 것처럼 생각이 어딘가에 기대어 닻을 내려버리는 것을 의미한다. 인간들은 본인이 처음 얻은 정보를 기준으로 그 주변에서 생각하고 답을 구하는 본능 안에서 생활하기 때문이다. 사람은 불확실한 무엇인가를 측정할 때, 본인이 알고 있는 사실을 기준점, 닻 (Anchor)삼아서 문제를 해결함을 의미하는 것이다.

당신은 앵커링 효과에서 자유로울 수 있을까? 본인이 처음 얻은 정보를 기준으로 판단을 내리는 성향은 잘나고 못나고의 문제는 아니다. 우리가 잘 깨닫지 못하는 잠재적인 본능이기 때문이다. 인간의 지각은 어떤 한가지 방식으로만 사물을 지각하도록 조건 지어진다고 한다. 자신도 모르게, 자신이 경험한 것에 따라서, 자신만의 프레임 속에서 의사 결정을 하기 쉽다.

이는 pain point에 더 깊게 접근할 때, 보이지 않는 벽이 될 것이다. 기존의 틀에서 벗어나 세상을 다른 각도에서 바라보는 눈을 가져야 한다.

그런데 한편으로는 우리는 한 가지의 것에 앵커링되는 것도 필요하다. 한 가지 컬러로 목욕을 할 정도로 pain point에 꽂혀야 한다. 왜 이랬다저랬다 하냐고 하지 말라. 왜냐면 두 가지가 다 필요하기 때문이다. 바로 Color Bath Effect이다. 이는 한 가지 컬러에 집중하면 해당 색을 가진 사물들만이 눈에 띄는 현상을 의미한다. 당신이 고민하는 것에 마음에 집중하고 주변의 모든 것을 대하면, 이를 중심으로 상황을 인식하게 된다는 것이다. 뇌의 효율성을 극대화하는 방법이다.

아르키메데스 (Archimedes)가 욕조에서 외친 짜릿한 '유레카'의 외마디가 이를 입증한다. 때로는 앵커링 효과를 벗어나서 다양한 관점으로 때로는 컬러 목욕을 통해 한가지에 몰입하는 두 가지 본능을 시소처럼 잘 움직여라. 극과 극은 통하는 법이니 말이다.

필자도 프로젝트를 수행할 때마다, 나름 이 원리를 적용한다. 그럼 세상 모든 것들이 해당 프로젝트와 관련된 것들로 느껴진다. 평소에는 그렇지 않았음에도 불구하고. 이는 고민에 대한 해결책으로 이어지게 해준다. 반드시. 당신에게 필요한 컬러로 목욕을 해보라.

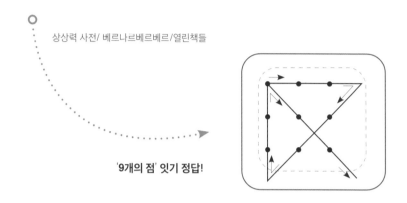

상상력 사전/ 베르나르베르베르/열린책들

'9개의 점' 잇기 정답!

Case 1. 노인을 바라보는 젊음

노인을 위한 새로운 제품을 만들어 낸다고 가정하자. 앵커링 효과에 의해 당연히 노인들의 눈높이에서 이들을 이해하자고 생각할 것이다. 즉 노인들의 프레임으로 접근하는 것이다. 당연하다. 그릇된 접근 방법은 아니다. 그렇지만 젊은 세대라는 선글라스를 끼고 노인들의 세계를 탐색하는 것은 어떨까. 좀 다른 pain point가 감지되지 않을까. 젊은이도 어차피 노인이 되고, 노인도 한때는 젊었다.

P&G는 2007년, 신시내티 대학과 산학 연계 프로그램인 'Live Well Collaboration'을 진행한다. 경영, 디자인, 건축, 엔지니어링 등의 배경을 지닌 18~22세의 대학생이 시니어들의 삶에 동참하여 시니어 상품을 개발하는 것이다. 이에는 보잉, 씨티 그룹, LG 등의 글로벌 기업과 싱가포르 정부도 협력한다고 한다. 대학생들은 자신의 조부모뻘이 되는 시니어들과 손자, 손녀의 입장에서 대화하고 관찰하면서 그들의 삶에 대하여 공감하는 것이다. 시니어들도 이 대학생

들이 얼마나 기특하겠는가. 대학생들의 관점에서 포착된 아이디어들은 제품 디자인, 포장, 배송 등의 개선에 많은 기여를 했다고 한다.

이 프로젝트는 '순진무구한 혁신'이라고 불린다. 내부 직원의 시각은 때로는 '관성의 법칙'에 의해 앵커링에 물들 가능성이 높지 않을까. 원칙과 제약에서 자유로운 대학생들의 개방적이고 순수한 시각이 주축이 된다면 이를 극복할 수 있지 않을까.

자신만의 힘으로 신박한 혁신이 힘들다면 타인의 시각을 빌려서 해보자. '내 주관적 경험의 본능적 의존성'에서 벗어나 보자. 반드시 필요하다.

Case 2. 야채는 항상 신선해야 하는가!

비즈니스를 하시는 당신 – 당신은 반드시 완벽하지 않아도 된다. 완벽해야 한다는 강박 관념일 수 있는 앵커링 포인트에서 탈출해 보라. 당신을 새로운 세계로 이끌어 줄 것이다. 부족해도 나름의 가치만 부여되면 충분하다.

완벽하지 않음을 만들어 내는 Imperfect Foods 라는 회사가 있다. 속은 멀쩡하지만, 겉에 손상이 생겨 일반 상점에서는 천대받는 과일과 채소를 할인 가격으로 판매하는 곳이다. 가정 구독 기반 서비스로 20대 후반의 젊은 창업가인 벤 사이먼 (Ben Simon)과 벤 체슬러 (Ben Chesler)가 2015년 샌프란시스코에서 창업했다.

이들은 대학교 1학년 때, 학교 구내식당에 많은 음식이 버려지는 것을 보고 충격을 받는다. 당신도 그런 경험이 있지 않은가. 특히 뷔페에서. 미국에서는 일반 가정, 농장, 식장, 경기장, 식료품 가게 등에서 약 320억 kg의 식품이 낭비되고 있다고 한다. 이들의 창업 동기에는 이러한 부분도 작용을 했다. 특히, 과일은 나뭇가지에 의해 마찰, 변색되면 모양이 못 생기게 되는데, 게다가 이에 크기가 작고 흠집이 나면 그냥 버려진다고 한다.

이들은 이러한 과일을 농장에서 직접 공급받고 기존 제품보다 30% 싸게 배달한 것이다. 이러한 시도가 낳은 결과는 대략 이렇다. 창업 4년 만에 직원이

1,000명, 배달 차량만 400여 대, 22개 도시에서 20만 명이 넘는 구독자를 확보, 이를 통해서 4000만 파운드의 농산물 낭비 방지, 푸드 뱅크에 220만 파운드 기부! 또 마음이 어메이징해진다.

이 회사의 홈페이지에 출연한 과일 혹은 채소의 모습은 완벽하지 않다. 하지만 가격이 그만큼 착하고 또 더불어 착한 일도 많이 생산했으니, 그 결과는 완벽 (Perfect)하다. 게다가 선한 행보까지 포함되면 완벽함을 넘어서는 수준이다. 이런 식으로 비즈니스의 관점을 신선하게 잡아서 나름의 행보를 만들어가는 스타트업들은 꽤 있다. 페루 혹은 멕시코 등의 농장에서 크기가 작고 물러서 팔리지 못하는 바나나에 심폐 소생을 부여한 미국의 스타트업 기업 발나나 (Barnana)그리고 못생겨서 팔리지 않는 수박을 착즙해서 성공한 워터멜론 (WTRMLN WTR)등이다.

남들이 보지 않은 것에 자신만의 관점에서 가치를 부여한 것이다. 박스에서 벗어난 생각이 만든 성공이다. 왜 당신이 본능적으로 만든 Box안에 머물러야만 하는가.

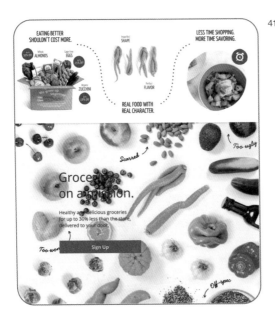

41 저 과일과 야채들은 우리가 보던 것과는 사뭇 다르다. 아니 어찌 보면, 크게 다르지도 않지 않은가. 봉지에 들어 있는 여러 개 들 중에는 반드시 약간은 다른 모습을 하고 있는 아이들이 밑에 숨어 있으니까. 약간 다른 모습을 하고 있다고 우리가 '당근을 당근이 아니야'고 하지는 않는다. 외관이 다르다고 당근이 당근 취급을 받지 못하는 것은 정말 당근 안되지 않는가. 이들 URL에 나온 Imperfect가 I'm perfect로 느껴지는 것은 왜일까. 우리가 Out of the Box에서 나오는 것 또한 생활 속에 잔잔하게 놓여 있음을 잊지 말자.
https://www.imperfectfoods.com/

240

Case 3. 당신은 기존 사업 영역에 대한 선입견으로 Anchoring에 빠져 있지 않은가

우리나라 퇴직자의 80%는 치킨집을 차린다고 한다. ^{이 데이터의 정확성은 믿거나 말거} 나. 그러나 치열한 경쟁 속에서 살아남는 자는 많지 않다. 또 성공하는 프렌차이즈는 거의 대기업이거나 혹은 외국계가 몽땅 차지하고 있다. 그 외 어쩌고저쩌고 등등에 의해서 많은 이들은 이렇게 결론 내린다. 그런 분야는 힘들다. 그 분야에는 뛰어들지 마.

혹시 햄버거를 안 먹어 본 사람이 있는가.

국내 패스트푸드 브랜드 시장은 맥도날드, 롯데리아, 버거킹, KFC의 Big 4가 꽉 잡고 있다. 롯데리아의 가맹점 수가 국내 1위이다. 그런데 대기업의 브랜드 확장에 해당하는 것도 아니고, 외국계 회사도 아닌데, 1등과의 가맹점 수가 불과 몇십 개 정도 차이 나는 회사가 있다. 바로 맘스터치이다. 이의 성공 신화에 대해 다양한 관점이 있다. 필자는 이를 앵커링 효과에서 탈피한 것에 중점을 두겠다.

일반적으로 '패스트푸드' 하면 우리의 인식에는 빠르다, 하지만 건강에는 좋지 않다, 신선하지 않다는 것이 존재한다. 물론 맘스터치 이전에도 이러한 인식 타파를 위해 소위 '슬로우 버거'가 세상에 나왔다. 하지만 이들은 비쌌다. 햄버거에 음료랑 감자튀김까지 더하면 만 몇천원이, 2만원까지 나온다. 일종의 가격이 pain point 인 것이다. 하지만 맘스터치는 이러한 기존의 앵커링을 뛰어넘어 버린다.

다음의 2가지 포인트를 통해서 말이다.

첫 번째는 기존의 패스트푸드에서는 찾아보기 어려운 After Order Cook의 도입이다. 마치 수제 버거를 만들 듯, 주문 후에 조리를 시작하는 것이다. 냉동 패티를 대량으로 튀겨서 만든 치킨버거가 아닌 냉장 통살 패티를 7~8분 튀긴다. 주문 후에 제조가 들어가는 탓에 당연히 시간은 더 많이 걸린다. 하지만 그만큼의 신선함이 보장된다. 기존의 이러한 슬로우한 수제 버거는 가격이 비쌌다. 맘스터치는 그 포인트를 또 깨 버린다. 이 회사의 대표 버거인 싸이 버거는 3천 원대다. 경쟁 업체보다 약 30% 저렴하다. 또 SNS에서는 '입찢버거' 즉 입이 찢어질 정도로 두껍다는 애칭을 얻는다. 더 설명이 필요 없다. 언빌리버블 할 정도로 가격이 착하면 양이 적을 것이라는 앵커링에서 소비자를 탈출시켜 버린 것이다.

미국으로 날아가 보자. 미국에서도 대표적인 치킨 패스트 푸드점은 우리에게도 친근한 KFC이다. 이 할아버지 또한 멋진 성공 신화를 창출하신 분이다. 그런데 국민 치킨이라고 불리는 칙 플레이 (Chick - Fil- A)가 나타나, 이 업계의 판도를 바꾼다. 이들의 매출은 2018년 기준으로 KFC 대비 4배 정도라고 한다. 미국에서도 당연히 건강에 관한 관심으로 인해 패스트푸드 업체가 과거만큼의 영광을 누리지 못한다. 이들은 이의 빈 공간을 공략, 건강한 식자재를 표방하여 패스트푸드에 대한 일반적인 통념을 파괴하여 승리한다. 패스트 푸드 업체들의 평균 메뉴 갯수가 몇 개인지 아는가? 약 30~40개라고 한다. 여기에 한정판 메뉴까지 포함하면 그 수는 더 늘어난다.

칙 플레이는 평균 12개 정도의 메뉴만 제공, 복잡한 메뉴로 인한 음식의 품질 저하를 방지했다. 하지만 여기에서 멈추지 않는다. 닭고기, 채소 등의 식자재를 지정된 미국의 농장에서만 공급받는다. 주재료인 닭은 좁은 닭장이 아닌 헛간에서 자란 생생한 닭이다. 또 갈거나 냉동하지 않은 냉장 닭, 무항생제의 닭을 사용한다. 게다가 위트 있게 평균적인 패스트푸드 업계보다 작은 메뉴 수를 소스의 다양성으로 커버했다. 메인 메뉴를 선택하면 7가지의 소스를 소비자가 취향껏 고를 수 있도록 한 것이다. 어차피 양념 맛으로 먹지 않는가.

이 두 기업을 보라. 일명 레드오션이라고 불릴 수 있는 영역에서 블루오션을 창출했다. 통념을 깨면 된다. 일반적으로 정형화된 사고에서 탈피하는 것이 당신의 성공을 보장해 줄 것이다.

Case 4. 온라인 커머스 회사의 발칙한 Reverse, 카드 회사처럼 해보기 !

당신의 지갑에 신용카드는 몇 개인가. 카드 회사가 제공하는 각종 혜택을 비교해 가면서 특정 카드만을 골라 쓴다는 소위 '체리 피커'형도 많다고 하던데, 필자는 이 모든 혜택을 비교하는 것이 솔직히 이제는 귀찮다. 어떻게 보면 그 특정 혜택이라는 것이 거기서 거기인 것 같고, 요래 저래 비교하는 에너지를 쓰고 싶지도 않다.

그런데 이러한 필자의 카드 생활에 드디어 이것저것 혜택을 비교해 보지 않아도 되는, 소위 공부하지 않고도 직관적으로 자연스럽게 당연히 발급한 카드가 나타났다. 혹시 PLCC $^{(Private\ Label\ Credit\ Card)}$* 라고 들어 보았는가. 아마도 이 단어는 생소한 사람들이 있어도 이러한 유형의 카드를 한 개쯤은 보유하고 있을 것이라 장담한다. 왜냐면 해당 유형의 카드 발급 수가 마치 '온 국민 필수 카드' 화 되었음을 이미 증명했기 때문이다.

일반적으로 기존 카드사의 혜택은 카드사가 빅데이터 분석을 통해 구분한 소비자 세분화 $^{(Segmentation)}$ 및 표적화 $^{(Targeting)}$를 기준으로 정해진다. 이는 당연히 카드사의 역할이라는 것이 그동안의 통념이었다. 그런데 이러한 앵커링 $^{(Anchoring)}$을 벗어나 우리 생각의 프레임을 뒤집은 $^{(Reverse)}$ 것이다.

현대카드와 G마켓, 옥션 등을 운영하는 이베이코리아가 함께 선보인 '스마일 카드'는 국내 최초이자 대표적인 PLCC 의 성공사례로 여겨진다. 출시한 지, 1년 만에 42만 매를 돌파했다. 감이 잡히지 않는가. 7개 카드사가 1년에 약 998만 명의 신규 회원을 모집하고, 이 가운데 한 회사가 평균 142만 명쯤 모집한다고 한다. 이에 비추어 볼 때, 위의 수치는 만만한 것이 아니다. 게다가 온라인 가입만으로 ! 그냥 당신이 자주 사용하는 온라인 쇼핑몰에서 발급받으면 된다. 카드 업계에서 이례적인 이단아라고 불린다던데, 그럴 만 하다.

이들의 깜찍한 소비자 사랑을 보자. 이들은 혜택을 이야기하는 방식도 뒤집어

* PLCC는 카드사와 제휴한 기업의 브랜드를 사용하고, 제휴한 브랜드에 최적화된 혜택을 제공하는 카드.

^(Reverse)버린다. 항상 카드사가 제공하는 달콤한 혜택에는 쌉싸름한 조건이 붙지 않는가. 그런데 이 카드는 전월 실적 조건, 사용 횟수 등의 제한이나 한도가 없다. 결과적으로 이 카드의 회원이 되면 이베이코리아가 주는 달달함과 현대카드가 주는 달달함을 함께 맛볼 수 있다. 그리고 적립률도 일반적인 틀을 벗어난다. 8배 이상을 준다고 한다. 솔직히 카드 결제할 때, 사람이 단순해서 포인트로 결제하면 무엇인가 공짜 같아서 기분이 좋아진다. 그 포인트라는 것이 다 내가 질러댄 돈임에도 불구하고 말이다.

그냥 이 PLCC는 역발상을 한 것이다. 게다가 따지고 묻지도 않았다. 혜택도 확실하다. 해당 카드 발급 이후 이베이코리아 월평균이용 실적이 63% 이상 증가했다니! 당연히 현대 카드사의 매출도 증가했을 것이다. 무엇인가 조금이라도 뒤집고 살짝만 기존에 하던 생각에서 벗어나도 이렇게 매출이 올라가는 기회를 포착할 수 있다. 그리고 제휴한 두 회사가 모두 달달했다는 점도 더욱 달달해 보인다. 내 은행 잔고는 쓸쓸해지겠지만.

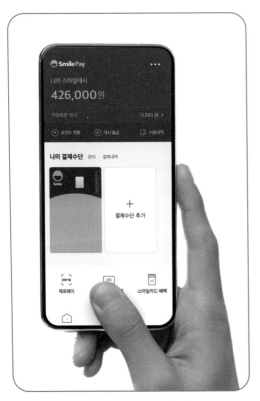

42 'Anchoring'을 버리고 'Reverse'해보라, 'Smile'하게 될 것이다.
　　출처: 이베이 코리아

네 번째 기술
천재도 올라탔을 것
같은 거인의 어깨

고기는 씹을수록 맛이 난다. 그리고 책도 읽을수록 맛이 난다. 다시 읽으면서 처음에 지나쳤던 것을 발견하고 새롭게 생각하는 것이다. 말하자면 백번 읽고 백번 읽히는 셈이다.
King Sejong the Great

힘들면 거인을 찾아라. 대부분의 연구자가 학술 논문을 검색할 때 구글의 https://scholar. google. co.kr/를 이용한다. 필자도 이 사이트의 단골이다. 논문 검색 시에는 가장 먼저 들르게 된다. 그런데 사이트 첫 화면의 하단에 이런 문구가 있다.

If I have seen further than others, it is by standing upon the shoulders of giants.

"거인의 어깨에 올라서서 더 넓은 세상을 바라보라" – 아이작 뉴턴

많은 거장이 뉴턴의 업적을 칭송하며 존경한다. 어떤 이는 '태초부터 뉴턴이 살았던 시대까지의 수학을 놓고 볼 때, 그가 이룩한 업적이 반 이상이다'라고 평가한다. 하지만 정작 뉴턴 자신은 타인들의 화려한 찬사에 대해 항상 겸손한 태도를 보였다. 이렇게 말이다.

"내가 다른 사람들보다 더 멀리 보았다면, 그것은 단지 거인의 어깨 위에 서 있었기 때문이다!"

학술 연구의 대부분은 기존의 연구 결과를 토대로 진행된다. 선대 거장들이 세운 이론 위에 나의 것을 마치 블록을 쌓듯이 올리는 것이다. 이는 당신 비즈니스의 필수이다. 지난 과거의 것들을 다시 한번 새로운 시각으로 바라보자. 그래서 살릴 것은 되살리고 없앨 것은 없애서 더 좋게 당신의 것으로 만들면 된다. 그때는 틀린 것이 지금은 맞을 수 있다. 과거에는 무의미해 보였던 아이디어도 새로운 기반에서 새로운 소비자들에게 대입해 소생시켜 보자. 이 시대의 관점에서 소비자의 옛 pain point를 재해석해 보자.

Case 1. 테슬라를 아는가 그렇다면, 로버트 데이비슨은 들어봤는지

'전기차'는 매우 혁신적이다. 최첨단 기술이 집약된 결정체 정도의 수준으로. 물론 맞다. 그런데 전기차도 그 이력을 거슬러 올라가 보면 푸대접을 받은 시기가 있다. 전기차는 1837년 영국의 화학자인 로버트 데이비슨 [Robert Davidson]에 의해 처음 탄생했다. 19세기 말에는 셜록 홈스의 고향인 런던에서 유유히 돌아다녔다. 런던 외에 파리, 베를린, 뉴욕에서도 전기차 택시가 상용화되었다. 드디어 19세기 말 미국에서는 전기차의 수가 3만 대를 넘어 휘발유 차의 인기를 앞섰다. 그러나 전기차는 19세기 말을 기점으로 내리막길에 들어선다. 약 10년 영화를 누리다가 서서히 내리막길을 걷는다.

그 이유는 4가지로 분석된다. 첫째, 런던의 마차 택시 기사들이 전기차 택시의 고장과 사고에 대해 강한 불만을 제기한 것 둘째, 당시 대규모 유전들이 발견되면서 휘발유 가격이 급락한 것 셋째, 그 유명한 헨리 포드가 전기차의 절반 가격으로 휘발유 차를 팔기 시작한 것 넷째, 미국에서는 도로 사정 개선에 따른 장거리 여행 소비자가 증가했는데, 전기차는 한정된 배터리 용량으로 인해 이를 충족시키지 못한 것.

위를 보면, 결국은 제아무리 신박한 제품이라고 해도 정치, 사회, 경제, 문화 등 외부 환경의 지배를 벗어나긴 힘든 듯하다. 전기차도 이를 피해 가지는 못했다. 물론 이의 실패 요인에는 배터리 용량과 같은 기술적 요인도 크다. 이 기술적 미진함은 사용자의 pain point로도 작용했을 게 틀림없다.

과거의 것을 다시 생각하자. 이때 과거의 외부 환경 요인도 함께 검토하자. 약간은 비켜난 이야기가 될 수도 있지만, 유행은 돌고 도는 법이다. 엄마의 오래된 사진에서 볼 수 있는 촌스러운 양장점 룩 [Look]이 어느 해엔 '유명 브랜드에서 거금을 들여 산 나만의 세련된 룩'이 되기도 한다. 이를 마냥 무시할 수는 없지 않을까? 무엇이든 간에 태초의 시작은 있다. 그 시작을 살살 굴려 당신의 지렛대로 삼아라. 그 지렛대가 당신만의 위대한 거인 앞으로 이끌어 줄 것이다.

43 전기차와 로버트 데이비슨.

　Robert Davidson과 그 당시의 전기차이다. 아무리 새로운 것도 최초의 모습은 존재하는 법이다. 이 불변의 진리 자체가 당신에게 주는 통찰력을 꽉 잡아 보자.

　출처: http://www.dukosi.com/blog/a-brief-history-of-the-electric-car-part-1/

Case 2. 밤쉘 (Bomshell), '깜짝 놀랄 소식'을 베네딕트 컴버배치는 알까

　무선전기 연결망, 인공위성, 휴대폰, 무선인터넷이 없는 세상으로 돌아가는 것, 이제는 끔찍할 것 같다. 당신은 Hedy Lamarr* (헤디 라마 :1913–2000)라는 여배우를 아는가. 그녀의 아름다움에 가려진 과학자, 발명가로서의 지적인 일대기를 묘사한 영화 밤쉘 : '깜짝 놀랄 소식', '매력적인 여성' (Bombshell)을 보면, 당신이 얻어야 할 통찰력은 간단하다.

　1990년 포브스지를 통해 세상에 알려진 헤디 라머의 주파수 도약은 현재의 와이파이, GPS, 블루투스, 휴대폰, 위성통신을 가능하게 한 기본 기술이다. 예를 들어, 그녀가 만든 도청 금지 아이디어를 이용한 전화기로 루스벨트 대통령과 처칠 수상이 통화했는데, 이는 세계 최초의 디지털 전화접속이라고 한다.

　영화 이야기 또 하나 하겠다. 요즘 AI는 대세이다. 이의 원조는 누구인가. 바

---

* '영화 사상 최초로 알몸 오르가슴 연기를 한 배우'라는 자극적인 수식이 따라다니게 만든 〈엑스터시〉로 데뷔, 〈알제〉 (1938), 〈화이트 카고〉 (1942),〈삼손과 델릴라〉 (1949) 등 25편의 영화에서 클라크 게이블, 제임스 스튜어트 등과 호흡을 맞춘 MGM의 대표 배우)

로 베네딕트 컴버배치가 열연했던 영화 이미테이션 게임의 주인공, 케임브리지 대학 출신의 수학자 앨런 튜링 (Alan Turing)이다. 그는 기계가 인간을 얼마나 완벽하게 모방할 수 있는지 살피는 일명 '모방 게임'을 만든 자이다. 이는 그가 1950년 발표한 논문 「기계도 생각할 수 있을까 (Can Machines Think)」에서 처음 고안한 게임이다. 튜링은 컴퓨터가 의식을 가진 사람과 자연스럽게 대화를 주고받을 수 있다는 즉, 컴퓨터도 생각하는 능력이 있다고 가정한 것이다. 바로 이 생각이 AI의 기반을 닦는 밑바탕이 된 것이다. 당시 그는 동성애자라는 이유로 당시 영국에서는 이가 불법이었다. 감옥에 가는 대신 성 충동 약물치료형을 선택해 1년간 호르몬 치료를 받았다. 이 비운의 천재 수학자는 스스로 독을 넣은 사과를 먹고 숨을 거뒀다. 백설 공주의 방식이었다. 그의 나이 41세였다. 2019년에 이 비운의 천재는 영국 50파운드 지폐의 새 인물로 선정된다. 영란은행 총재는 앨런 튜닝이 우리 현재 삶에 엄청난 영향을 미친 뛰어난 수학자였고, 컴퓨터 과학과 AI의 아버지이며, 전쟁영웅이라고 칭한다. 그는 위대한 거인이였고, 지금 정말 많은 이들이 그의 어깨 위에 서 있다고 하면서.

앞서 말한 헤디 라마도 그녀가 세상을 떠난 4년 후, 독일은 그녀의 생일인 11월 9일을 '발명가의 날'로 공식적으로 선포한다. 에디슨처럼 잘 알려진 발명가들 뿐만 아니라, 그녀처럼 역사가 제대로 평가해주지 못했던 이들을 함께 기억하기 위해서라고 한다.

최첨단의 기술 지향적인 것조차 그 원천은 반드시 있는 법이다. 과거의 역사를 뒤져 보라. 역사가 거창해 보여서 꺼려진다면, 당신이 혹은 남이 과거에 시도했던 것들을 다시 보라. 그것을 다시 해석하라.

그 위에 당신만의 숟가락을 얹어라. 그것이 당신의 거인이 되어 줄 것이다. 힘들 때는 남의 어깨에 올라타는 것도 하나의 방안이다.

Case 3. 구글의 무덤을 아이디어의 레버리지로 삼아보라.

세계적으로 Flex를 하는 소위 잘나가는 기업 '구글'에 어울리지 않는 단어, 바로 '무덤'이다. The Google Cemetery. https://gcemetery.co/ 이다. 이는 구글이 종료한 서비스를 소개하는 웹 사이트이다. ^{게다가 굉장히 친절하게 사이트가 구성되어 있다는 점도 흥미롭다.} 한마디로 '구글의 무덤'이라고 불린다. 천하의 구글도 망한 서비스가 꽤 많이 있다는 사실이 좀 인간적으로 느껴지고 희망도 주는 것 같다.

구글 SNS인 Google + 는 사용자 참여가 낮고 소프트웨어 오류로 인해 종료, ^{물론 혹자는 다른 이유를 들기도 한다.} 단축 URL 서비스인 goo.gl, 스마트폰을 PC처럼 모듈화해서 조립하는 스마트폰을 만들었던 '프로젝트 아라', 온라인 사진 편집 서비스인 '피크닉'을 비롯하여 Google Cloud Print, Google Hangouts, Fabric, Google Hire가 있다.

이 웹사이트에서는 국내에 소개되지 않거나 사람들에게 호응을 얻지 못했던 별 인기가 없었던 서비스들을 꽤 많이 확인할 수 있다. 친절하게 연대기별로 구글이 종료한 서비스가 나열되어 있고, Near Death, Services, Apps, Hardware, Software, Social로 카테고리도 세분되어 있다. 각 서비스를 클릭하면 탄생 및 죽음 연도 그리고 당신에게 새로운 아이디어의 발판을 제공할 수 있는 Why! 왜 해당 서비스를 종료하는 가와 관련된 일종의 부고문이라고 할까, 이 부분도 간단히 정리되어 있다.

구글 크롬 개발 직원은 트윗에 무시무시한 것인지 혹은 슬픈 것인지 모르겠다는 ^(Not Sure Whether Spooky or Just Sad?)는 멘트와 함께 Picasa, Google Buzz, Google Reader, Google Wave, Google + 등 서비스가 종료된 제품명과 로고를 새긴 묘비의 사진을 올렸다. 이는 핼러윈을 맞이하여 시애틀에 위치한 구글 프리몬트 캠퍼스 로비에 설치된 것이다.

어떤 이들은 자신이 잘 이용했던 구글의 서비스가 사라지는 것에 대해 사랑하는 이를 잃은 듯한 애도를 표하기도 한다. 그런데 이 서비스들이 진짜로 우리

곁에서 사라지는 것일까? 그렇지 않을 수도 있고 그럴 수도 있을 것이다. ^{물론 특허} ^{등 법률적 이슈가 있을 수 있겠지만.} 필자는 전자에 더 많은 승부를 걸고 싶다. 아마 더 좋은 서비스로 혹은 더 간결한 모습으로 혹은 더욱 화려한 옷을 입고 소비자 앞에 나타날 것이라고 본다. 이러한 실패작들이 구글의 이름으로 환생할지 혹은 작은 스타트 업의 이름으로 부활할지는 모르겠다.

아이디어 발굴에 지친 당신, 이곳을 거인의 어깨 삼아서 좀 쉬어가면 어떨까 싶다.

탐험 도구 사용의
기본기 연마법 2가지

첫 번째 기술
Everyday, 꾸준히

지속적인 우승자가 된다는 것은 하루, 한 달, 일년 준비한다고 되겠어요? 평생을 준비해야죠.
Bill Rodgers

세상만사, 매일 꾸준히 하는 자를 이길 방도는 없다. pain point 도출을 위한 탐험 도구도 마찬가지다. 여태까지 소개한 연마 기술의 기본이 되는 것이다. 필자가 아는 한, 대부분의 마케터는 소비자를 궁금해한다. 그리고 소비자의 목소리에 대부분 귀를 기울인다. 하지만 매번 꾸준히 귀를 쫑긋하기는 쉽지 않다.

다음에 소개하는 사례를 통해서 꾸준히 해야 하는, 이 쉽지 않은 일에 대한 각자만의 팁을 가져가길 바란다.

Case 1. Bentz의 Red Button

벤츠는 독일 내 소비자 2,000여 명을 대상으로 '빨간 버튼 시스템'을 운영하고 있다. 소비자들은 생활 중 불편 사항 혹은 아이디어가 떠오르면 벤츠 차량에 부착된 빨간 버튼을 누른다. 그 즉시 관련 부서와 화상 전화로 연결이 된다. 이렇게 즉시 그 자리에서 소비자의 pain point가 실시간으로 전달되는 시스템이다.

사실 소비자의 의견 수렴을 위한 기업의 핫라인은 꽤 많다. 기업들의 홈페이지만 봐도 '고객의 소리'라는 코너가 다들 있고, 콜센터 직원과 전화 응대가 끝나자마자 모바일을 통해 '고객 만족 설문 조사'도 날아온다. 하지만 벤츠의 빨간 버튼만큼 매력적인 시스템이 있을까? 필자가 보는 이의 매력은 바로 버튼이 소비자의 '자동차 안'에 있다는 것이다. 현장의 상황을 반영한 즉시성이다. 자동차에 관한 불편도, 아이디어도, 운전할 때 가장 많이 떠오르지 않겠는가. 만약, 빨간 버튼을 통한 화상 전화 시스템이 없다고 가정하자. 아마 이런 모습이지 않을까.

"소비자가 운전할 때 불편을 느낀다. 그래서 기업 홈페이지에 혹은 딜러를 만나게 되면 말해야지 한다. 그러나 그와 그녀들은 너무 바쁘다. 나 먹고 살기도 바쁘지 않은가. 혹은 나중에 해야지 하고 당연히 미룬다. 미루는 날이 몇 개월 후다. 이미 다른 회사에서 신제품이 나왔을 시기가 될 수도 있다. 혹은 귀가해서 홈페이지 '고객의 소리'에 접속한다. 그런데 막상 불편 사항을 적으려고 하니, 낮에 느낀 상황이 잘 안 떠오른다. 생생하게 표현이 안 된다. 나도 모르겠다. 결국은 다 귀찮다. 당신들 일은 당신들이 더 잘 알아서 하겠지!"

예상되는 시나리오이자, 지금도 전개되는 시나리오이다.

소비자 의견 반영을 위한 시스템 구축의 중요성을 모르는 기업은 없다. 정말 잘하는 기업들도 많다. 여하튼 잊지 말아야 할 것은 '즉시성'이다. 따끈따끈한 그들의 이야기를 즉시 즉시 듣는 방안이 핵심이다.

소비자의 pain point는 그들이 인식하자마자 순간적으로 연기처럼 사라질 수도 있다. 게다가 당신 브랜드의 광팬이 아닌 이상 어쩌고저쩌고 하면서 성의껏 이야기해주지도 않는다. 우리는 모두 각자 인생에 바쁘고 자신의 에너지를 그곳에 쓰느라 정신이 없기 때문이다.

Case 2. 오랑우탄 손가락과 Red Code

이제 거의 본문의 내용이 마무리되어 간다.

그러니 달콤한 초코렛으로 당신의 뇌에 당을 한번 충전하고 가자. 네슬레의 '킷캣 (Kitkat)'이야기이다. 2010년경, 네슬레는 오랑우탄 서식지인 인도네시아 열대우림을 파괴하는 팜오일 제조업체와 거래한다는 이유로 그린피스 (Greenpeace)로부터 질타를 받았다. 그린피스는 네슬레의 장수 히트 상품인 초콜릿 '킷캣 (Kitkat)'을 오랑우탄 손가락으로 표현한 자극적인 동영상을 유포했다.

원래 이러한 일들의 전파 속도는 타의 추종을 불허한다. 수백만 명 소비자들 사이에 빠르게 확산하였다. 당황한 네슬레는 동영상과 적대적 메시지를 강제로 삭제한다. 이로 인해 비난은 더욱 세진다. 그해 네슬레는 '최악의 소셜미디어 실수'로 선정되는 불명예를 기록했다.

전통이 있다는 것은 내공이 깊다는 것과 통한다. 그렇기 때문에 이러한 위기에도 네슬레는 무너지지 않았다. 오히려 이 위기를 디지털 전략의 취지와 목표를 근본적으로 변화시킬 기회로 활용했다. 즉, 소셜미디어 전략 목표를 일반적인 고객 프로모션에서 브랜드 기회와 위기관리의 툴로 확장한 것이다. 멋지지 않은가.

네슬레는 이를 위해 스위스 본사에 '디지털 촉진팀 (DAT: Digital Acceleration Team)' 을 신설했다. 그리고 마치 뉴스룸처럼 사방을 모니터 스크린으로 도배해 2,000여 개에 달하는 네슬레의 다양한 브랜드에 관한 소셜미디어 정보를 한눈에 볼 수 있는 시스템을 설비했다. 이 모니터에는 네슬레와 함께하는 소비자의 소소한 일상과 관련된 이야기들도 올라왔다. 당연히 이와 반대되는 네슬레에 대한 부정적인 이야기들도 함께. 이에 네슬레는 고객의 부정적 감정을 집중적으로 감지하는 시스템을 구축한다. 소비자들의 메시지 속에 네슬레와 관련된 부정적 단어가 여러 번 발견되면 삐뽀삐뽀 울리는 '코드 레드 (Code Red)'를 작동시킨 것이다.

예를 들자. 가령, 한 파키스탄 소비자가 자기 블로그에 '네슬레가 파키스탄에서 생산하는 생수는 정작 가난한 지역 주민을 위한 것이 아니다'라는 글을 올렸다. 코드 레드는 이러한 부정적 메시지를 감지하고 경보를 울린다.

그러면 CEO는 이를 인지한 지, 2시간이 채 되기 전에 이런 메시지로 응답한다. '우리는 파키스탄 공장 지역 주민 1만 명 이상이 마실 수 있는 생수 공급 계획을 추진 중이다.' 부정적 반응에 즉각적인 대응을 한 것이다. 나쁜 이야기는 좋은 이야기에 가려질 가능성이 높지 않은가. 게다가 대응 전략도 웅장하고 멋지다. 이보다 빠르고 명확한 그 무엇이 존재할 수 있을까.

네슬레의 변화는 파격적이지 않은 가. CEO가 직접 답변 메시지를 보내는 것 또한 어지간한 의지로는 해내기 힘든 일이다. 물론 당신의 대응 전략이 이렇게 큰 규모가 아니더라도 혹은 이 정도에는 미치지 못해도 주눅들 것은 없다. 소비자가 생각하고 경험하는 여러 가지를 실시간으로 예민하게 살피고 보듬으려는 마음가짐이 중요한 것이다. 그리고 지속해서 일관성 있게 하면 된다. 단발성인 프로젝트만으로는 미흡하다. 이것이 핵심이다.

Case 3. 가장 중요한 것에 대한 의사 결정자는 CEO가 아니다

일회성의 소비자 조사가 아니다.

아예 매 순간 소비자 의견을 바탕으로 제품을 만드는 회사가 있다. 밀레니얼의 세대의 에스티 로더라고 불리는 글로시에 (Glossier)이다. 2014년 시작한 이후 승승가도를 달리고 있다. CEO 에밀리 와이스 (Emily Weiss)는 1984년생의 밀레니얼 세대 출신으로 원래 뷰티 블로그 '인 투 더 글로스 (Into the Gloss)'를 운영하던 파워 블로거였다. 그녀는 블로그 운영을 통한 노하우를 바탕으로 자신만의 뷰티

44 이 회사의 홈페이지를 보면, 눈에 띄는 그들 브랜드의 정체성을 보여주는 문구가 있다. 'Meet us in real life' 그리고 'Real people share their real life routines' 이 브랜드는 그 자체가 소비자라는 것이다. 화장품이라는 業 자체는 "Wanna be Image"와 같은 약간의 MSG가 들어가는 법이다. 하지만 이들의 생각은 2% 달라 보인다. 실제의 보통 소비자와 교감하는 현실적인 아름다움이 느껴진다. 브랜드가 일방적으로 주도하는 방법과는 결이 달라 보인다.
출처: https://www.glossier.com/

브랜드를 창업한 것이다.

한 매체와의 인터뷰에서 그녀가 한 이야기가 모든 것을 말해준다.

"자신의 의견에 따라 상품이 출시되는 것을 목격한 소비층이라면, 구매 가능성이 거의 100%에 가까울 수밖에 없을 것이다"

이 브랜드는 설립된 이후 줄곧 소비자 개인의 파워에 주목해 왔다. 다른 기업들이 소위 인플루언서의 파워에 주목한 것과 사뭇 다르다. 그들은 한 명의 평범한 소비자가 보유한 스토리와 그 영향력에 주목한 것이다. 솔직히 남녀노소 불문하고 외모를 가꾸는 것에 관심이 높은 시대이다. 또 여자들의 경우에는 화장이라는 것은 매일 하는 일상적인 행동이다. 우리는 무엇을 바를지, 어떻게 보이기를 원하는지 등에 관한 크고 작은 의사 결정을 매일매일 한다.

이 CEO는 이러한 속성을 지닌 뷰티라는 사업군이 여러 사람을 연결하는 강력한 도화선이 될 수 있음을 포착한 것이다. 그래서 글로시에는 앞서 언급한 슬랙 ^(Slack)을 통해서, 상위 100명의 소비자 간 소통의 장을 마련했다. 여기서 소비자들은 주당 1,000건의 메시지를 주고받는다고 한다. 이 모든 것이 제품 생산에 반영되는 것이다. 이야말로 매일 매일이 소비자와의 뜨거운 Hot line으로 브랜드가 연결되어 있는 것이다. 제품 컨셉 개발의 처음 단계부터 소비자의 의견이 반영되니까, 당연히 반품률이 1% 이내라고 한다. 바야흐로 획일적인 대량 생산의 시대를 벗어나서 소비자 개인별 의견이 중요해지는데, 이를 몸소 실천하는 회사는 생각만큼 많지 않다. 나의 개성과 의견이 반영된 제품을 사고 싶지 않은 소비자가 있을까. 이 브랜드의 소비자와의 소통은 여기서 멈추지 않는다.

인플루언서를 활용한 마케팅은 대세이다. 일반적으로 인플루언서는 말하고 일반 소비자들은 듣는다. 일반적인 인플루언서는 완벽한 화장, 멋진 의상의 완벽한 외모의 연예인 모습으로 말한다. 반면, 글로시에의 유튜브 채널은 다르다. 여기서는 나와는 다른 세상에 살 것 같은 연예인 같은 모습은 없다. 일반인만이 나올 뿐이다. 한 명의 평범한 소비자가 직접 콘텐츠를 제작하고 공유하는 즉, 한 개인이 만들어 내는 뷰티 콘텐츠에 주목한 것이다. 인플루언서가 아닌 일반 소비자들이 말할 수 있는 장을 마련한 것이다. 기존의 것들을 조금씩 살짝 비틀었다. 이들의 성공 포인트이다. 소셜 미디어 시대에 살고 있는 소비자끼리 만들어 내는 소통의 힘을 캐치하고 이를 자신의 비즈니스로 끌어들인 것이다. 그냥 단발적인 소비자 조사를 통해서 나오는 제품과는 또 다른 결을 지니고 있을 것이다.

글로시에는 미래의 브랜드는 소비자와 기업 간의 공동 창작품이 될 것이라고 주장한다. 이런 생각이 대단하지 않다고 생각하지 말라. 혹시라도. 대단해 보이지 않는 것이라도 이를 뼛속까지 깊게 실천하는 기업은 흔치 않은 것이 현실이니까. 알고 있는 것과 행하는 것은 100% 다르기 때문이다.

Case 4. 세계 최고의 호텔 안의 지하 벙커

초반에 소개한 바퀴벌레 3인방의 에어비앤비는 호텔과 관련된 비즈니스 전체를 바꾸어 놓았다. 이와 유사한 서비스들이 출현함에 따라 기존 전통적인 호텔업은 당연히 타격을 받게 된다.

세계 최대의 호텔 체인인 메리어트 인터내셔널이 이를 보고 가만히 있을 수가 없지 않겠는가. 특히 이들은 젊은 표적을 공략해야 한다는 결심을 한다. 이를 위해 미국 메릴랜드 본사 지하 2층에 300여 평 크기의 이노베이션 랩을 차려 놓고 여러 가지 실험을 하고 있다. 비밀 무기가 만들어지는 지하 벙커 같은 아이디어 발전소이다.

이노베이션 랩 복도에는 흰색으로 벽을 칠해 놓고 아이디어를 빔프로젝터로 뛰어 놓고 수시로 제안하고 투표한다. 30명 이상의 지지를 받은 아이디어는 실제 객실과 같이 꾸며진 방에 적용되고 직원들은 여기서 아예 숙식하는 것이다. 소비자 입장에서 경험해 보고 아이디어를 발전시켜 나가기 위해서이다. 최종 채택된 아이디어는 알로프트 호텔 (Aloft)일부 지점에 적용하고 여기서는 실제 소비자의 피드백을 받는다.

Aloft는 격식 없고 젊은 느낌이 물씬 풍기는 곳이니, 젊은 세대의 의견을 구하기 가장 적합하다. 그들의 개별 브랜드를 적극적으로 활용하는 것이다.

소비자의 피드백을 받는 형식 또한 재치 만발이다. 호텔 벽과 테이블 곳곳에 베타 버튼을 설치하고 마음에 들면 Up 버튼을, 마음에 들지 않으면 Down 버튼을 누르게 하는 것이다. 혹은 투숙객에게 아이패드를 제공해서 평가를 받는 식으로 운영하고 있다. 6개월 실험 후, 새로운 시도에 대한 소비자 반응이 우수하면, 이를 다른 계열의 호텔 브랜드에도 적용한다.

본사에 있는 이노베이션 랩과 Aloft호텔은 그들의 새로운 계획을 테스트하는 혁신의 실습실이다.

그 중심에는 소비자와의 대화가 있다. 이곳도 필요할 때만 하는 것이 아니다. 지속적으로 일관적으로 꾸준히 하고 있다. 소비자의 마음을 읽기 위한 지속적인 소통의 창이 없으면 생존 자체가 어려운 세상이 도래한 것이다. 당신은 소비자와의 꾸준한 소통을 위해서 무엇을 할 것인가. 그들의 의견을 반영한 새로운 것을 혹은 기존의 것을 개선시키기 위해 무엇을 할 것인가.

위의 사례를 통해서 이에 대한 팁을 얻어 가길 바란다.

Case 5. 진부해 보일 수 있는 용어인 프로슈머 (Prosumer)그리고 새로워 보이는 모디슈머 (Modisumer)를 꾸준히 실천하는 Brew Dog.

꽤 오래전부터 마케팅 업계에서는 프로슈머*(Prosumer)의 중요성을 강조하였다. 하지만 이를 꾸준하게 그리고 생산적으로 활용하는 브랜드를 찾기는 쉽지 않다. 한때 이의 새로움과 중요성이 그렇게 많이 회자되었음에도 불구하고! 사람들은 새로운 그 무엇이 없는가에 목말라 하는 경우가 많다. 하지만 과연 우리는 이미 알고 있는 마케팅 개념을 실제로 잘 적용하고 있는가에 대한 검토도 필요하다. 이는 코로나 대변혁과 같은 시기에 효율적인 의사 결정의 바탕이 될 수 있다.

---

* 생산자 (Producer)와 소비자 (Consumer)가 결합된 단어로, 제품을 개발할 때 소비자가 직·간접적으로 참여하는 것.

45 이 회사의 홈페이지를 보다가, 너무 재미 있어서 입 벌리고 한나절 동안 투어했다. 아니, 이게 맥주회사야? (물론 이게 불낙 이야 버전은 아니다.) 브랜드가 추구하는 즐거움과 소비자를 아끼는 행보에는 끝 이 없음을 보여준다. 홈페이지의 내용을 연구해 보라. 브랜드에 관심이 있는 분들 에게 많은 영감을 줄 것이다. 이 이미지들 은 그들만의 비행기, 그들만의 호텔이다.

46 DIY DOG – 자신들이 처음 차고에서 맥주를 만 들었던 그리고 매 순간 고민해서 발전시킨 그들만 의 'Principles of Homebrewing'을 일반 대중 에게 공개한 것으로 400장이 넘는다. 브랜드 탄생 10주년을 기념한 것이다. '우리의 요리법을 수정하 고 조각조각 찢어라. 이를 즐기면서 당신들만의 결 과물을 다른 이들에게 공유하라. 우리의 인생 임 무는 다른 사람들을 우리처럼 훌륭한 수제 맥주 에 대해 열정적인 사람으로 만드는 것이다. Love Hops and Live the Dream.James, Martin and the Team x' 라고 세상을 향해 이야기한다.

47 이들의 마케팅은 'Geek' 해서 더욱 시선을 끌었 다. 다음의 문장들이 이 들의 정체성을 명확하게 보여주고 있지 않은가. We are Geeks, We are Uncompromising, We Blow Shit Up, We Bleed Craft Beer. 출처: https://www. brewdog.com/uk/

기본을 잘 다시는 것도 변화에 잘 적응하는 한 가지 방법이 되기 때문이다. 이러한 프레임에서 다음에 소개하는 영국 맥주 브랜드의 행보를 탐색해 보자.

언제부터 우리나라에도 대형 음료 회사에 나오는 정형화된 맥주의 자태에서 탈피한 다양한 Look & Feel을 지닌, 무엇인지 모르게 이국적인 느낌을 주는 수제 맥주 붐이 일어났다. Craft Beer, Craft Brew 등으로 불리는 이 아이들은 정말 무엇인가 다르다. 맛도 디자인도 제조 방식도, 좀 더 개인화되었다고 할 수 있다. 이의 대표 주자로 영국의 Brew Dog를 들 수 있다. _{우리나라 이태원에도 매장이 있다.} 그 유명한 스타트 업들이 창고에서 시작하듯이 이 회사도 마찬가지이다. 법대를 졸업하고 어선의 선장이었던 제임스와 그의 친구 마틴은 재미없고 획일화된 영국 대규모 맥주 시장을 비판한다. 그런데 중요한 것은 비판으로 끝나지 않았다는 점이다. 바로 행동으로 실천한 것이다.

이들은 2007년에 4천만 원 대의 자금으로 양조기를 마련해 작은 차고에서 작지만 원대한 비즈니스의 첫 단추를 여민다. 그들은 처음에는 자신들만의 요리법으로 만든 맥주를 벼룩시장에 내다 파는 것으로 시작했다. 이후, 2008년에 영국의 인지도 있는 맥주 경연대회에서 1위를 차지하면서 앞길이 트이기 시작한다. 그러면서 이들은 기존 대형 맥주 브랜드들과는 다른 다소 파격적인 마케팅 행보를 통해 컬트 브랜드 느낌을 만들어 간다. 이와 함께 소비자 로열티 프로그램을 잘 만들어서 자신 브랜드만의 팬덤을 형성한다. 이들은 'Equity for Punks'를 운영하는데 온라인 플랫폼을 통해서 다수의 소액 투자자들로부터 투자 자금을 모으는 일종의 크라우드 펀딩이다. BrewDog는 자신의 주주들에게 ID 카드를 발급한다. 모, 여기까지도 아주 새로운 개념은 아니다. 하지만 이 ID카드의 혜택은 당신이 상상할 수 있는 것을 초월한다. 다소 특이해 보이는 것들만 잠깐 언급하자면 다음과 같다.

① 주주들이 자신의 집에서 생맥주를 마실 수 있는 '미니 브루독 바'를 차릴 수 있는 아이템 제공.

② Brew Dog의 양조장에 주주들을 위한 도그 하우스 (Dog House)라는 맥주 호텔 운영.

③ 세계 최초의 Craft Beer 항공사를 운영 2018년 런던에서 콜럼버스로 가는 첫 운행 실시했다. 하는데, BrewDog 전용 기내식, BrewDog 맥주 페어링, BrewDog 브랜드 담요, 아이 마스크 및 베개 세트, 재사용 가능한 브랜드 컵 등의 다양한 굿즈와 스낵 등을 제공.

'Equity for Punks'는 현재, 약 11만4천 명이 넘는 엄청난 수의 주주들로 구성되어 있다. 이와 관련, Punks에 대한 지분을 획기적으로 연장하는 계획과 함께 암호 화폐까지 활용하여 이를 확대해 나가고 있다. 어메이징하다. 이들은 크라우드 펀딩을 통해 모은 자신의 팬덤을 위에 열거한 차원의 것들로만 록인*(Lock -in-Effect) 하는 데 그치지 않는다.

특히 필자가 이들이 영리하다고 보는 점은 바로 이것이다. 이들은 프로슈머 (Prosumer)의 개념을 다양한 각도에서 아주 착실하고 알뜰하게 활용하고 있다. 다음과 같은 시스템을 통해서! 1년에 한 번 'Brew Day'를 개최하여 주주들에게 개발 중인 맥주를 시음하게 하고 의견을 수렴한다. 이를 확대하여 'Prototype Challenge'를 개최한다. 이는 소수의 맥주를 온라인을 통해 선판매 후 투표를 통해 가장 인기가 좋은 맥주를 양산하는 것이다. 이들은 이를 또다시 확장한다. 요즘 한창 열일하는 구독 모델을 적용해서. 이가 바로 팬자인 클럽 (Fanzine Club)이다. 이에 가입한 사람들에게 2주에 한 번씩 개발 중인 맥주를 보내 주고 평가를 통해서 정식 출시하는 제품을 확정하는, 맥주 러버라면 한 번쯤은 참여

* 록인효과 (Lock-in-Effect).
기존보다 새로운 상품이 나와도 소비자가 다른 제품으로 소비 전환을 하지 않고 기존의 제품이나 서비스에 계속 머무르는 현상을 의미.

하고 싶은! 그렇다고 이들이 자신에게 투자한 소비자들만 아끼는 것은 아니다. BrewDog은 DIY Dog라는 새로운 사업 방식을 전개한다. 그들이 초창기 자가 양조 ^(Homebrewing)사업을 시작할 때, 기존 사업가들에게 비법을 받지 못했던 아쉬움을 자신들의 맥주 양조 비법 공개를 통해 승화시킨다. 새로운 사업 방식이라기보다는 일종의 오픈 소스이다. 자신들이 만든 모든 맥주에 대한 상세한 제조법을 무료로 배포한다. 홈페이지에서 누구나 다운로드할 수 있으며, 무려 400페이지에 달한다.

프로슈머를 넘어서 모디슈머를 추구한다.

즉, 모디슈머는 수정하다는 뜻의 Modify와 소비자라는 뜻의 Consumer의 합성어인데, 제조업체가 제시하는 방식에서 벗어나 그들만의 방식으로 제품을 활용하는 것을 의미한다. 새로움을 추구하는 '체험적 소비자'의 장점을 적극 활용하는 것이다.

옛 속담에 '구슬이 서 말이라도 꿰어야 보배'라는 말이 있다. 프로슈머! 모디슈머! 솔직히 대단히 새로운 용어가 아니다. 하지만 이를 보배처럼 잘 활용한 브랜드가 많아 보이는가, 그렇지 않다. 꾸준히 당신의 소비자를 참여시켜라, 그러면 그 흔한 말인 당신 브랜드만의 '팬덤'이 확보될 것이다. 위기의 시대가 도래해도 당신이 배신하지 않는 한, 당신을 지지해 줄 그런 소비자 말이다.

두 번째 기술
심플함을 일상화하라

모든 것이 여러분에게 불리하게 다가오는 것처럼 느껴질 때, 비행기는 바람에 편승하는 게 아니라 바람을 거슬러 이륙한다는 사실을 기억하세요. (When everything seems to be going against you, remember that the airplane takes off against the wind, not with it.).

헨리 포드/ Henry Ford

코로나 19시대이다. 당신은 이제 더더욱 모든 것에 대해 거꾸로! 역으로 뒤집고! 트위스트! 할 줄 알아야 한다. 그래야만 생존이 가능하기 때문이다. 결국은 간결한 핵심만이 살아남을 것이다.

예를 들어 보자. 많은 사람들은 인도 시장을 VUCA적 특징을 지닌 것으로 이야기한다. 즉, Volatility ^(변화가 심하고), Uncertainty ^(불확실하고), Complexity ^(복잡하고), Ambiguous ^(모호한) 시장이라는 것이다. 그런데 바로 작금의 시대 또한 VUCA를 정확히 반영하는 듯하다. 바로 '코로나 위기의 시대' 말이다. 코로나 바이러스로 인한 역습의 사태는 그 어떤 전문가도 예측하지 못했다. 참으로 진실로 대략 난감하다. 이럴 때, 당신의 마케팅은 어떤 통찰력을 지니고 이에 대응해야 할까. 물론 정답은 없다. 하지만 이럴 때, 필자는 당신이 제공할 수 있는 본질에 집중할 것을 제안한다. 이러한 프레임 내에서 '주가드[*] 이노베이션 ^(Jugaad Innovation)'에 한 번쯤은 주목할 필요가 있다. 이는 영세한 인도 농촌의 VUCA 특징에 대응하여 성공한 비즈니스 모델이다. 초기에는 인도 농촌을 위한 소박한 수준의 제품 개발에서 시작하지만 이후 인도의 대도시는 물론, 다국적 기업의 제품 개발에까지 영향을 준다. 볼수록 매력이 넘치는 모델이다.

* 인도에서는 길가에 세워진 변형된 지프들, 화물칸이 붙은 경운기나 트랙터들을 '주가드'라고 부른다. 원래는 농작물을 실어야 할 경운기의 화물칸에 사람을 태우는 일종의 합승 택시를 말한다. 이는 '현존하는 문제와 불리한 상황에 대한 혁신적인 해결책'이라는 뜻으로 '능숙한 추론', '적응성', '창의성', '솜씨 좋은', '영리한' 등의 어원을 지닌다.

주가드 이노베이션의 특징은 다음과 같이 요약된다.

종래의 기술 혁신이 자본 집약적 방식을 취한 것과 달리 이는 자본이 많이 소요되지 않는다. 적은 것으로 더 많은 것을 만들어 낸다는 점에서 '검약적 기술혁신 (Frugal Innovation)'이라고도 한다. 이는 또한 기술 형성 과정에서 유연성을 필요로 한다. 즉, 기술 개발 과정에서 조금이라도 비용을 절감할 수 있다면 기존의 알고리즘을 고집하는 것이 아닌 대안적인 알고리즘을 채택한다. 구매력이 낮은 인도의 저소득층에게 어필하기 위해서는 어쩌면 이는 필수 불가결한 요소일 것이다.

01

기존의 기술 혁신이 주로 과학자, 연구원 등의 전문가에 의해 주도된 특징을 지녔지만, 주가드 이노베이션은 전문가는 물론이고 시골 농부를 비롯한 모든 사람에 의해 주도된다. 왜냐면 이는 고도의 정교화된 기술이 아닌, 현재에도 즉시 활용 가능한 기술을 사용하기 때문이다.

02

정교하고 복잡한 기술이 적용되지 않기 때문에 제품 디자인과 성능이 단순하고 사용이 용이하다. 결국 '단순성 (Simplicity)'이다! 제품의 핵심적 기능을 제외한 불필요하고 복잡한 기능은 버린다. 이는 이론적으로도 신제품 수용 및 확산에 크게 기여하는 요소이다.

03

가격이 저렴해도 '내구성'이라는 기본에 충실하다. 예를 들어, 인도는 전력 사정이 열악하기 때문에 언제 단전될지 모른다. 그렇기 때문에 이와 같은 불규칙한 전력 공급 상황에도 적응할 수 있는 견고함은 필수이다.

04

다음의 주가드 이노베이션과 관련된 대표적인 사례를 통해 당신의 업에 적용 가능한 통찰력을 얻어 가길 바란다.

Case 1. 35달러짜리 태블릿 PC

'아카시'라는 브랜드의 태블릿 PC이다. 이는 영국의 벤처 기업인 데이터 윈드 와 인도의 기술대학이 협력하여 개발했다. 웹브라우징, 동영상 재생, 와이파이, 문서 작성 소프트웨어의 핵심적 기능만을 지닌 것으로 2011년도에 출시되었다. 농촌 지역 주민을 위해서 태양광 전원 옵션 기능도 지녔다. 5년간의 연구 기간을 통해 탄생한 것으로 어메이징한 것은 가격이 35달러, 한화로 4만원대이다. 연구 개발을 통해 가격을 10~20달러 더 낮출 수도 있다고 한다.

전 세계적으로 코로나로 인해 비대면 원격 강의를 하지 않는 학교가 없다. 일 각에서는 IT 디바이스를 구비하지 못해 비대면 원격 강의가 힘든 학생에 대한 우려감도 높은 실정이다. '아카시'는 인도 교육 시스템 환경을 개선하고자 하는 인도 정부의 의지가 담긴 제품이다.

이런 단순한 태블릿 PC가 과연 인도의 농촌 주민에게만 필요할까. NONONO. 당신이 태블릿 PC에서 주로 어느 기능을 사용하는지 살펴보라. 대 단히 훌륭한 기능들을 매일 사용하지 않는다. 물론 당신이 IT기술에 능숙하다면 (Tech-savvy)하다면 해당되지 않겠지만.

Case 2. '적정 기술' (Appropriate Technology)을 통한 '핵심 혜택' (End-Benefit)에 집중

가난탈피 (Out of Poverty)를 주장하신 Brave Thinker로 불리는 폴 폴락*(Paul Polak)은 국제 개발 단체 (IDE)를 설립한다. IDE는 개발 도상국에서 하루에 2달러

---

* 폴 폴락 박사는 '세계 50명의 주요인물' (Scientific American 선정)이자, '올해의 사업가' (Earnst & Young 선정)상을 받는다.

미만으로 생활하는 27억 명의 고객들을 위한 제품 보급을 통해 사회적 공헌과 영리라는 2마리 토끼를 잡는 혁신을 창출한다.

창업자인 폴 폴락 박사님은 ①No! 큰 투자 ② Yes! 누구나 쉽게 사용 ③ Okay! 현지 사정에 맞게 개발이라는 특징을 지닌 '적정기술'의 창시자로 불린다. 개발 도상국가의 영세 소농들을 연상해보자. 하지만 삶이 녹록지 않다고 그들이 일하지 않을 수는 없다. 이는 빈곤의 연속으로 이어지므로 누군가는 이 연결을 끊어야 하지 않을까. IDE는 영세 소농들에게 저비용의 농업 기술을 제공하기로 한다. 그런데 생각을 해보자. 이들에게는 서양의 농민들처럼 고가의 첨단 설비를 구매할 수 있는 능력 혹은 대출받아서 이를 몇 년에 걸쳐서 상환할 능력이 없다. 그렇다고 현재의 열악한 상황에 머물러 있다면 미래는 더욱 암울하다. 이들에게 는 오랜 기간 사용이 가능한 첨단 설비보다는 차라리 싼 가격에 부담 없이 구매 해서 단기간에 더욱더 많은 수익 창출을 도와주는 설비가 더욱 절실한 것이다.

IDE는 개발 도상국 영세들이 처한 현실적 상황을 직시한다. 그래서 이들에 게 적수 관개 ^{파이프를 통해 식물에 물을 주는 방식} 설비를 제공하는데, 접근 방법을 근본 적으로 달리한다. 이들을 위한 설비는 서구 사회 농민들을 위한 '내구성', '기술 성', '편의성' 등의 일반적인 요소를 전혀 고려하지 않는다. 이는 비용 상승과 직 결되기 때문이다. 대신에 오로지 기본에만 충실한, 고작해야 1~2년 정도 버틸 수 있는 설비를 설계한다. 영세농들이 이런 저렴한 설비를 쉽게 구매하면 이전보다 더 많은 농산물을 재배할 수 있다. 또, 더욱 빨리 추가 소득을 올릴 수 있고 이를 통해 재투자도 가능해진다. IDE가 집중한 것은 바로 이것이다. "영세농들이 이 전보다 빠른 속도로 부를 창출할 수 있도록 도와주자." 물론 기술 지향적 사고방 식을 지닌 그 누군가는 이를 근시안적 접근 방식이라고 비판할 수도 있다. 고작 1~2년밖에 사용하지 못하는 설비는 장기적 관점으로 볼 때, 비효율적이라고 말 이다. 모두가 처한 상황은 각각 다르다. 당연히 소비자가 요구하는 그 무엇도 당 연히 다르다. IDE는 이와 같은 저비용 시스템에 대한 수요 증대를 통해 지속가 능한 비즈니스 모델을 창출, 성공한다.

Case 3. 독일 기업 지멘스의 아기 사랑

독일의 다국적 기업인 지멘스는 일찍이 SMART 프로젝트 즉, Simple ^{(단순하}고), Manageable Friendly ^(다루기 쉬운), Affordable ^(저렴하고), Reliable ^(믿을 수 있고), Timely to Market ^(적시적지인) 상품 개발을 진행하여 성공한다.

일반적으로 선진국에서 이용하는 '태아 심장 박동 진단기'는 초음파 기술이 탑재된 이유로 인해 프리미엄 장비이다. 하지만 이들은 인도, 미국, 독일 소재의 연구 개발센터가 협력하여 특수 마이크로폰을 활용한 가격이 저렴한 제품을 출시한다. 원래 인도 시장의 구매력이 낮은 계층을 위해 개발된 제품이다. 하지만 이는 전 세계 농촌 거주 임산부들을 위한 글로벌 제품으로도 확장 가능성이 높은 매력적인 아이이다. ^{이렇게 예상외로 많은 타깃 커버리지를 보장해 줄 수 있다.} 연구에 의하면 글로벌 금융 위기 이후에 선진국에서도 빈곤층이 증가하고 있고 유럽은 고령화로 인해 소득이 불안정한 계층이 지속해서 증가하고 있다고 한다. 이는 선진국 시장이라고 해도 모두 프리미엄 제품만 구매할 수 없음을 시사한다.

지금의 비즈니스 모델은 '투자 이익을 빨리 얻을 수 있도록 도와주는 제품과 서비스에 집중'해야 함을 간접적으로 보여준다. IDE의 저렴한 적수 관개 설비가 이를 사용하지 않을 때보다 더 많은 수익을 보장해 준 것처럼 말이다.

'적정 기술'과 '적정 가격'으로 탑재된 비즈니스 모델은 소비자 구매력을 기준시, BOP[*] ^(Bottom of Pyramid)에서부터 더 상위의 단계로 확장될 수 있을 것이다. 당신의 비즈니스를 이용하는 소비자들이 빨리 얻어갈 수 있는 최종 혜택 ^(End Benefit)을 공략하라! 심플하게!

많은 소비자가 예전처럼 지갑을 열지 않고 카드를 긁지 않는다. 많은 경제 지표들이 이를 증명하고 있다. 팬데믹 시대, 일반 중산층의 구매력은 슬프게도 BOP 수준으로 하락할 수도 있다. 심리적으로도.

이럴 때, 자원 제약을 염두에 두고 자본이 많이 소요되지 않는 것에 눈을 돌려라. 기존의 활용 가능한 기술에서 소비자에게 당장 필요한 핵심을 찾아보라.

그래서 단순하고 사용이 편리하여 부담없는 가격대의 제품 혹은 서비스를 창출하라. 창조적이고 융통성있는 주가드 이노베이션 개념을 적용해서! 그래서 이 시기를 지내자. 곧 좋은 시기가 오지 않겠는가. 지금의 시기를 버텨준 당신만의 주가드 이노베이션은 다소간의 리뉴얼 혹은 리포지셔닝을 통해, 다시 구매력이 상승한 소비자에게 먹힐 수 있게 변신시키면 된다. 앞에서 소개한 인도의 초투쿨 (Choutukoo) 냉장고가 최초에는 BOP를 겨냥했지만 후에는 구매력이 높은 계층으로 이동했듯이 말이다.

이를 위한 첫 단추로 당신 소비자들이 지닌 가장 위급한 pain point를 찾아보라. 그리고 가장 위급한 고통에만 집중하라. 나머지 아파하는 것들은 또다시 도래할 꽃피는 시절에 보강하면 된다. 당신의 지적 자산을 심플화하라!

* BOP (Bottom of Pyramid)
소득 피라미드의 최하위 계층을 지칭하는 용어. 1인당 연간 소득 3,000달러 (1일 8달러) 미만으로 생활하는 경제적 빈곤층을 의미함. 미국 루즈벨트 대통령이 1932년 라디오 연설에서 처음 사용. 1998년 Prahalad교수와 하트 교수가 교수가 개념을 정립함. 이들은 중간 소득계층으로 성장할 가능성이 높아 '넥스트 볼륨 존 (Next Volume Zone)', '포스트 브릭스 (Post Brics)', '넥스트 마켓 (Next Market)' 등으로 불림.

EPILOGUE
소비자 탐험의 마무리와 RE-THINK

미국 미시간 주 앤아버에는 '실패 박물관'이 있다. 정식 명칭은 New Product Works ^(신제품 작업소)이다. 이름은 신제품인데, 이 박물관의 실체가 실패와 연관되니, 고개가 갸우뚱해질 듯하다. 이의 창립자는 로버트 맥베스 ^(Robert McMath)이다. 그는 1960년대 말부터 해마다 나오는 신제품을 그야말로 '취미로' 수집했다. 그러다 1990년, New Product Works라는 이름의 시설을 만들어 자신의 수집품을 진열한다. 여기서 재미있는 점이 있다. 그가 처음에 수집한 제품은 분명 신제품이었다. 그런데 결국 그가 모은 신제품의 80%는 시장에서 실패작으로 끝나버리게 된다. 신제품 ^(New Product)이 실패작품 ^(Failed Product)이 되어버렸다. 아이러니하게 결국 그는 신제품이 아닌, 7만 점 이상의 실패작을 수집한 셈인 것이다. 이곳에 전시된 대표적인 실패작들이다.

첫 번째는 펩시 크리스털이다. 사람들이 보통 생각하는 콜라 색과는 다른, 투명한 콜라이다. 1992년 시장에 선보인 이 제품은 처음엔 그 신기함으로 시선을 끌었다가, 결국 '어색하다'는 이유로 외면을 받았다. 또 하나의 유명한 실패작은 '연기 없는 담배'이다. '비흡연가들은 담배 연기가 싫다. 그리고 흡연자들도 그들 몸에 배는 담배 냄새를 좋아하지는 않을 것이다', 이에 착안하여 1988년에 담배 회사 카멜이 만든 제품이다. 흡연자는 물론이고 비흡연자의 사랑도 함께 받을 것이라 기대한 것과 달리, 맛이 없고, 피우는 방법이 어렵다는 이유 등으로 사랑받지 못했다. 그리고 마치 담배 연기처럼 이 세상에서 사라졌다.

이러한 실패 박물관이 미국에만 존재하는 것은 아니다. 심리학자이자 혁신 연구원인 사무엘 웨스트 ^(Samuel West)는 자신이 수집한 51가지의 실패작을 스웨덴 헬싱보리 박물관에 전시했다. 이를 실패작 박물관 ^(Museum of Failure)이라 칭했다.

다음은 이곳에 전시된 대표작이다. 첫 번째는 코카콜라에서 출시된 Coke

Black이다. 이것은 커피 맛을 지닌 콜라로, 2006년 발매되었다. 하지만 다소 이상한 맛과 높은 카페인 함량 때문에 악평을 받았고, 2008년에 단종된다. 두 번째는 바로 얼굴을 작아지게 만들어주는 마스크 '리주버니크 (Rejuveniqu)'이다. 이는 얼굴에 미량의 전기 충격을 가해 근육의 긴장을 주어 피부를 좋게 해주는 제품이다. 1999년 발매되었지만 그다지 좋은 평가를 얻지는 못했다.

당신은 이 시점에서 무엇이 떠오르는가!

필자의 관점에서 몇 가지만 추려보겠다.

펩시 크리스털은 1990년 초반에 출시되었지만, 실패 박물관으로 갔다. 하지만 2015년 펩시에서 한정판으로 재출시한다. 특히 이러한 Clear (무색)콘셉트의 음료 제품은 과거와 달리 소비자들의 사랑을 받고 있다. 왜냐면 더 깨끗하고 건강해 보이니까. 또 2006년경 론칭된 코크 블랙으로, 이는 2019년 '코카콜라 플러스 커피'라는 이름으로 국내에 출시되었다. 2016년 일본과 호주에서 먼저 나왔다고 한다. 다음으로는 1999년도에 출시되었다가 사라진 마스크 리주버니크이다. 이의 모양새는 최근 우리나라 여성들에게 한 번 정도는 Wish List에 올려지는 LED 마스크의 그것을 띠고 있다. 아름다운 Top Model을 내세운 LED 마스크는 TV를 틀 때마다, 인터넷 배너 광고에서, 홈쇼핑 채널에서 매번 보인다. 과거에는 실패했던 제품이 이제는 뷰티 업계의 새로운 카테고리를 창출한 것이다. 한때 실패 박물관에 전시되어, '실패'라는 오명을 남긴 제품들은 결코 실패가 아니라는 것이다. 시대적 타이밍에 부합되었다면 혹은 약간의 뒤틀림만 가미되었다면, 이들은 신제품 작업소에 위풍당당하게 전시되었을 것이다. 이름에 걸맞게.

일명 RE-THINK! 한번 생각해 보자.

'그때는 틀리고 지금은 맞는 것'이다. 그때는 틀렸을 지 모르지만, 지금은 맞게 만들면 된다. 왜 '그때는 틀리고 지금은 맞을까'에 대한 것은 당신만의 통찰력에 근거한 오픈 결말로 남기겠다.

소비자 pain point 탐험 도구 Big 5와 9개의 탐험 도구 연마술을 갈고 닦는 과정에서, 당신이 원하는 답이 나오지 않을 때가 분명히 있을 것이다. 아이디어가 고갈됨을 느낄 때, 혹은 pain point를 도출하다가 한계를 느낄 때는 꼭 과거의 것을 RE-THINK를 해보라. 정말 타이밍이라는 것은 참으로 요상하다. '타이밍은 모든 것'이라는 말이 괜히 존재하는 게 아니다. 타이밍을 잘 맞추려면 결국 과거의 것을 공부하지 않을 수 없을 것이다. '시대적 감성'과 '진보된 기술'을 살짝 버무려서 과거를 복원하는 작업도 당신의 탐험 여정에 추가해 보라.

마지막으로 우리의 탐험 여정을 탈무드에 나오는
현자의 말과 연결하고자 한다.

"배운 것을 복습하는 것은 외우기 위함이 아니다.
몇 번이고 복습하면 새로운 발견이 있기 때문이다."

이 책은 필자의 생각으로 꾸민 것이다.
이를 당신의 시선으로 당신만의 프레임으로 RE-THINK하여,
당신만의 새로운 발견의 토대로 활용하길 바란다.

참고자료

신문기사 및 웹자료

밀레 그림의 전문가 서평 레퍼런스
⇨ 선주아빠 blog, 밀레 (Millet) - 이삭 줍는 여인들 (The Gleaners). 2019.4.20.
http://blog.naver.com/PostView.nhn?blogId=iunggc&logNo=221518065583&categoryNo
=7&parentCategoryNo=0&viewDate=&currentPage=1&postListTopCurrentPage=1&from
=postView

에어비앤비의 초창기 일화들 에어비앤비
⇨ Live & Venture, 삶과 벤처에 관한 이야기 by 윤필구.
https://liveandventure.com/2018/03/04/airbnb-2/

맥도날드의 밀크셰이크의 타겟 전환
⇨ 이코노믹리뷰, "맥도날드 밀크셰이크는 누구와 경쟁하나?", 2018.4.22.
http://www.econovill.com/news/articleView.html?idxno=336235

IGM 세계 경영연구원 경영스터디, 하버드 경영구루가 남몰래 알려준 비밀 3가지
⇨ '경영학계 아인슈타인' 클레이튼 크리스텐슨 교수, 한국의 CEO들과 만나다. 2010.03.05 18:26.
http://newsplus.chosun.com/site/data/html_dir/2010/03/05/2010030501511.html

마틴 린드스트롬 이야기
⇨ 매일 경제 MBN, [The Biz Times] 빅데이터는 덩치만 큰 코끼리…미래를 보려면 스몰데이터 찾아
라, 2016.04.15
https://www.mk.co.kr/news/business/view/2016/04/274322/

딜리버루 창업자의 창업 스토리
⇨ 한국경제, 지사 파견 2주 만에 창업의 꿈…기업가치 2兆 넘는 유니콘 키워. 2019.07.11.
https://www.hankyung.com/international/article/2019071162991
허브줌, 영국판 배달의민족, 딜리버루는 어떻게 영국을 평정했나, 2017.08.18.
http://hub.zum.com/ppss/12323

버커킹 CEO 다니엘 슈워츠의 성공 요인
⇨ 시선뉴스, 37세 젊은 CEO '다니엘 슈워츠', 버거킹 살린 비법은?, 2018.09.19.
http://www.sisunnews.co.kr/news/articleView.html?idxno=90450
아시아경제, 32세 CEO는 어떻게 2년 만에 '버거킹' 가치를 2배로 키웠나, 2019.08.01.
https://www.asiae.co.kr/article/2019072216115574226

루드윅 매리쉐인이 자신의 pain point 도출에서 성공한 사례
⇨ TED, A bath without water, Ludwick Marishane, 2012.02.
https://www.ted.com/talks/ludwick_marishane_a_bath_without_water

워커앤컴퍼니 브랜드의 창업 스토리
⇨ 이코노믹리뷰, "흑인에 맞는 면도기 없어 직접 창업" - 흑인전용 면도제품 스타트업 워커앤컴퍼니,

P&G가 인수하며 날개 달다, 2019.01.29

http://www.econovill.com/news/articleView.html?idxno=355648

레드 닷에서 수상한 한국인 사례 – 블룸칩스와 원 웨이

⇨ 조선일보, 세계 디자인계에 新바람 일으키다… 한국의 '젊은 상상력', 2011.05.13.

http://news.chosun.com/site/data/html_dir/2011/05/12/2011051202452.html

스타트업 창업자들이 말하는 pain point

⇨ 비즈업, 이 기업이 창업 경진대회를 휩쓴 비결? "'pain point'를 찾아라", 2017.2.3.

스타트업 투자가의 정신아 대표 인터뷰

⇨ 인사이트코리아, 스타트업과 '한 배 탔다'는 정신아 카카오벤처스 대표, 2019.6.3.

http://www.insightkorea.co.kr/news/articleView.html?idxno=37547

미국 기념관과 비둘기, 거미, 나방, 불빛의 상관관계

⇨ 비즈니스 인사이트, 비둘기, 나방, 70년된 기념관 부식시키는 범인 찾아라, 디자인 씽킹식 문제 해결 방법, 2017.8.3.

https://blog.naver.com/businessinsight/221066160476

달라스 쉐이브 클럽

⇨ Fortune, Dollar Shave Club Says Butt Wipes Will Help Lead It to Profit This Year, 2016. 3.16.

https://fortune.com/2016/05/16/dollar-shave-club-2/

Mini의 Think Big 관련된 캠페인

⇨ Fastcompany, Mini Offers Standard Motorists A lift, Turning Breakdowns Into Test Drivers. 2015.7.15.

https://www.fastcompany.com/3046053/mini-offers-stranded-motorists-a-lift-turning-breakdowns-into-test-drives

vanMoof 의 택배 박스

⇨ YTN, 네덜란드 자전거 회사의 놀라운 택배 파손 방지 아이디어, 2019.01.25.

https://www.ytn.co.kr/_ln/0104_201901251440067282

⇨ ZDnet Korea, 한 자전거 회사의 재미난 배송 실험/반무프, 포장지에 평면TV 사진…"이래도?", 2016.09.26.

http://www.zdnet.co.kr/view/?no=20160926152131

⇨ 자전계의 테슬라 '반무프'의 포장법

https://search.daum.net/search?nil_suggest=btn&w=tot&DA=SBC&q=%EB%B0%98%EB%AC%B4%ED%94%84+%EC%9E%90%EC%A0%84%EA%B1%B0+%ED%8F%AC%EC%9E%A5

리비리 택배 박스

⇨ www. https://liviri.com/

Grocerydive, Reusable boxes aim to reduce meal kit packaging waste, 2019.4.8.

https://www.grocerydive.com/news/reusable-boxes-aim-to-reduce-meal-kit-packaging-waste/552178/

Fastcompany, These reusable boxes are designed to tackle meal kits' over-packaging problem, 2019.4.4.

https://www.fastcompany.com/90329263/these-reusable-boxes-are-designed-to-tackle-meal-kits-over-packaging-problem

빨래판과 면도날

https://www.razorpit.com/

WADIZ, 면도날 심폐소생/면도날 수명 증가/ 덴마크식 면도 방법, 2019. 5.30.

https://www.wadiz.kr/web/campaign/detail/28519

인도의 고드레지 냉장고

⇨ Kotra, 인도의 이노베이션 제품 성공 비결, 2017.10.19.

http://news.kotra.or.kr/user/globalBbs/kotranews/782/globalBbsDataView.do?setIdx=243&dataIdx=161267

반스앤 노블 서점에서 만든 예쁜 쇼핑백

⇨ Bloomberg, Can Barnes & Noble's Redesigned Shopping Bags Revive Its Bookstores?, 2015.3.24.

https://www.bloomberg.com/news/articles/2015-03-23/can-barnes-noble-s-redesigned-shopping-bags-revive-its-bookstores-

보노보스에서 남성들의 편리함을 위해 없앤 쇼핑백

⇨ Bonobos (보노보스)의 유통 비즈니스 전략, 2017.5.16.

http://www.fashionnetkorea.com/

언더아머 슬립 웨어

⇨ 언더아머 마케팅 담당자. 조선비즈, 자고 나면 피로 회복되는 신기한 잠옷… 꿀잠 보장하는 '스마트 의류' 나왔다, 2016.6.26.

http://news.chosun.com/site/data/html_dir/2017/06/26/2017062600268.html

괴짜 CEO의 히스로 공항 상륙 작전

⇨ Building an airport information hub , 2014.3.

https://www.enginegroup.co.uk/work/heathrow-airport-branded-connection-service

파네라 브레드와 서비스 청사진

⇨ consumerist, How Panera Sped Up Ordering And Dispersed Its 'Mosh Pit', 2017.6.2.

https://consumerist.com/2017/06/02/how-panera-sped-up-ordering-and-dispersed-its-mosh-pit/

businessinsider, Panera Bread just fixed a huge problem that's haunting Starbucks, 2017.6.2.

https://www.businessinsider.com/how-panera-solved-its-mobile-ordering-problems-2017-6

공학박사가 만든 Touringplan.com

⇨ https://touringplans.com/

여왕과 벤틀리 자동차

⇨ 매일경제MBN , 名車 벤틀리, 英 여왕 `모자`에 목숨 걸다? 2011.4.30.
https://www.mk.co.kr/news/business/view/2011/04/275088/

다이슨 에어블로우 2050 우산
⇨ 그린포스트코리아, 2050년의 우산, 2% 부족한 머스트 해브 아이템, 그린포스트코리아, 2013. 02. 03
http://www.greenpostkorea.co.kr/news/articleView.html?idxno=23669

제임스 다이슨 어워드의 최민규의 Folding plug
⇨ 아시아경제, 韓 디자이너 접는 플러그 글로벌 디자인 인정, 2009.09.21.
http://www.asiae.co.kr/news/view.htm?idxno=2009092108063138081

P&G의 챠밍 포에버 롤
⇨ 이코노믹리뷰, 두 축, 도시의 밀레니얼과 고령 소비자, 2019.06.24
http://www.econovill.com/news/articleView.html?idxno=366167

아이데오의 아이스크림 스쿱
⇨ 청년의사, IDEO 디자인을 의료혁신을 꿈꾸다, 2012. 02.14
http://www.docdocdoc.co.kr/news/articleView.html?newscd=2012021300009.

멕시코 주부들의 세탁세제
⇨ 광주매일, 문제 본질 꿰뚫는 시각이 성공 좌우, 2015. 05.26
http://www.kjdaily.com/read.php3?aid=1432639531349611146

수니 브라운의 두들링
⇨ ted.com, Doodlers, Units, 2011.
https://www.ted.com/talks/sunni_brown_doodlers_unite

구글의 창의적 사무실 공간
⇨ Livinspaces, WORKSPACE 2.0: A gallery of Google's global offices, 2015. 8. 24.
https://www.livinspaces.net/projects/interiors/workspace-2-0-a-gallery-of-googles-global-offices/

Citrix System의 Design Collaboration Workspace
⇨ The Wall Street Journal, Doodling for Dollars, 2012. 3. 24.

Starlight Children's Foundation의 환자 가운복
⇨ https://www.starlight.org/
https://wardrobes.starlightcanada.org/

최초의 디지털 카메라 (스티브 사손)
⇨ 아트인사이트, 위인전이 놓치고 있는 가장 중요한 것, 2019. 4.30.
https://www.artinsight.co.kr/news/view.php?no=41423

지킬앤 하이드의 소시지
⇨ World Brand Design Society, Turn Sausages into Balloons, Limited Promotional Packaging Design, 2018. 8. 14.
https://worldbranddesign.com/turn-sausages-into-balloons-limited-promotional-packaging-design

와비파커

⇨ Ttimes, 스타들도 저가 와비파커를 자랑삼아 공유하는 이유, 2017.05.12.

Slack의 성공사례

⇨ 한국경제, [Global CEO & Issue focus] 스튜어트 버터필드 기업용 메신저 슬랙 CEO, 2017. 8. 24.
https://www.hankyung.com/economy/article/2017082452261,

인텔의 문화인류학자

⇨ 인텔 코리아 블로그, 기술과 인간을 연구하는 인텔의 문화인류학자, 제네비브 벨 (Genevieve Bell)
박사 2012. 9. 4
http://blog.naver.com/PostView.nhn?blogId=intelnpc&logNo=110146562278

벤츠의 이노베이션스튜디오 & 벤츠의 redbutton

⇨ 조선경제, 소비자·철학·사회학자 등 광범위한 패널단 구성, 춤추며 아이디어 쏟아내… 작년 특허
2000여개 등록, 2010. 11. 18.
http://biz.chosun.com/site/data/html_dir/2010/11/17/2010111701341.html

비타민 C의 발견과 알베르트 스젠트기요르기

⇨ Mbest, 비타민의 발견,
http://www.mbest.co.kr/studyinfo/upup/thema/yth/yth_story45_p01.asp

⇨ 위키트리라이프, 비타민C 아버지 '라이너스 폴링' 2017.08.17
https://www.wikitree.co.kr/main/news_view.php?id=16184

디지털 포렌식

⇨ MODU 매거진, 카톡을 통해 살인 사건의 전말을 밝혀낸 사이버 포렌식 김대형, 이정남 교수,
2018. 11. 16
https://m.post.naver.com/viewer/postView.nhn?volumeNo=17113684&memberNo=2130
4960&searchKeyword=%EB%94%94%EC%A7%80%ED%84%B8%20%ED%8F%AC%EB%
A0%8C%EC%8B%9D&searchRank=1

MODUpools

⇨ https://modpools.com/
수영장 딸린 집이 갖고 싶어 만든 수영장 회사, 2018. 3.12. TTimes
SBS News, 컨테이너로 만든 수영장 등장..발상의 전환 '눈길', 2017.06.21

P&G의 C+D

Digital Retail Trend, 디지털트랜스포메이션 추진을 위한 5가지 성공법칙, 2019. 7.24.

올레이와 AI

⇨ 한국경제, 첨단 뷰티제품 쏟아낸 로레알·P&G…NBA팀은 VR로 맞춤 훈련, 2019. 1. 7.
https://www.hankyung.com/economy/article/2019010700361,
https://www.olay.com/

Fresh Bowl

⇨ 투자저널, 지하철에서 자판기로 샐러드 파는 회사, 2019. 6. 26.
https://toozajournal.tistory.com/910

Henry the Dentists

⇨ youtube, Henry the Dentist Wants to Make You Like Dentists | Inc.. 2019.07.24.

https://henrythedentist.com/

P&G의 Live well collaboration

⇨ 지식비타민, P&G의 성숙시장 공략법, 순진무구한 혁신, 2016.10.10.

https://www.1234way.com/sub02/sub02_view.html?Ncode=webzine&number=509&page=5&tag=%23%EB%8B%88%EC%A6%88%ED%8C%8C%EC%95%85&keyword=

Imperfect Foods

⇨ 인터비즈, 유통기한 지난 음식파는데 손님은 와글와글? 푸드리퍼브의 힘, 2019.06.21.

https://blog.naver.com/businessinsight/221567562023

맘스터치

⇨ 서울경제, '가성비 갑' 맘스터치는 어떻게 우리를 홀렸을까?, 2018.06.28

https://m.sedaily.com/NewsView/1S0ZGU9F6E/GD02

⇨ 중소기업뉴스, '엄마 손'에 홀린 입맛…'맘스터치' 성공신화, 2016.06.27.

http://news.kbiz.or.kr/news/articleView.html?idxno=41694

Chick – Fil – A

⇨ 인터비즈, KFC 매출의 4배? 美치킨 시장 집어삼킨 칙필레, 2019.05.30.

전기차 Robert Davison

⇨ LG 케미토피아, 180년 전 태어난 전기 자동차를 아시나요 2014.08.27.

https://blog.lgchem.com/2014/08/first-electric-car/

영화 이미테이션 게임

⇨ HuffPost UK, Alan Turing Will Be The New Face Of British Banknote, 2019, 7. 15.

영화 밤쉘

⇨ 르몽드, '밤쉘'(Bombshell) : 과학자와 섹시한 여성 사이, 2018.06.11.

http://www.ilemonde.com/news/articleView.html?idxno=8804

네슬레의 DAT

⇨ 매경이코노미, 위기를 기회로 바꾼 네슬레 비밀병기 'DAT (디지털촉진팀)', 2018.1.8

http://news.mk.co.kr/v2/economy/view.php?year=2018&no=14803.

글로시에

⇨ 투자저널, 보그 인턴이 세운 12억 달러 회사의 초고속 성장비결, 2019.03.24.

https://toozajournal.tistory.com/786?fbclid=IwAR3S7_QKB2Jquna932i_hFeXQ3GZVUM2MZYtMXhE7nwP-9U-rEp8NWouvjk

코스메틱인사이트, 화장품 브랜드 '글로시에' 성공한 핫 전략은?, 2019. 01. 18.

http://www.cosinkorea.com/news/article.html?no=30215

세계 최고 호텔의 지하 벙커

⇨ FASTCOMPANY, Inside the secret laboratory where Marriott is cooking up the hotel of the future, 2019.06.01.

https://www.fastcompany.com/90350173/inside-the-innovation-lab-where-marriott-is-creating-the-hotel-room-of-the-future

실패박물관

⇨ 미국 미시간주의 실패박물관 SBS스뉴브뉴스, '기업의 흑역사' 총집합!…성공한 '실패 박물관'. 2017.
02. 8.

https://news.sbs.co.kr/news/endPage.do?news_id=N1003657249&plink=COPYPASTE&co
oper=SBSNEWSEND

사무엘 웨스트의 실패박물관

⇨ https://failuremuseum.com/

구찌, 에스티로더의 리버스 멘토링

⇨ 연합인포맥스, 리버스 멘토링, 202.05.28.

http://news.einfomax.co.kr/news/articleView.html?idxno=4087997

구찌처럼. 젊은 직원에게 한수 배운다, 아시아경제, 2019.09.14.

https://www.asiae.co.kr/article/industrial-general/2019091116185595003

소매업의 가면을 쓴 은행 이야기

⇨ 신정의 Blog, 365일 문을 여는 은행, 2015.05.31.

https://m.blog.naver.com/PostView.nhn?blogId=sinjeongcc&logNo=220370912888&pro
xyReferer=http:%2F%2Fwww.google.co.kr%2Furl%3Fsa%3Dt%26rct%3Dj%26q%3D%2
6esrc%3Ds%26source%3Dweb%26cd%3D%26ved%3D2ahUKEwiG54qgwb3qAhWCE4gK
HSFtBGIQFjAAegQIAxAB%26url%3Dhttp%253A%252F%252Fm.blog.naver.com%252Fsi
njeongcc%252F220370912888%26usg%3DAOvVaw1w2Pl1zy85La-yv5qwxpeF

머니투데이, 美 커머스 뱅크의 주 7일 근무, 2003. 4.24.

https://news.mt.co.kr/mtview.php?no=2003042408533049411

이코노미조선, TD뱅크의 고객 중심 전략, 2010.11.01

http://economychosun.com/client/news/view.php?boardName=C05&t_num=4983

후지의 변신

⇨ 일본 경제 전문 미디어, 필름 회사가 화장품을 만든다?, 2019.09.12.

http://www.japanoll.com/news/articleView.html?idxno=464

중소기업뉴스, 후지필름의 변신, 2019.06.10.

http://news.kbiz.or.kr/news/articleView.html?idxno=50747

메디소비자뉴스, 후지필름 "아비간 미국 임상 2상 이번주 시작", 2020.04.10.

http://www.medisobizanews.com/news/articleView.html?idxno=68715

코라빈 와인 오프너 이야기

http://www.coravin.com/

PLCC, 리버스 이야기

⇨ 이베이코리아 제공.

블로그 이베이코리아, 이베이코리아 빅스마일데이, 스마일카드/스마일페이 가맹점도 웃었다,
2018.11.21

http://blog.ebaykorea.com/archives/10600

ZD넷코리아, 아마존도 쓰는 新결제 PLCC…'스마일카드' 도전장, 2018.07.17.

https://zdnet.co.kr/view/?no=20180717153319

Brew Dog의 프로슈머 이야기

https://www.brewdog.com/uk/

주가드 이노베이션 & 심플함을 일상화하라

⇨ IT 월드, 인도서 35달러 초저가 태블릿 '아카시' 발표, 2011.10.06.

http://www.itworld.co.kr/news/72032#csidx2569a4dc047af0683c700df46e7410e

단행본 및 교재

어안이 벙벙한 ATM

⇨ 톰 켈리, 조너던 리트맨 지음. 유쾌한 이노베이션, 세종서적.

한겨울에 푸른 잔디가 왜 필요한가요. (고 정주영) & 아사히 맥주

⇨ 류랑도, 첫번째 질문, 에이트 포인트

반려 동물의 Happy Point, Smartpet 사례

⇨ Zeithaml, V. A, Bitner, M. J, Gremler, D.D.지음, 서비스마케팅, 도서출판 청람.

ERRC Grid

⇨ 김위찬, 르네 마보안 지음, 블루오션 전략, 교보문고

레고와 소년 이야기

⇨ 마틴 린드스트롬 지음,스몰데이터, 로드북

Craft Strategy에 관한 이야기

⇨ 전략 사파리 경영의 정글을 관통하는 경영전략 바이블, 헨리 민츠버그, 브루스 알스트랜드, 조셉 램펠 지음, 비즈니스맵,

헬렌켈러의 유추 이야기

⇨ 로버트 루트번스타인 & 미셸 루트번스타인 생각의 탄생, 2007. 에코의 서재

스탠포드 대학교 디자인 인스티튜트 이야기

⇨ 〈스마트〉, 프레데리크 마르텔 저. 과연 스탠퍼드 대학 속에는 어떤 동력이 있을까?

린스타트업

⇨ 에릭 리스 지음, 린스타트업, 인사이트(Insight).

적정기술 이야기

⇨ 팀브라운, 디자인에 집중하라, 김영사.

네 번째 기술 절벽에서 살아남겠는가, 추락할 것인가의 인용문구

⇨ 레이 달리오, 원칙, 한빛비즈.

논문 자료

Z-MET 과 이의 사례

⇨ Zaltman, G., & Coulter, R. H. (1995). Seeing the voice of the customer: Metaphor-based advertising research. Journal of advertising research, 35 (4), 35-51.

Zaltman, G. (2003). How customers think: Essential insights into the mind of the market. Harvard Business Press.

박소윤, & 문병준. (2017). 은유추출기법 (ZMET) 을 활용한 편의점 자체 브랜드 (PB) 소비에 관한 질적 분석. 소비자학연구, 28 (1), 77-115

Craft Strategy에 관한 이야기

⇨ Mintzberg, H. (1987). Crafting strategy (pp. 66-75). Boston: Harvard Business Review.

소비 체인

⇨ consumption chain MacMillan, I. C., & McGrath, R. G. (1997). Discovering new points of differentiation. Harvard business review, 75, 133-145.

주가드 이노베이션 & 심플함을 일상화하라

⇨ 정용균(2019), 인도 주가드 이노베이션(Jugaad Innovation): 제품개발과 글로벌 확산 가능성에 대한 탐색적 연구, 남아시아연구.

M. Sawhney, S. Khosla (2014), Where to Look for Insight, Harvard Business Review.

기타 자료

일렉트로룩스 청소기

⇨ 일렉트로룩스 홍보 담당 미디컴 보도자료.

비타본

⇨ 임보민 대표 인터뷰.

Reverse 하라! 스마일 카드 관련 이야기

⇨ 이베이 나영호 본부장 인터뷰.

AI도 모르는 소비자 마음

2020년 1월 20일 초판 발행
2020년 8월 13일 2쇄 발행
2021년 12월 25일 3쇄 발행

박소윤 지음

발행인   박소윤
Cover Art   박영훈
디자인   이건하

발행처   (주)레모네이드앤코
등록번호   제2019-000294호
이메일   booklemonadeco@gmail.com
           콘텐츠, 강의 및 디자인 관련 내용

ISBN: 979-11-968496-0-3

* 저자의 허락 없이 무단 전제와 복제를 금합니다.

* 가격은 뒤표지에 있습니다.

일러두기

– 책에서 제시된 사례는 독자들의 이해를 도모하기 위함이며,
  해당 브랜드에 대한 홍보나 기업의 현재 행보와는 무관함을 밝힙니다.

– 본문에 제시된 이미지는 모두 출처를 밝혔습니다.